U0366503

薄荷实验
Think As The Natives

MOTHER'S MILK AND COW'S MILK

母乳与牛奶

卢淑樱 著

近代中国
母亲角色的重塑
1895—1937

INFANT FEEDING
AND THE RECONSTRUCTION
OF MOTHERHOOD
IN MODERN CHINA,
1895-1937

华东师范大学出版社
·上海·

图书在版编目（CIP）数据

母乳与牛奶：近代中国母亲角色的重塑：1895—
1937 / 卢淑樱著. — 上海：华东师范大学出版社，
2020
ISBN 978-7-5760-0447-2

Ⅰ.①母…　Ⅱ.①卢…　Ⅲ.①妇女 - 社会生活 -
研究 - 中国 - 近代　Ⅳ.①D442.9

中国版本图书馆CIP数据核字(2020)第091088号

母乳与牛奶：近代中国母亲角色的重塑（1895—1937）

著　　　者　卢淑樱
责任编辑　顾晓清
审读编辑　陈锦文
责任校对　时东明
封面设计　周伟伟　黄　谦

出版发行　华东师范大学出版社
社　　址　上海市中山北路3663号　邮编 200062
网　　址　www.ecnupress.com.cn
客服电话　021-62865537
网　　店　http://hdsdcbs.tmall.com

印 刷 者　苏州工业园区美柯乐制版印务有限责任公司
开　　本　890×1240　32开
印　　张　11.875
字　　数　229千字
版　　次　2020年8月第1版
印　　次　2024年2月第6次
书　　号　978-7-5760-0447-2
定　　价　79.80元

出 版 人　王　焰

（如发现本版图书有印订质量问题，请寄回本社客服中心调换或电话021-62865537联系）

目 录

图表目录

序

　　本书作者钻研"牛乳东来"问题经年，在有关课题还未受到太多人注意时便早已到海内外档案馆、图书馆、博物馆等资料库搜集原始资料。其博士论文即以"母乳与牛奶"为题，探索近代中国婴儿哺育与母亲角色重塑的课题。本书在其博士论文的基础上加以发挥，除讨论牛乳哺育与近代中国母亲角色的重塑外，更挖掘中国母亲在近代社会变迁下的各种经验与心声，所述涉及为人母者在变化中的母亲角色要求下的应对、妥协、挣扎或抗争等举措细节，这些触动人心却鲜为人知的个人自白，已足令人深思良久、低回不已。乃因有关问题的症结不少实于今犹在，引发共鸣，叫人唏嘘。这些看似碎片化的内容，实实在在关乎宏旨，值得深探，是为全书的精华部分。如有可能，作者似应尽量继续再搜集更多个案，以资日后作比较之用，假若资料尚未穷尽的话。

　　其实，本书所采用的实证资料已很丰富，包括上海档案馆的档案、统计数据、社会调查、教科书、报纸、广告、图像、期刊、杂志、日记、回忆录、文学作品等官方和民间资料，从牛乳消费到妇女生活、母亲到婴孩等的文字及非文字材料。当中不少属近年的热门研究领域"日常生活史"资料门类，也包括十九世纪和二十世纪之交大量传入中国的西洋及日本的知识媒体等。的确，在昔日中国正遭逢千古未有的大变时，亡国亡种的危机感助长了强国强种的意识，妇女治家育儿等家内事也成为公共领域上备受关注的兴国强种大业。本书指出，当舆论强调母乳哺儿的强国强种作用时，正值牛乳东来之际，奶粉商遂以科学和文明话语推销牛乳，强调这种重视营养和卫生的科学化育儿法有强国强种实效，终令奶粉打进中国市场，牛乳哺育得在中土萌芽滋长。

　　本书对洋商来华与牛乳传入、销售、宣传推广、消费等方面的发展，言之有据，内容扎实，足见作者多年治牛乳东来史的根基。不过，作者措意所在乃母亲角色和经验的转变。这与她在中国母婴史领域上的教研心得有关。虽然我们无法确知弃母乳，用牛乳哺儿的母亲人数，作者也认为她们只属少数，却值得穷尽有关资料，对这批先行者作细致的质性研究，以对中国婴儿哺育和母亲角色重塑的课题有所开拓；而详述每个个案，以揭示这些母亲的个体经验，也可在一定程度上呈现其主体性，有所发现。有关资料虽然零散，且极难推断个案本身的代表性，也无法采访当事人求证。但这些局限性其实也存在于史家所用的其他史料中。只要能缩小历史拼图中的空白部分，便可算是一种贡献。何况这类质性研究其实有其在方法学上的启发性和再探的可能性，尤其对妇女史这类空白特多的课题有一定针对性，详见下文有关理论的部分。

　　作者指出，从母亲的故事中其实很难清楚看出她们选择以牛乳哺婴是为了强国强种等宏大理想。日常生活上的安排、消费模式、商品化和市场化等现代性的影响因素可能更显而易见。所以"强国强种，良母有责"等针对妇女的"国民之母"角色的规训，在日常生活中可能不及柴、米、油、盐和衣、食、住、行等细节和繁琐家务，以至对家中老幼的关顾工作来得贴身，即使作为看顾者的家庭主妇她们并无太大的选择自由，也即使社会理论家或运动家强调的是宰制日常生活的大结构如资本主义体制等。近年日常生活史家所重视的是生活在社会中的个体的经验和感受，认为这些讯息更能反映现实。然而，这类资料所呈现的往往是非常复杂、矛盾重重的历史现象，充满张力，难以梳理，但这也许才是实况。故本书"母亲的抉择"一章所详述的个案各有特色。当中的母亲都选择牛乳育儿，但形象不一。当时中国的母亲类型也很可能不以作者论文中所总结的三种——贤妻良母、在职母亲、"摩登"母亲——为限，而作者所挖掘的案例数目有限，它们是为了弥补民国社会调查资料的粗疏缺陷而被采用的。可幸作者对这些个案述之甚详，尽量呈现有关这批母亲的文字叙述内容。它们有母亲所写的育婴日记、自白文章或他人对她们的记述如采访文字及文学作品，也含少数父亲的随笔在内，约十数篇。从本书作者的铺陈可见，这批文字的内容其实颇翔实，涉及的课题也很多样化。其中包含的个案有为革命而将哺育和照顾婴儿的责任交托于乳娘或家人的丁玲；也有同是五四成长的新一代小家庭中的年轻父母，他们为夫妇同就业、共育儿的理想而努力。但个案中的覃英及其夫鲁彦却受到不少意想不到的挫折，二人所合著的《婴儿日记》流露出新时代的在职女性不必为生儿育女而断送事业的期许，可采之法是乳母的雇用或牛乳哺育。例如覃英因有工作而又缺乳，故用牛乳哺儿，又聘用佣人照顾长子。然本书作者细读《婴儿日记》后，发现它不仅载录了覃英夫妇在理想难以完全实现方面的挫折，从字里行间又可窥见作为五四成长的新一代的女主人本身实备受各种客观和主观局限性的影响，如儿子健康问题令家姑不满牛乳哺育；甚至连丈夫在她离家工作时留家带孩子都会令她内疚不已。作者以前者为长辈的压力，与父权家长制有关；后者则为覃英对家庭、丈夫和儿子的责任感所产生的自责心和罪感，因她"骨子里仍深受传统男外女内的性别角色影响"。在前后两者结合的压力下，她遂在第二胎出生后回归家庭，歉疚心更令她思索"如何做个母亲"。

传统意识和罪己的愧疚心亦出现在上世纪三十年代中出版的另一个文本《母亲日记》中，可见母职与事业间的矛盾，以及罪疚感常是最磨人的情绪。主角绿萍也坚信育儿是母亲的"义务"，为了让自己可以抽身工作，她得先自行妥善处理好育儿问题。结果她得靠两位乳母兼佣人、母亲、嫂嫂等的帮忙，才能进入职场。本书作者除批评绿萍的育儿是母亲个人义务的观念外，也指出民国舆论避而不谈的是在全无政府或社会支援的情况下在职母亲的有限资源问题。个人能有足够资源者，相信只属少数中的少数。双重或多重负担常令新女性的独立自主梦想难以实现，这又何尝不是个于今犹在的现象呢？

五四后的新女性从求学到就业之路是曲折的，三十年代就

有"妇女回家去"的逆流，母职常是个借口。本书所引的母亲
自白就有一篇题为《我回到家庭去了》的文字。吊诡的是，这
位母亲为帮补家计而就业，到头来却因无法负担乳娘或雇人以
牛乳哺婴的工钱而只得回家照顾幼儿。另一篇自白的作者则为
了孩子而放弃学业，然心有不甘，希望终有一天可以做一个"
人"，而非只是妻子和母亲。短短的篇章充斥着无奈的唏嘘
感。另一篇产妇见闻报道也提到一位母亲就有女人"一生了孩
子便什么都完了"的无奈叹息。

　　在各种母亲哺儿的故事中，最令人印象深刻的相信是哺
母乳给母亲所带来的难言痛楚。和经痛、产痛一样，哺母乳之
痛是女性所经历的无法形容，或难以言宣之苦。为人母者对此
大多索性闭口不谈，默默忍受，视之为理所应当。当然，母亲
之痛常包含肉体和精神两方面，上述有关母亲所承受的各种外
在压力及其内化，就令她们的负担百上加斤。故有关课题涉及
身体史，也关乎经验与建制之间的关系。西方女性主义诗人艾
德里安娜·里奇（Adrienne Rich）的经典名著《生自女人：作
为经验和制度的母亲角色》（*Of Woman Born: Motherhood as
Experience and Institution*）就既指出女人通过生育、哺育和抚育
等经历强烈地体验她的身体和感情，却也强调母亲之痛源自母
亲角色的建制化压力。①

　　不过，民国时期的媒体却记载了少数较富裕的"摩登"

---

① 　Adrienne Rich, *Of Woman Born: Motherhood as Experience and Institution* (New
　　York: W.W.Norton & Company, Inc., 1976).

母亲可雇用奶妈代劳哺婴，并代她们承受哺乳之痛。本书作者对民国母亲的分类，就有一类叫"摩登母亲"的，而当时被视为"摩登女性"必读的《玲珑》等杂志就常登载这类现代时尚女性的特写，也报道新型的"快乐小家庭"和"摩登母亲"的闲适生活状况，再现了现代性的魅力。然同时出现在其他民国媒体（尤其是左派报刊）上的对"摩登母亲"百无聊赖的少奶奶型生活的非议和负面论述也不少。可见在那个转型的时代中，母亲形象其实殊相杂陈，不一而足，令我们联想到女性主义史学理论大师琼·W.斯科特（Joan W.Scott）对"经验"的特殊看法，[①]她从后结构主义和后本质主义视角，[②]质疑一般被视为证据和知识根基的经验的权威性[③]批判将经验过分通概化和本质化的倾向，认为个人经验不是固定的，要理解它的历史性、时代性、阶级性等性质，故常须将它放在脉络中去分析，这就涉及她"将经验历史化"的理论。她主张我们所着眼的该是建立主体的过程，而不仅仅是经验本身。由是，我们不能忽略经验与角色要求之间的关系，以及经验和主体性的社会性和时代性。

　　本书所重的虽是女性的主体性这个妇女史重点，但作者并

---

① Joan W. Scott, "Experience," in Judith Butler and Joan W. Scott, eds., *Feminists Theorize the Political* (New York: Routledge, 1992), pp. 22-40.

② 参 Samira Kawash, "New Directions in Motherhood Studies," *Signs: Journal of Women in Culture and Society,* Vol. 36, No. 4 (Summer 2011): 969-1003。

③ Joan W. Scott, "The Evidence of Experience," *Critical Inquiry,* Vol. 17, No. 4 (Summer 1991): 773-797.

无忽视父权家长制的制约力及其性别意涵，并警觉到女性经验
与阶级定位问题的关连。至于中国母亲的遭遇及其独特性与他
地母亲的比照，以至时代推移下奶粉潮在抗战后的曲折发展，
及后自改革开放国民趋慕西方奶粉品牌的潮流下的母亲境况等
问题，则有待作者的后续研究的补充，以对本书所论列的现象
的时代性作出定位论断。相信这也有助国际上方兴未艾的母亲
研究领域①的开拓；而上文所举出的于今犹在的问题也值得继
续深探其长存因由。这些课题也关涉家庭史范畴，而当家内贡
献仍与"说不出""说不得""不必说""一言难尽"等无奈
表述分不开时，如何解读这种现象，实与家内领域的研究能否
有所突破息息相关。谨以此序献给仍有待学界甚至女性主义学
界充分关注的母亲、母亲运动家以及家内女性关顾工作者们，
愿她们在照顾他人的同时，自己的辛劳和付出也受到关怀和
注意。

叶汉明

香港中文大学历史系

2017年秋

---

① 参 Kawash, "New Directions in Motherhood Studies"。

绪论

1936年5月，上海出版的《女子月刊》刊登了一篇名为《为什么要自己哺乳？》的文章，对牛乳哺育有以下的描述：

近年来沪上牛奶农场林立，价目虽高，但已有不少人家改用牛乳哺育婴孩。或许他们以为牛乳和人乳是一样相等的东西，二者在外表看起来，在一般人的心目中的确是差不多。甚至有许多人还以为牛乳要比人乳好，"牛乳补身"是多么漂亮的广告名词。还有一些思想较为简单的人，以为小牛食了牛乳也会长得这么快这么大，何况小孩？所以若欲婴孩快点长大，非饮牛奶不可。[①]

上文概括了抗战前中国人对牛乳哺育的三种观感：与人乳相同甚至更胜人乳、补身以及能促使婴孩快点长大。二十一世纪的今天，牛乳哺育非常普遍，家长主要考虑哪个品牌奶粉（非上

---

① 谢天民：《为什么要自己哺乳？》，《女子月刊》4卷5期（1936年5月），页73。

述引文所讲的鲜牛乳）最切合婴儿的需要，能让宝宝的身体素质赢在起跑线。近年接二连三的牛乳安全问题，令中国内地的家长到香港以至外国抢购洋奶粉。在本地家长的强烈抗议下，香港政府自2013年3月实施"限奶令"，限制每人每天只可携带两罐（1.8公斤）婴幼儿配方奶粉出境。追本溯源，为何牛乳是婴儿不可或缺的食品？牛乳哺育在怎样的历史脉络下兴起？婴儿哺育方式的转变对近代中国母亲角色和社会变化又带来什么启示？以上问题将会在本书中逐一解答。

　　本书通过梳理婴儿哺育方式由母乳渐转牛乳的过程，探讨近代中国母亲角色和社会的变化。牛乳取代母乳成为主要的婴儿哺育品是个漫长的过程，而本书集中讨论由十九世纪末至1937年抗日战争全面爆发前夕，西方牛乳哺育的知识和物质文化（包括乳牛、牛乳哺育品及人工哺育器具）被介绍到中国并且落地生根、付诸实践的初期。与欧美国家的经验相似，中国人以牛乳哺儿也是在二十世纪初出现，不过各地的历史、社会与文化脉络不尽相同，导致发展各异，但最终也是殊途同归，牛乳成为今天世界各地婴儿的主要食粮。本研究以1937年抗日战争全面爆发为下限，因为抗日战争期间，物资短缺，加上资料有限，难以得知当时牛乳哺育的情况。

　　婴儿哺育与母亲角色的历史研究在二十世纪后半期于学术界崭露头角。法国学者菲利普·埃里斯（Phillip Ariès）指出，欧洲尤其法国的中上层妇女，自十八世纪逐渐弃用雇乳，自行喂哺婴儿，反映成人对儿童的重视。[1]其后，陆续有学者跟随埃里斯的进路，以婴儿哺育为切入点，讨论工业革命前后欧洲家庭的转变。例如，爱德华·肖特（Edward Shorter）强调传统社会对生存的重视，令母亲不愿投放太多情感在婴儿身上，免得他们夭折时悲痛欲绝，这是中上层的母亲绝少亲自授乳的原因。所以，在工业革命之前，欧洲中上层家庭的婴儿普遍寄养在遥远的乡郊乳母家中。直到工业革命，婴儿死亡率下降，中上层妇女对婴儿渐生怜爱之情，尽力为他们谋取福利。于是，母亲育儿被视为妇女的职责、对家庭的贡献。[2]全十劳伦斯·斯通（Lawrence Stone）就提到，丈夫的性需要，剥夺了十八世纪以前英国上流妇女的哺育自主权。由于时人普遍认为妇女在授乳期内必须禁欲，以免影响乳汁的质量，为满足一己的性欲，父亲遂把孩子寄养在乳母家中长达十二至十八个月。[3]虽然上述研究均涉及婴儿哺育，但却聚焦于家庭模式和家庭成员之间关系的变化，有关母亲角色的讨论只是蜻蜓点水。

到1970年代，西方学术界开始关注母亲角色。艾德里安娜·里奇所写的《生自女人》，改变了一直以来女性主义者对母亲角色的负面评价。里奇提出母亲角色既压逼妇女，但同时

---

[1]　Philippe Ariès, L'enfant et la vie familale sous I'Ancien Régime, Robert Baldick trans., *Centuries of Childhood* (London: Penguin Books Ltd., 1973), Part 1.

[2]　Edward Shorter, *The Making of the Modern Family* (New York: Basic Books, Inc. Publisher, 1975), pp. 5, 17, chapter 5.

[3]　Lawrence Stone, *The Family, Sex and Marriage in England, 1500—1800* (New York: Harper & Row, 1977), pp. 427, 496.

也赋予她们权力。她把母亲角色分为制度（institutions）和经验（experiences）两部分，强调母亲角色使妇女受父权的监控，并且变成了制度的一部分，使妇女既要承担母亲的责任，又无权选择如何做个好母亲。虽然如此，母亲的经验却能为她们赋权（empowerment），展现其能动性（agency）。[1]里奇强调母亲角色并非取决于女性的生物特征，而是社会和文化的建构。从此，母亲角色的社会建构过程和制度化等问题，成为了学者尤其女性主义者的研究焦点。

母亲角色研究大致可分为母职、母性主义、母亲的工作与工作的母亲，以及母亲角色的建构与再现四个主题。[2]到二十世纪八九十年代，西方学者关注种族、阶级、宗教等因素对母亲角色的影响，使过往以白人中产妇女为重心的母亲角色研究走向多元化。[3]踏入二十一世纪，学者进一步开拓同性恋、残疾母

[1] Adrienne Rich, *Of Woman Born: Motherhood as Experience and Institution* (New York: W.W. Norton & Company, Inc., 1976).

[2] 俞彦娟：《美国妇女史研究中的"母亲角色"》，《近代中国妇女史研究》，11期（2003年12月），页190、194；俞彦娟：《女性主义对母亲角色研究的影响》，《女学学志：妇女与性别研究》，20期（2005年12月1日），页1—40。

[3] 例如，*Mothering: Ideology, Experience and Agency* 一书指出，非白种妇女的母亲角色受制于种族、阶级、宗教、权力、性别歧视等等。有关种族主义对美国白人母亲角色理论的反思，见俞彦娟：《从母亲角色争议看第二波美国妇女运动中的种族歧视》，《新史学》14卷3期（2003年9月），页45—80。至于身为母乳提倡者的 Naomi Baumslag 及 Dia L. Michels，就以哺育者的身份强调授乳是女性的权利，若要妇女得到解放，便应免除社会、医学及就业上对母亲哺育孩子的限制。Evelyn Nakano Glenn, Grace Chang, and Linda Rennie Forcey, eds., *Mothering: Ideology, Experience and Agency* (New York: Routledge, 1994); Naomi Baumslag and Dia L. Michels, *Milk, Money and Madness: The Culture and Politics of Breastfeeding* (Westport, Conn: Bergin & Garvey, 1995), pp. xxx-xxxi.

亲等研究课题。^①

　　婴儿哺育被视为母亲的职责，通过研究有关婴儿哺育方式的转变，可展现不同时空对母亲角色的期许。珍妮特·戈尔登（Janet Golden）的《一部美国乳母喂养的社会史》（*A Social History of Wet Nursing in America*），讲述美国乳母行业在二十世纪初衰微的过程。由于人工哺育发展神速，工业化又为乳母等下层妇女提供新的就业机会，加上社会注重母亲角色，使中上层家庭母亲重拾哺育的责任，从乡郊乳母手中领回孩子，令这个古老的女性行业逐渐式微。^②里马·阿普尔（Rima Apple）则剖析十九世纪末到1950年代，美国由母乳过渡到人工哺育（以非母乳的物质喂哺婴儿）的来龙去脉，反映科学、医学陆续介入妇女的育儿工作，取代女性亲属作为育儿知识的权威之余，更标志着科学化母性（scientific motherhood）的确立。^③杰奎琳·沃尔夫（Jacqueline Wolf）则以相反角度回答同一个问题：十九、二十世纪芝加哥的母亲转用牛乳哺儿，皆因城市人生活紧张，加上不良习惯以及恶劣的生活环境，令母乳的质和量下降，逼使政府和医学界共同合作解决此问题，遂令牛乳成为母乳的替代品。沃尔夫的研究突显了母亲的自主，不会任由

---

① Andrea O' Reilly ed., *Twenty-First-Century Motherhood: Experience, Identity, Policy, Agency* (New York: Columbia University Press, 2010); Kawash, "New Directions in Motherhood Studies," pp. 969-1003.

② Janet Golden, *A Social History of Wet Nursing in America: From Breast to Bottle* (Cambridge: Cambridge University Press, 1996).

③ Rima D. Apple, *Mothers and Medicine: A Social History of Breastfeeding, 1890—1950* (Madison, Wisconsin: The University of Wisconsin Press, 1987).

医护人员、乳品商摆布。[①]

上述的西方研究主要围绕以下几个问题：母亲是否有选择哺育方式的权利？她们如何运用其自主能动性？她们的主观意志有多强烈？如何呈现？新科技譬如科学知识、技术和产品能否减轻母亲的哺育责任，还是进一步强化母亲角色？到底妇女授乳的独特性能否为她们赋权？西方研究也强调种族、阶级、宗教等大历史环境因素对母亲角色的影响。

中国的婴儿哺育研究集中在近世时期。熊秉真利用近世以来的幼科医书，梳理中国传统的授乳、择乳母、哺食、乳养等法则，再附以医案说明。[②]受材料所限，熊氏未能充分反映不同时空的社会环境与哺育法则之间的关系。刘咏聪的《中国古代育儿》就以汉朝为例，阐述皇室以至公卿士大夫的生儿、养儿和教儿经验。[③]国外学者的研究成果，有费侠莉（Charlotte Furth）引用《易经》中的阴阳道理，并套用美国人类学家玛丽·道格拉斯（Mary Douglas）纯洁与污染（purity and pollution）的相对概念，探索清代的生育和育儿问题。[④]白馥兰（Francesca Bray）关注生、养、教育孩子对女性角色的影响。自宋朝至清朝中叶，生育技术系统虽不断强化女

---

① Jacqueline H. Wolf, *Don't Kill Your Baby: Public Health and the Decline of Breastfeeding in the Nineteenth and Twentieth Centuries* (Columbus: Ohio State University Press, 2001).

② 熊秉真：《幼幼：传统中国的襁褓之道》，台北：联经出版事业公司，1995。

③ 刘咏聪：《中国古代育儿》，台北：台湾商务印书馆，1998。

④ Charlotte Furth, "Concepts of Pregnancy, Childbirth, and Infancy in Ch'ing Dynasty China," *Journal of Asian Studies,* Vol. 46, No. 1 (February 1987): 7–35.

性的母亲身份，但精英阶层妇女仍可在既有的空间下发挥其主体能动性，反抗男性父权赋予的性别角色。[1]

二十一世纪以来，学者逐步开拓近代中国母亲角色的研究。萨拉·史蒂文斯（Sarah Stevens）运用里奇的理论框架，剖析妇女的生育功能使其身体受到清末民初知识分子及政府的监控，呈现父权把妇女母亲角色制度化的过程。[2]江勇振以1921至1925年《妇女杂志》有关母性运动的文章为材料，指出西方的科学和生物知识，对妇女母亲角色的塑造有划时代的影响，也突破以往妇女史学者强调国族主义对妇女运动的影响。[3]同样以女性杂志为材料，柯小菁剖析清末至抗战前育儿知识的建构过程，并从生育、养育及教育角度，探索"新母亲"的形象。在婴儿哺育问题上，她提到新知识加上牛乳哺育，改变了近代中国母婴的生活，缔造科学育儿和科学母亲观念。[4]周春燕认为强国强种和儿童本位思潮，形成母亲授乳乃民国时期婴儿哺育的主流，

[1] Francesca Bray, *Technology and Gender: Fabrics of Power in Late Imperial China* (Berkeley: University of California Press, 1997), Part 3.

[2] Sarah Elizabeth Stevens, "Making Female Sexuality in Republican China: Women's Bodies in the Discourses of Hygiene, Education, and Literature," Ph. D. Dissertation, Indiana University, 2001, chapter 2; Sarah E. Stevens, "Of Party-State Born: Motherhood, Reproductive Politics, and the Chinese Nation-State," in Andrea O'Reilly ed., *From Motherhood to Mothering: The Legacy of Adrienne Rich's Of Woman Born* (Albany: State University of New York Press, 2004), pp. 45-58.

[3] Chiang Yung-Chen, "Womanhood, Motherhood and Biology: The Early Phases of the Ladies' Journal, 1915-25," *Gender & History,* Vol. 18, No. 3 (November 2006): 519-545.

[4] 柯小菁：《塑造新母亲：近代中国育儿知识的建构及实践（1900—1937）》，太原：山西教育出版社，2011。

只有少数中上阶层讲求自由、时髦或缺乳的妇女，才会使用牛乳哺育。[1]李忠萍和王书吟考察报刊的乳品广告，阐释时人对卫生、现代性、强国强种等追求，塑造出牛乳强国强儿的形象。[2]

上述研究呈现了理想母亲角色的意涵和形成过程，但普遍只着眼于论述层面；惟论述、形象与实际的母亲经验可以截然不同。阶级、教育、经济、地域以及城乡差异，固然影响母亲的哺育经验，长久以来对性别角色的定型也会影响母亲的思想，左右她们的哺育选择。所以，从母亲的角度看近代中国的婴儿哺育问题，不仅反映强国强种、科学话语对母亲的规训，更可呈现长久以来内化于女性脑袋的性别观念尤其母亲角色，在西方自由主义、妇女解放以至物质文化的冲击下产生了怎样的变化。借用里奇的理论框架，就是利用母亲的经验，验证制度化的母亲角色在新时代的变化与影响。

前人研究的另一问题是把牛乳哺育的原因简单化。单凭牛乳哺育品的价格，认定只有中上阶层家庭才会使用该种哺育方式，未免过于武断，也忽略不同阶层实践牛乳哺育的弹性。至于报刊的广告宣传，揭示商户如何建构牛乳哺育的形象，较难展现用家（包括母婴）的反应。再者，报刊与广告资料只反映

---

[1] 周春燕：《胸哺与瓶哺——近代中国哺乳观念的变迁（1900—1949）》，《近代中国妇女史研究》，18 期（2010 年 12 月），页 1—52。

[2] 李忠萍：《从近代牛乳广告看中国的现代性——以 1927~1937 年〈申报〉为中心的考察》，《安徽大学学报（哲学社会科学版）》，2010 年 3 期（2010 年 6 月），页 106—113；王书吟：《哺育中国：近代中国的牛乳消费——二十世纪二三十年代上海为中心的考察》，《中国饮食文化》，7 卷 1 期（2011 年 1 月），页 207—239。

专家、学者、舆论、商人因国族之名加诸母亲的种种限制，较少提及其他的意见，更遑论母亲的声音。若就此判断抗战以前牛乳哺育在中国未成气候，实无视当日社会舆论对不自乳母亲的控诉，以及牛乳哺育品进口量不断上升的客观事实。

以上研究也忽略了家庭的重要性。前文提及埃里斯、肖特和斯通的研究，均借着婴儿哺育了解欧洲家庭历史的发展。尽管对母亲育儿着墨不多，却带出了婴儿哺育其实牵涉整个家庭，这点在过往的中国研究较少讨论。婴儿哺育发生于家庭场域，不能只聚焦母婴而忽略其他家庭成员，何况哺育选择涉及家庭策略，父亲、翁姑、姒娌对母亲的哺育选择有不同程度的影响。再者，五四时期的家庭革命，着重反父权，提倡小家庭制、婚姻和个人自由等等。[①]家庭革命冲击妇女的母亲角色，影响她们对自我、婴儿和家庭价值的观感。从家庭层面讨论婴儿哺育，不但可较全面反映母亲在家庭和社会角色之间的张力，更可揭示二十世纪中国城市家庭形态的变化如何影响家庭成员间的关系。

通过婴儿哺育来讨论母亲角色，既可得知近代以来大众对母亲角色的期许以及如何演化成制度，窒碍妇女的发展，分析

---

① 有关民国时期家庭革命，参见张玉法：《新文化运动时期对家庭问题的讨论》，载中研院近代史研究所编：《近世家族与政治比较历史论文集》下册，台北：中研院近代史研究所，1992，页901—919；冯尔康：《20 世纪上半叶中国人的家族观》，载薛君度、刘志琴主编：《近代中国社会生活与观念变迁》，北京：中国社会科学出版社，2001，页162—176；Susan Glosser, *Chinese Visions of Family and State, 1915—1953* (Berkeley：University of California Press, 2003)；余华林：《女性的"重塑"：民国城市妇女婚姻问题研究》，北京：商务印书馆，2009。

母亲的经验亦有助了解她们如何应对国家与社会的规训，揭示母亲的自主能动性。把婴儿哺育方式的转变放在清末民初的大历史脉络下讨论，可进一步呈现社会转变对母亲的影响：选用牛乳哺育者日渐增加，反映科学、新思潮和现代国家观念如何渗透并影响母婴的日常生活。换言之，婴儿哺育研究已超越了儿童史、妇女史和家庭史的范畴，从母乳渐转牛乳的过程更细诉了近代中国的社会文化转变。

本书的核心问题是，牛乳哺育为何在十九世纪末二十世纪初兴起？这种新的哺育方式如何颠覆清末以来妇女亲自乳儿的良母标准？哺育方式的转变揭示了怎样的社会文化变迁？作为妇女史的一部分，本书不仅为母亲历史补白，更尝试从妇女作为母亲的视角探索近代中国的社会变化。本书采取论述与经验并重的模式，探究母亲角色和牛乳哺育论述之余，也会阐释母亲的哺育经验。清末民国能书写的妇女有限，以哺育为题而留下生活点滴的就更少；即使找到片言只字，亦难免有偏重知识阶层妇女之嫌。为此，本书在文字资料之外，也会参考电影、照片、漫画等图像资料，试图整合出较全面的近代中国母婴历史。牛乳作为一种西方的物质和饮食文化如何在中国落地生根，也可展现中国现代性的发展进程。

上海是本书的研究焦点。作为首批在鸦片战争后对外开放的商埠，上海自1842年起便容许洋人居留，西方思想和物质文化随之涌入。上海先后被列强划分为公共租界和法国租界，加上既有的中国县城，这个城市由三个政府分别管治。虽然如此，上海有关牛乳及其制品的法例和规则，主要源自公共租界工部局（以下简称"工部局"）。①早在十九世纪七十年代，工部局已开始立法监管牛乳的生产和售卖，令上海成为中国最早立法监管牛乳的地方。法租界公董局和民国时期的上海特别市在制订相关规例时，也会参考工部局的法例。值得注意的是，工部局规定所有在租界内售卖的牛奶，不论在何处生产都必须向当局注册。换言之，工部局的规条几乎涵盖了全市的牛乳产品。另外，上海既是民国时期进口最多炼乳、代乳粉的城市之一，也是全国乳业发展最繁盛的地方。以上海作为研究地点，有助于了解牛乳哺育在中国落地生根的过程。

全书共分为四章。第一章概述中国传统的哺育方式，解释牛乳哺育为何在十九世纪之前未成气候，继而探讨牛乳东来的过程。来华经商的洋人，把乳牛及饮牛乳的文化一并带到中国。鸦片战争后，洋人获准在通商口岸居留，乳业和饮乳文化逐渐在中国滋长、蔓延。

第二章剖析母乳哺育论述的建构。在清末的历史脉络下，妇女被誉为国民之母，母乳哺育成为衡量良母的准则之一。这种以国族之名规训女性身体的做法，如何延续至民国时期。与此同时，五四新文化运动鼓励妇女追求个人的自由、身体的解放；不少接受新式教育的女学生，抗拒做贤妻良母之余，更有为个人理想、事业，甚至美貌与身材，推卸哺育的母职。纵使在1930年代国家面临严峻的政治和经济危机，也无阻部分母亲

---

① 有关十九、二十世纪上海乳业的管理与法则，参见章斯睿：《近代上海乳业市场管理研究》，上海复旦大学博士论文，2013。

继续吃喝玩乐。

第三章探究牛乳哺育的兴起。牛乳哺儿有益健康的论述是如何建构的？这种由西方传入的哺育方式，在母乳哺育当道的二十世纪初，原本只是不得已的选择，经科学概念包装后，却摇身一变成为改良民族不可或缺的婴儿食品。本章第二节将阐释牛乳商的推销方法，尤其在1920年代，奶粉加入市场竞争，新颖的宣传手法对整个行业以及婴儿哺育方式带来什么冲击，时人又如何诠释及使用牛乳。

第四章从母亲的经验揭示牛乳哺育对她们的意义。她们为何选择牛乳哺育？有什么考虑因素？如何平衡个人意愿、婴儿健康、家庭成员的意见以及社会的期许？通过个案分析，本章将展现在母亲视角下近代中国的社会变迁；在男性父权的操控下，母亲是否有自主哺育的空间。本章第二节部分内容曾收录于周建渝主编的《健康、和平、可持续发展：人文社会科学的视野》，①经增删后，增加了几位母亲的哺育经验，而且不只限于采用牛乳哺育的母亲。

最后的总论将概括全文的重点。牛乳哺育是一场由城市发轫的哺育革命，到抗战开始后因物资短缺而大受影响，故抗战爆发是为本书之下限。本书带出了论述与经验的鸿沟，从母亲主体审视婴儿哺育问题，可彰显妇女如何应对清末民国时期国家与社会巨变，以及平衡自我、家庭和母亲的角色。

---

① 见拙作：《母亲的抉择——民国时期妇女哺育经验与婴儿健康的反思》，载周建渝编：《健康、和平、可持续发展：人文社会科学的视野》，香港：香港中文大学人文学科研究所，2013，页49—73。

第一章

牛乳东来

有资料显示相当比例的中国人患有乳糖不耐症，所以甚少喝牛乳，但由此推论出自古以来中国人就没有牛乳哺育的习惯又与事实不符。要了解这个问题，先要探讨中国传统的哺育方式以及牛乳的供求。本章分为两部分，第一节讨论中国传统幼科医学对婴儿哺育的意见以及对牛乳的评价，继而从牛只品种和文化因素，分析牛乳哺育的可行性。第二节阐释牛乳来华落户的过程。自十八世纪，洋人来华经商或传教者逐渐增加，为解决日常饮食的需要，洋人把乳牛带到中国。鸦片战争后，洋人获准在通商港口居住，乳牛、牛乳制品以及相关的知识与物质文化便随之传入中国，为日后牛乳哺育的兴起创造客观条件。

第一节　中国传统哺育方式

　　历来研究中国婴儿哺育史的学者主要采用医书、医案等材料，集中讨论近世时期的哺育问题。由于熊秉真对此课题已作深入的研究，本节主要以她的研究成果为基础，归纳并补充中国传统医学对婴儿食物的选择、乳母的筛选、喂哺法则和代乳品等问题。

哺育品的选择

　　不论古今中外，人乳都是婴儿的主要食品。婴儿呱呱落地后，再不能通过胎盘从母体吸取所需的养料，而他们的本能反应是用口吸吮母亲乳房，吮乳维生。有别于近代的医学知识，传统中国幼科医学认为，颜色微黄但含丰富营养及抗体的初乳会损害婴儿健康："产母乳汁既行，必须操而捏去之。此乳不可哺也，积滞之气，恐损儿也。"[1]初乳不单对婴儿有害，更会令产妇患上乳痈，即乳房炎："产后宜勤去乳汁，不宜蓄储。不出恶汁，内引于热，则结硬坚肿，牵急疼痛，或渴思饮其奶，手近不得。若成脓者名妒乳，乃急于痈。"[2]

　　婴儿吸吮的人乳，可来自其生母，也可以由其他刚生育的女性提供，譬如乳母。乳母、乳媪、雇乳、奶妈，或西方所称的湿妈或湿奶（wet nurses），以乳汁赚取金钱的妇女，是女性最古老的职业之一。有关雇用乳母的缘由，东、西方的学者已作深入的分析。劳伦斯·斯通及瓦莱丽·法尔兹（Valerie Fildes）认为，中世纪英国的中上层家庭，为使妇女尽快再次怀孕及满足丈夫的性需要，遂聘请乳母哺育婴孩。[3]而古时的皇朝政府为杜绝后妃干政，自汉朝起王孙公子大多交托乳母抚养，使后妃无从控制儿子。[4]但熊秉真则强调，缩短妇女的生育隔期才是中上层家庭普遍聘用乳母的原因。[5]费侠莉则认为，雇乳盛行与婆媳之间的张力有关，初生婴儿健康反复无常，生母可通过聘用乳娘，推卸婴儿健康问题的责任，免受家

[1] 万全：《万氏家传育婴》卷 1，《哺儿法》，载《续修四库全书》第 1010 册，上海：上海古籍出版社，1995，页 10—11。

[2] 陈自明：《妇人大全良方》卷 23，《乳痈方论第十五》，载《四库全书》第 742 册，上海：上海古籍出版社，1987，页 28。

[3] Stone, *The Family, Sex and Marriage in England,* pp. 427, 496; Valerie A. Fidles, *Breasts, Bottles and Babies: A History of Infant Feedng* (Edinburgh: Edinburgh University Press, 1985), p. 104.

[4] 刘咏聪：《中国古代育儿》，页 106—107。

[5] 熊秉真：《幼幼：传统中国的襁褓之道》，页 135。

姑责骂。[1]

虽然雇乳是普遍的现象，但近世以来士大夫均斥责雇乳哺育是不道德的行为。宋朝理学家朱熹（1130—1200）认为，雇用乳母是"食己子而杀人子"，在不得已的情况下，亦只可"用二乳母食三子"，或雇用婴儿早夭的妇女当乳母。[2]明代的陈龙正（1585—1645）和徐三重，更指责富有人家的妇女大多数不授乳，而聘请贫穷的妇人代劳。[3]话虽如此，上至皇宫大臣，下至士大夫家庭，仍普遍聘请雇乳哺儿，[4]可见在十九世纪末以前对雇乳哺育的态度较为宽松。

严选乳母

近世的幼科医学并不反对雇用乳母哺儿，只要选择得宜便可，遂有各种选择乳母的标准。乳母身体健康是首要条件。由于婴儿"凭乳母之乳而生养"，婴儿健康的关键，在于乳母的体格。所以乳母的乳汁浓厚雪白之余，她们更不可患有皮肤、呼吸、痘疮、癫痫等疾病。同时，乳母亦要注意个人的饮食、

① Furth, "Concepts of Pregnancy," pp. 22–23.
② 《明伦汇编·家范典》卷 45，"乳母部"，载陈梦雷编：《古今图书集成》第 324 册，台北：鼎文书局，1977，页 39。
③ 《明伦汇编·家范典》卷 45，"乳母部"，页 39—40。
④ 刘咏聪：《中国古代育儿》，页 106—108；熊秉真：《幼幼：传统中国的襁褓之道》，页 135。

情绪及行为，因为七情六欲会造成多种病乳，危害婴儿的健康。更甚者，时人认为乳母的品性会通过乳汁传递予婴儿。所以明代的幼科医师进一步要求乳母容貌端好，反对残疾及相貌凶恶的妇女当乳母。[①]

喂哺法则

近世以来幼科医学的哺育法则，与现今讲求定时哺育、分量准确等概念大相径庭。幼科医学也强调哺育应有节制。宋代《小儿卫生总微论方》有云："乳哺欲其有节，襁褓欲其有宜。达其饥饱，察其强弱，适其浓薄，循其寒煖，盖自有道，不可不知也。"[②]元代幼科医师曾世荣（1252—1332）也有相似的观点："乳不可失时，食不可不节。"如果哺乳时间失准，则"儿不病自衰"，不节制饮食更会使婴儿"焦疾自怯"。[③]不过，历来幼科医书均没有明确指出每日哺乳的时限和次数，只有唐代的王焘（670—755）略有所述："一日之中，几乳而

---

① 熊秉真：《幼幼：传统中国的襁褓之道》，页 114—118。

② 《小儿卫生总微论方》卷 2，《慎护论》，载《四库全书》第 741 册，上海：上海古籍出版社，1987，页 11。

③ 曾世荣：《新刊演山省翁活幼口议》卷 5，《议乳失时哺不节》，载《续修四库全书》第 1009 册，上海：上海古籍出版社，1995，页 427。

足，以为常准"，但实质是多少次，王氏就没有详细说明。①

历朝幼科医师也关注哺乳的分量。隋朝巢元方认为"乳不可大饱，则胃弱而易伤，积滞难化"。②其后的医师大多赞同巢氏食乳过多伤害脾胃的见解。及至清朝陈复正（1736—1795）对哺育分量稍作阐释："哺乳不宜过饱，所谓忍三分饥，吃七分饱。"③但如何得知婴儿已达至"三分饥"、"七分饱"就没有详细解释。

简言之，中国传统幼科医学普遍认为哺乳应有时间、次数和分量的限制，关键在于婴儿的饥饱程度，故无一定的准则。因此，所谓食有时节其实是种相当含糊的概念，与现今讲求定时定量的法则不可相提并论。

除吸吮人乳外，传统医学也会让婴儿进食其他食物，例如谷物所熬制的汁液甚至固体食物，即所谓"哺"的意思。传统医学十分注重始哺的时间，而且需要择取吉日。王焘认为"平定成日大吉……寅、丑、辰、巳、酉日良"，而且男女初哺之日有别："男戊巳日不得，女丙丁日不得。"④在讲求科学的现代社会，或许认为择日始哺是迷信的行为；然而，这正

---

① 王焘:《外台秘要方》卷35,《小儿方序例论一首》,台北:台湾商务印书馆,1974,页5。

② 引自王大纶:《婴童类萃》上卷,《慎护论》,北京:人民卫生出版社,1983,页8。

③ 陈复正:《鼎锲幼幼集成》卷1,"初生护持",载《续修四库全书》第1010册,上海:上海古籍出版社,1995,页62。

④ 王焘:《外台秘要方》卷35,《哺育法三首》,页17。

好反映古人对婴孩的重视，以及面对新生儿健康变幻无常的忧虑，需要借助其他方法例如超自然力量，使婴儿安然度过一个又一个的成长阶段。

至于从何时开始哺以副食品，历代医师各有不同说法，由古代出生后三日，到唐朝提倡的十日，明朝更推迟至七日、十日甚至三十日不等。总言之，始哺的时间不断往后推迟。[①]

婴儿日渐长大，人乳未能提供足够的养分，遂要进食固体食物。婴孩完全进食成人食物后，便要断乳。历朝医师对于断乳的年龄各有不同见解。宋代的医师批评父母过于爱惜孩儿，至孩儿二三岁仍未开始喂食固体食物，导致脾胃虚弱。[②]明朝的寇平则强调小孩到四五岁应当断乳。[③]不过，断乳的年龄可随着幼儿的身体状况稍作改动。清朝的王孟英（1808—1867）认为，"强壮小儿，周岁即宜断乳，必以谷食"。[④]周士祢则扬言强行断乳会使婴孩得病："二三岁者，未可断乳，若强断，则致疳癖之病也。"[⑤]概言之，历朝医师对断乳的时间众说纷纭，但一般主张小孩到四五岁便应断乳。

一如始哺时的习俗，小孩断乳也需要选取吉日。寇平认

① 熊秉真：《幼幼：传统中国的襁褓之道》，页118—122。
② 《小儿卫生总微论方》卷2，《慎护论》，页14；刘昉等编：《幼幼新书》卷4，"哺儿法第六"，页10。
③ 寇平：《全幼心鉴》卷2，《断乳法》，页30。
④ 王孟英：《随息居饮食谱》，载《历代中医珍本集成》第19册，上海：上海三联书店，1990，页7。
⑤ 周士祢：《婴儿论》，上海：上海科学技术出版社，1990，页5。

为"子虚、丑斗、寅室、卯女、辰箕、巳房、午角、未张、申鬼、酉觜、戌胃、亥壁"都是断乳的吉日，其中以卯日最好。幼儿亦切忌在农历的三月、五月、七月断乳。[①]寇平并没有解释择日的标准，前人研究也未有多作讨论，但相信可能与天气有关，因为三月、五月、七月正值潮湿或炎热的天气，食物容易变坏，农历五月又俗称"毒月"，端午节当日更要插艾草、喝雄黄酒辟邪驱毒，故不宜在这几个月为婴儿断乳。

代乳品

并非所有母亲都有足够的乳汁哺儿，又或有能力聘请乳母代劳，于是婴儿便需要进食人乳以外的代乳品。中国传统的代乳品主要分为谷物浆和兽乳两种。谷物浆的制法是把碎米或粟米加水煮成浆液。[②]历代医师也鼓励在始哺之日，用谷物浆液喂哺婴儿，有助开胃口和大肠蠕动，即所谓"开腹助谷神"。但假若婴儿不喜欢吃这类米浆、粟米浆，切忌强行喂食，否则会引致消化不良。[③]

兽乳方面，历朝医师表示猪、羊、牛的乳汁均可哺儿。寇

---

① 寇平：《全幼心鉴》卷2，《断乳吉日》，载《续修四库全书》第1010册，上海：上海古籍出版社，1995，页31。
② 熊秉真：《幼幼：传统中国的襁褓之道》，页120—121。
③ 孙思邈：《备急千金要方》卷9，《少小婴孺方》，载《四库全书》第735册，上海：上海古籍出版社，1987，页4。

平曾言"初生婴儿，产妇之乳未下，可用猪乳代之，可治脐风惊痫"。说明猪乳不单可以代替人乳，还具有药用价值。[①]事实上，不少幼科医师都鼓励婴儿在出生后一个月内多饮猪乳。[②]李时珍（1518—1593）的《本草纲目》列明，猪乳须出自驯猪，书中教授了提取猪乳的方法。[③]至于羊乳气味则"甘温，无毒"，可治疗小儿惊痫、口疮、哕呓、舌肿等症状，同样具有药用功效。[④]牛乳则不及猪乳、羊乳，但也适合婴儿食用。唐代的昝殷在《食医心鉴》里便提到牛乳能解口渴。[⑤]《本草纲目》则列明牛乳"气味甘，微寒，无毒……补虚羸，止渴，养心肺，解热毒，润皮肤"，而且可以制止小儿吐乳。[⑥]清代的王孟英也指出，牛乳味道"甘平，功同人乳，而无饮食之毒，七情

---

① 寇平：《全幼心鉴》卷 2，《乳汁说》，页 27。
② 例如唐代医师孙思邈认为"凡新生小儿，一月内常饮猪乳大佳"。南宋的《幼幼新书》引述《圣惠经》曰："儿满月内，时取猪乳滴口中佳。"明代徐春甫引述张焕谕之言："初生儿或未有奶子，产妇之乳未下，可用猪乳代之，可免惊痫痘疮。"见孙思邈：《备急千金要方》，卷 9《少小婴孺方》，页 5；刘昉等编：《幼幼新书》，卷 4《猪乳法第十九》，载《续修四库全书》，第 1008 册，上海，上海古籍出版社，（1995），页 17－18；徐春甫：《古今医统大全》，卷 88《猪乳法》，（台北：新文丰出版公司，1978，据【明】葛宋礼刊本），页 7。
③ 当小猪吸吮时，先把母猪的后脚提起，然后立刻用手榨取。李时珍：《本草纲目》卷 50 上，《兽之一畜类二十八种附七种》，载《四库全书》第 774 册，上海：上海古籍出版社，1987，页 21。
④ 李时珍：《本草纲目》卷 50 上，《兽之一畜类二十八种附七种》，页 40。
⑤ 昝殷：《食医心鉴》，载《历代中医珍本集成》第 19 册，上海：上海三联书店，1990，页 14－15。
⑥ 李时珍：《本草纲目》卷 50 下，《兽之一畜类二十四种》，页 5。

之火"，所以若是小儿缺乳，可用牛乳代替。[①]除婴儿外，成人尤其年老和体弱者，也适宜饮牛乳。《魏书》记载阉人王琚"养老于家，常饮牛乳，见如处子"。[②]梁朝陶弘景（452—536）也提到"牛羊乳实为补润，故北方食之多肥腱"。[③]可见牛乳有养生、滋补的功效。但饮用牛乳前，"必煮一二沸，停冷啜之，热食即壅，不欲顿服"。[④]虽然明代尚未流行西方的消毒概念，但时人已知道牛乳需经过高温处理方可饮用，以及牛乳热食会导致腹胀等问题。从上述资料可见，历代医师不仅认同牛乳可哺育婴儿，而且老少咸宜。

　　总括而言，历朝幼科医师均以人乳为最佳的婴孩食物。人乳可来自生母或乳母。事实上，自古以来，皇室、公卿贵族、士大夫的婴孩多数是吸吮乳母的奶水。撇除生母缺乳、生病或离世等原因，雇用乳母是为了缩短产母的生育隔期，或压抑年轻母亲在家庭的影响力。同时，精英阶层的妇女会利用所拥有的资源，卸除哺育的责任，中上层家庭普遍聘用雇乳哺儿便是例证。[⑤]虽然历代医师对选择乳母提出了多项苛刻的生理和心理要求，但雇乳仍然非常普遍。富裕家庭妇女不自乳的风气，到清末民国时期仍然流行。此外，中国幼科医学自有一套乳哺婴

---

① 王孟英：《随息居饮食谱》，页 8。
② 魏收：《魏书》，北京：中华书局，1974，列传第 82《阉官》，页 2015。
③ 引自谢成侠编著：《中国养牛羊史（附养鹿简史）》，北京：农业出版社，1985，页 93。
④ 李时珍：《本草纲目》卷 50 下，《兽之一畜类二十四种》，页 5。
⑤ Bray, *Technology and Gender,* p. 359.

孩的理论和法则。为了保护婴儿的健康，医师对供乳者的要求相当严格，乳母出品格、行为、情绪以至相貌均须符合一定的标准。幼科医学也关注哺育品的质量、喂哺的时间和分量；不过，好些法则包括哺育的次数、时间和分量，往往因时制宜，而且内容模糊不清。缺乏母乳的婴儿，可进食谷物浆或兽乳包括牛乳。惟在二十世纪之前，牛乳哺儿不成气候。究其原因，跟中国本土的牛只品种和文化因素有莫大的关系。

牛乳哺育的可行性

牛只大致可分为役牛、肉牛和乳牛三种，而中国就正好缺少乳牛。[①]据中国最早的类书《尔雅》记载，牛只的种类包括摩牛、犦牛、犤牛、犩牛、犪牛、犝牛和犣牛。[②]根据《大汉和辞典》，摩牛是牦牛的别名；犦牛等同犝牛，领上肉犦胅起；犤牛指广东省出产的小牛；犩牛即犪牛，体形巨大，重约千斤；犣牛是牦牛，亦即旄牛，其髀、膝等皆满布长毛；犝牛是无角

---

① 乳牛也有好几个品种。二十世纪二三十年代运往中国的乳牛，主要是荷兰种的何尔斯牛（Holstein）和格尔西牛（Guernsey），瑞士的者尔西牛（Jersey），以及英国的埃尔赛牛（Ashier）。《日用品浅说——牛奶》，《家庭星期》，1卷2期（1935年12月1日），页13—14。

② 《尔雅》卷下第十九，《释畜》，载《续修四库全书》第185册，上海：上海古籍出版社，1995，页16。

的牛；犛牛是貌似熊的动物。^①及至明代，牛只主要分为水牛、黄牛两种。水牛力大，倍于黄牛，但冬季时要躲在室内避寒，夏季则需牧放到池塘消暑。^②而中国牛只的分布是，蒙牛在北方蒙古一带，黄牛长于中北部地区，南方则以水牛为主。

中国本地牛只品种大多数是役牛，辅助耕作和运输，却不善于产奶。虽然雌性的水牛和黄牛也能泌乳，但产量远逊于乳牛。1920、1930年代的研究显示，水牛每日可产乳12磅以上，乳房发达的黄牛每日产乳约十磅左右，但泌乳时间有限，而荷兰种的乳牛，每日产乳高达90至120磅。^③可见在未曾引入乳牛之前，要提供足够的牛乳给婴儿食用，殊不容易。

文化因素是另一个导致古代饮牛乳未能普及的原因。伊懋可（Mark Elvin）认为在帝制晚期，满洲、蒙古、达吉斯坦、西藏等地的民众，向以牧养牛、马为生，更会食其肉、

---

① 诸侨辙次：《大汉和辞典》第7册，东京：大修馆书店，1966—1968，页660、661、662、664、665。

② 宋应星：《天工开物》卷上，《乃粒》，载《续修四库全书》第1115册，上海：上海古籍出版社，1995，页4。

③ C.O. Levine, "Notes on Farm Animals and Animal Industries in China," *Canton Christian College Bulletin* No. 23 (1919), quoted from Chi-Yu Tang, *An Economic Study of Chinese Agriculture* (New York: Garland Publishing, Inc., 1980), pp. 117–118；《申报年鉴 1935》，上海：申报年鉴社，民24（1935），页L4；上海畜植牛乳公司广告，《申报》，1934年9月18日，（本埠增刊）版2；《牛奶出品之程序》，《良友》，65期（1932年5月30日），页52—53。

饮其乳。[①]例如，元朝位于辽西的哩伽塔"以牛乳为食"；[②]
而鞑靼人则"多吃马、牛乳，羊酪，少吃饭，饥则食肉"；[③]
明朝天方国（旧名天堂，又名西域）的国民"以牛乳拌饭"。[④]
《清稗类钞》记载蒙古妇女出售浮于牛奶表层的奶油，余下的
乳汁便作为"寻常日用之饮料"。[⑤]

　　虽然当时饮牛乳被视为蛮夷的饮食，但中原地区也有各式
各样的牛乳食品。北魏末年成书的《齐民要术》，列出牛酪及
干酪的制作方法，不过牛酪乃小牛在冬季的备用食物，而干酪
则是远行时制作粥或浆的材料。[⑥]明代的《竹屿山房杂部》也讲
述了乳饼、乳线、乳腐、酥等食物的成分和制作方法。[⑦]《清嘉
录》记载了清末江苏吴县的农民，每逢农历十一月便会用牛乳

① Mark Elvin, "The Technology of Farming in Late-Traditional China," in Randolph Barker, Radha Sinha, and Beth Rose, eds., *The Chinese Agricultural Economy* (Boulder: Westview Press; London: Croom Helm, 1982), pp. 16, 25.

② 汪大渊：《岛夷志略》，页 48b，载《四库全书》第 594 册，上海：上海古籍出版社，1987。

③ 刘一清：《钱塘遗事》卷 9，页 15a，载《四库全书》第 408 册，上海：上海古籍出版社，1987。

④ 李贤等撰：《明一统志》卷 90，页 25a—25b，载《四库全书》第 472 册，上海：上海古籍出版社，1987。

⑤ 徐珂：《清稗类钞》第 48 册，"饮食类"，第 5 版，上海：商务印书馆，民 17（1928），页 177。

⑥ 贾思勰：《齐民要术》卷 6 第 57，"养羊"，台北：台湾商务印书馆，1968，页 89。

⑦ 宋诩：《竹屿山房杂部》卷 2，《养生部二·面食制》，页 18a—19a；卷 6《养生部六·杂造制》，页 9a—10a，载《四库全书》第 871 册，上海：上海古籍出版社，1987。

制成酪、酥、乳饼等食品出售。[①]清末广东省顺德县的大良，以出产水牛乳甜品——双皮奶——驰名省港澳。[②]

上述资料说明了三点。其一，中国并非没有牛乳，中原人士偶尔会吃牛乳，只是较少文字记载而已。其二，牛乳被视作食物甚于饮料，而且是冬天食用的季节性食物，可视之为补品。其三，牛乳是中华帝国边陲民族的食品。由此可见，纵使牛乳并非"不文明"的食物，[③]鉴于文化差异，直至晚清之前，牛乳并不是中原人士的主要食物或饮料。既然牛乳不是生活的必需品，因此需求有限，无法诱使农户榨取牛乳图利。

更重要是，本土的水牛乳和黄牛乳不适宜婴儿食用。根据民国初年广州岭南学堂的研究，[④]水牛、黄牛和乳牛的脂肪含量相差甚大，乳牛奶的脂肪含量是3.6%至3.8%，但水牛乳的脂肪就高达12.66%，黄牛乳也有8%，而人乳的脂肪含量只是

---

① 顾禄：《清嘉录》卷11，《乳酪》，页7a—7b，载《续修四库全书》第1262册，上海：上海古籍出版社，1995。

② Mak Sau Wa, "Milk and Modernity: Health and Culinary Heritage in South China," Ph.D. Dissertation, The Chinese University of Hong Kong, 2012, pp. 32–44；麦志恒编导，谢瑞芳监制：《天下一碗》第五集，《中国芝士》，电视节目（香港：香港电台电视部，2005）。

③ 据 Nigel Cameron 指出，中国传统把长城以外中亚洲各个民族称为蛮夷，并且排斥他们的饮食文化，包括食用奶制品也被视为不文明的行为。Nigel Cameron, *The Milky Way: The History of Dairy Farm* (Hong Kong: The Dairy Farm Company Ltd., 1986), p. 2.

④ 岭南学堂的前身是格致书院，1888年由美国传教士在广州成立，1903年易名为岭南学堂，1926年向国民政府注册为岭南大学。岭南大学，https://www.ln.edu.hk/cht/info-about/history（浏览日期：2016年10月8日）。

3.5%。[①]在二十世纪以前，即使食物的化学成分分析尚未传入中国，时人无从得知各种牛乳的脂肪比例，但上述资料却说明，水牛乳和黄牛乳较油腻，婴儿的肠胃薄弱，实难以消化。

从牛只品种到牛乳质量而言，中国本土的水牛和黄牛既不长于产乳，其乳汁也不适合婴儿食用。加上饮食文化的差异，中原人士把牛乳当作食物多于饮料，而且是季节性的食物，不常服用，导致在晚清之前，饮乳风气在中土未成气候。换言之，当西方的乳牛、牛乳制品及饮乳文化尚未传入中国之前，牛乳的供求关系并未完全发展。即使牛乳适合哺儿，但在十九世纪以前，牛乳饮食以全牛乳哺育在中国发展迟缓。

[①] C.O. Levine, "A Study of The Different Kinds of Milk Produced in Kwangtung," *The China Medical Journal,* Vol. 32, No. 6(November 1918): 536–544；陈卓人：《牛乳和人乳的比较》，《妇女杂志》，10 卷 3 号（1924 年 3 月 1），页 569。

第二节　洋商来华与牛乳的传入

本节讲述十九世纪乳牛、牛乳产品以至相关的饮食文化在中国落地生根的过程。自十九世纪洋商来华日增，鸦片战争后，洋人可在条约港口居留，为满足日常饮食需要，乳牛和牛乳产品被带到中国。与此同时，欧美传教士把西学知识带到中国，增进时人对牛乳的认识。与牛乳相关的知识、器物与物质文化相继传入中国，为日后的乳业发展和哺育方式转变奠下基础。

乳牛 · 牛乳

自十八世纪以来，欧美商人陆续来华经商，洋人饮乳的习惯因而带到中国。由于当时中国市场甚少有鲜牛乳出售，洋商需要从本国携同乳牛来华，以应付日常饮食之需。美商琼记洋行（Russell & Co.）职员威廉·亨特（William C. Hunter, 1812—1891）在书信中提到，1831年10月4日，他乘坐金帆船号（Golden Galley）由澳门出发上广州，船队包括三只驳艇，"满载商馆的苦力、乳牛和供应食品"。在行程中，快艇不时穿梭，供应新鲜牛乳。[①]香港艺术馆收藏了一批十八、十九世纪在广州生产的外销画，其中一幅大约绘于1825年的油画，主题是广州商馆区远眺的景色，画的正下方可清楚看见，当时的商馆饲养了各类生畜包括乳牛（图1—1），而根据亨特同期的著作显示，画中的商馆应该是丹麦馆。[②]洋商携同乳牛来华畜养，印证在十九世纪前乳牛以至鲜牛乳在中国并不普遍。鸦片战争后，洋人开始聚居通商港口，乳牛和牛乳制品于是陆续运抵中国，为近代中国乳业发展掀起序幕。

近代中国乳业在城市发轫，上海是其中之一。鸦片战争后，洋人陆续把乳牛、牛乳产品带到各个通商港口，饮牛乳文化也逐渐在当地兴起。上海作为首批开放的通商港口，其乳业发展也相对蓬勃，进口大量牛乳制品之余，上海也开设了大大小小的牛乳场，并且订立了各种牛乳生产和售卖的规则，这与上海早在1845年设立租界不无关系。英国、美国和法国先后在上海设置租界，分别为公共租界和法国租界，加上原本的中国县城，上海共有三个市政府，各自为政。人口方面，1855年英、美租界（公共租界）合共人口仅两万多人，十年后的1865年，公共租界的人口已增加至92884人，升幅达70%，法租界则有人口约五万五千。及至1900年，公共租界人口已超过三十五

---

① 亨特著，冯树铁译：《广州"番鬼"录1825—1844——缔约前"番鬼"在广州的情形》，广州：广东人民出版社，1993，页60—61。

② 据亨特记载，广州商馆西边第一家是俗称"黄旗行"的丹麦馆（Danish Factory）。亨特著，冯树铁译：《广州"番鬼"录1825—1844》，页16。

图1-1　从商馆区眺望广州景色

资料来源：香港艺术馆藏。

万，法租界则增加至九万二千多人。[①]

由于洋人人口渐多，对牛乳的需求逐渐增加，乳牛和牛乳制品也相继输入上海。自租界成立后，英、法驻军已自行引入乳牛饲养与繁殖，以供军队日常饮食之需。[②]随着界内人口不断增加，对牛乳的需求日增，也加速了乳业的发展。上海公共租界工部局（以下简称"工部局"）的档案显示，早在1870年代已有洋人经营乳场。工部局的市场督察基尔（Keele）先生，在1872年3月13日之前，直接从轮船Messageries Steamers购入多头乳牛。[③]乳牛也可经由贸易公司从外国购入，[④]或向其他奶棚购买小牛饲养，牛主亦可付款为种牛交配打种。[⑤]据1882年的统计，当时租界内有21个奶棚合共养牛298头。[⑥]1898年工部局实行登记制度，所有在租界内售卖牛乳的奶棚，不论是否设于租界内

① 上海通志编纂委员会编：《上海通志》第1册，上海：上海人民出版社，2005，页664—664。

② 畜牧实验所：《上海乳牛场调查报告》，台北：中研院近代史研究所档案馆，全宗号：20-76-034-23。

③ *Municipal Council of Shanghai Report for the Year Ending 31st March, 1873 and Budget for the Year Ending 31st December, 1874* (Shanghai: The North-China Herald Office, 1874), p. 59.

④ 1930年代上海的养生贸易公司，专营外国牛只进口，西湖炼乳公司也是通过这家公司，在1934年买入二百多头乳牛。《大批奶牛进口》，《申报》，1934年7月17日，版12；《提倡畜牧业者注意》，《申报》，1934年8月14日，版12。

⑤ 《沪市牛奶业近况调查》，《申时经济情报》，续总1454号：牛奶第一号（1935年10月23日），页2。

⑥ *Municipal Council of Shanghai Report for the Year Ending 31st March, 1882 and Budget for the Year Ending 31st December, 1883*(Shanghai: The North-China Herald Office, 1883), p. 49.

都必须登记。据报当时已登记的奶棚中，六间由洋人开办，十七间属华资奶棚，另有三十间华人奶棚未有注册。[①]华人奶棚普遍规模较小，大型奶棚多数属外资，拥有乳牛数目亦较多。例如，1900年的调查显示，R.W.肖（R.W. Shaw）的奶棚规模最大，拥有超过百头牛只。除了F.G.基林（F.G. Keeling）的奶棚外，其他洋人奶棚的牛只数目也超过三十头。反观华人奶棚，只有六间牛只数目超过三十头，其余十五间只有六至二十五头不等。[②]及至1935年，上海的牛乳场已增至六十六间，大多设在人口稠密的地区如闸北、虹桥或城市边缘如浦东、江湾，亦有不少设在租界内。[③]靠近消费市场是牛乳场选址的考量，冷藏技术有限更是牛乳场不得不接近消费群的主要原因。在1936年之前，上海各政府并无规定牛乳必须强制消毒。即使经过消毒，所采用的巴斯德消毒法（Pasteurization）只会杀掉牛乳内的细

---

① *Municipal Council of Shanghai Report for the Year Ending 31ˢᵗ March, 1898 and Budget for the Year Ending 31ˢᵗ December, 1899* (Shanghai: The North-China Herald Office, 1899), p. 121.

② 这六间华人奶棚分别是 Hung Fei、Chang Kee、Char Mow Zung、Mo Hung Sing、Dong Sing，以及 Shanghai Dairy. *Municipal Council of Shanghai Report for the Year 1901 and Budget for the Year 1902* (Shanghai: Kelly & Walsh, Ltd., 1902), p. 126.

③ 《沪市牛奶业近况调查（一续）》,《申时经济情报》, 续总 1454 号：牛奶第二号（1935 年 10 月 24 日）;《沪市牛奶业近况调查（二续）》,《申时经济情报》, 续总 1454 号：牛奶第三号（1935 年 10 月 25 日）;《沪市牛奶业近况调查（续完）》,《申时经济情报》, 续总 1454 号：牛奶第四号（1935 年 10 月 26 日）; 商务印书馆编译所：《上海指南》卷六，《实业·饮食品》, 上海：商务印书馆, 1923, 页 154。

菌。[1]牛乳在储存和运送期间如果没有冷藏设施会滋生细菌，使牛乳变质。当时上海牛乳场的冷藏技术大多数是以冰块维持低温，只有少数奶棚拥有冰箱。[2]因此，上海的牛乳场主要设在城市内围或边缘，以便尽快把鲜牛乳送到顾客手中。

在城市售卖的牛乳，不论客源或生产方式都跟以往有极大差别。早期卖牛乳的贩子，会牵着牛在街上叫卖，如有生意便当场挤出牛乳。[3]赛珍珠（Pearl Buck, 1892—1973）在《我的中国世界》提到，由于洋人对牛乳的需求不断增加，而中国的鲜牛乳既昂贵又罕有，一些有生意头脑的商人会畜养一两头母牛出售牛乳。[4]

自从西方现代化牛乳生产技术引入中国，"即叫即挤"的情况逐渐减少。表1–1简述了战前上海公共租界工部局针对有关牛乳生产和售卖的各种条例。1879年上海及邻近地区发生牛瘟，影响华人奶棚牛只，[5]所以工部局便加紧巡视华人奶棚，

---

① 巴氏消毒法由法国生物学家路易·巴斯德（Louis Pasteur）发明，常用于牛乳消毒。原理是利用高压蒸气把牛乳加热至摄氏 61 度左右，煮数分钟杀死细菌，然后把牛乳急速降温至摄氏四度，此法既可杀菌，又能保存牛乳的营养。

② 《沪市牛奶业近况调查案（一续）》，《申时经济情报》，续总第 1454 号：牛奶第二号（1935 年 10 月 24 日），页 2。

③ 张乐平图，丁言昭、余之文：《上海 Memory：张乐平画笔下的三十年代》，上海：上海辞书出版社，2005，页 161。

④ 赛珍珠著，尚营林等译：《我的中国世界 —— 美国著名女作家赛珍珠自传》，长沙：湖南文艺出版社，1991，页 111。

⑤ *Municipal Council of Shanghai Report for the Year Ended 31st March, 1879 and Budget for the Year Ending 31st December, 1880* (Shanghai: The Celestical Empire Office, 1879), pp. 53–54.

由1880至1882年，巡查员需每两星期呈交华人奶棚牲畜的检查报告。[①]从1882年起，巡查次数由隔日一次到每星期三次不等，但只限于华人奶棚，洋人奶棚不在管制之列。[②]从1898年1月1日开始，工部局实行发牌制度，无牌的牛乳商不得在租界内出售产品。[③]由此可见，早期工部局有关牛乳的法例主要针对华资奶棚。

[①] 《华人牛奶棚存栏牲畜双周简报和卫生稽查员的年度报告》，上海市档案馆，全宗号：U1-2-1105。

[②] *Municipal Council of Shanghai Report for the Year Ended 31st December, 1882 and Budget for the Year Ending 31st December 1883* (Shanghai: Kelly & Walsh, Ltd., 1883), p. 80; *Municipal Council of Shanghai Report for the Year Ended 31st December, 1883 and Budget for the Year Ending 31st December 1884* (Shanghai: Kelly & Walsh, Ltd., 1884), pp. 71–72; *Municipal Council of Shanghai Report for the Year Ended 31st December, 1885 and Budget for the Year Ending 31st December 1886* (Shanghai: Kelly & Walsh, Ltd., 1886), p. 76; *Municipal Council of Shanghai Report for the Year Ended 31st December, 1889 and Budget for the Year Ending 31st December 1890* (Shanghai: Kelly & Walsh, Ltd., 1890), p. 88; *Municipal Council of Shanghai Report for the Year Ended 31st December, 1890 and Budget for the Year Ending 31st December 1891* (Shanghai: Kelly & Walsh, Ltd., 1891), p. 72; *Municipal Council of Shanghai Report for the Year 1891 and Budget for the Year Ending 31st December 1892* (Shanghai: Kelly & Walsh, Ltd., 1892), p. 77; *Municipal Council of Shanghai Report for the Year Ended 31st December, 1893 and Budget for the Year Ending 31st December 1894* (Shanghai: Kelly & Walsh, Ltd., 1894), pp. 91–92; *Municipal Council of Shanghai Report for the Year Ended 31st December, 1894 and Budget for the Year Ending 31st December 1895* (Shanghai: Kelly & Walsh, Ltd., 1895), p. 80; *Municipal Council of Shanghai Report for the Year Ended 31st December, 1895 and Budget for the Year Ending 31st December 1896* (Shanghai: Kelly & Walsh, Ltd., 1896), pp. 87–88.

[③] *Municipal Council Shanghai Report for the Year Ended 31st December, 1897 and Budget for the Year Ending 31st December, 1898* (Shanghai: Kelly & Walsh, Ltd., 1898), p. 63.

表1-1　上海公共租界工部局有关牛乳卫生的措施与法例一览（1880－1937）

年份	内容
1880	开始巡查华人奶棚，从1880至1882年，每两星期呈交检查报告，到1882年起，巡查次数由隔日一次到每星期三次不等。
1898	由1月1日起，无牌牛乳不能在租界内售卖。
1907	卫生处属下的公众健康化验所（Public Health Laboratory）开始抽验市面出售的鲜牛乳，其后更抽验炼乳。
1923	成立牛奶委员会（Milk Supply Committee），把牛奶分生、熟牛奶（raw milk, pasteurized milk），及甲、乙（Grade A, Grade B）两等，甲等的熟牛奶必须经过巴氏消毒（巴斯德消毒法）。
1925	立例把牛乳分级、消毒，并规管制造工序与器具卫生，新法例在同年10月1日起生效。
1928	管制牛奶的细菌含量。
1933	修订甲、乙等牛奶的含菌量，包括大肠杆菌含量。
1936	自7月1日起，所有租界内出售的牛乳必须强制执行巴氏消毒。又，牛乳分级制度加入T.T.（Tuberculosis Test, 肺结核测试）名衔，表示乳场的牛只和员工通过卫生处的肺结核病检验。

　　资料来源：《华人牛奶棚存栏牲畜双周简报和卫生稽查员的年度报告》，上海市档案馆，全宗号：U1-2-1105；《牛奶委员会的组织章程1924—1933年》，上海市档案馆，全宗号：U1-16-1769；Municipal Council of Shanghai: Report of the Year 1873—1937; Municipal Notification No. 3333: Dairy Licences, The Municipal Gazette, Vol. 18, No. 961 (March 5, 1925); Municipal Notification No. 3341: Dairies—Building Rules, The Municipal Gazette, Vol. 18, No. 964 (March 26, 1925); Public Health Department of the Shanghai Municipal Council, Milk and Dairies Regulations (Shanghai: Shanghai Municipal Council, 1936), p. 15.

　　牛乳卫生是另一个工部局关注的问题。十九世纪末，工部局年报经常批评华人奶棚的卫生情况，包括牛舍不洁，牛棚与制奶房共处一室，从水井、山坑、池塘取水，而不是使用自来水等等。因此工部局经常劝吁洋人饮用华资奶棚的牛乳时要加倍小心。[1]

此外，清末上海牛乳掺杂问题严重。为求图利，商贩一般会抽走牛乳的乳油，再加入水、淀粉、硼酸、色素、甲醛等物质，更有商贩加入防腐药粉。在各种掺杂问题中，以掺水最为普遍。[2]赛珍珠对街上牛乳商人贩卖掺水牛乳有以下的描写：

> ……卖牛奶的脏兮兮的牵拉在手腕上的棉袖子。我仔细观察，这才发现，在他右手腕下边有根细细的橡皮管，涓涓流水从袖口流进牛奶桶里。我让他停下，把他的宽松的袖子撸上去，发现了一个他从外国人的仆人那里买来的里面装着水的橡胶热水袋。[3]

为打击牛乳掺杂，自1907年起，工部局卫生处属下的公众健康化

① *Municipal Council of Shanghai Report for the Year Ended 31st December, 1894 and Budget for the Year Ending 31st December, 1895* (Shanghai: Kelly & Walsh, Ltd., 1895), p. 80; *Municipal Council Shanghai Report for the Year Ended 31st December, 1897 and Budget for the Year Ending 31st December, 1898* (Shanghai: Kelly & Walsh, Ltd, 1898), p. 63; *Municipal Council of Shanghai Report for the Year Ended 31st December, 1898 and Budget for the Year Ending 31st December, 1899* (Shanghai: Kelly & Walsh, Ltd., 1899), pp. 120–121.

② *Shanghai Municipal Council Report for the Year 1912 and Budget for the Year 1913* (Shanghai: Kelly & Walsh, Ltd., 1913), p. 84A; *Shanghai Municipal Council Report for the Year 1922 and Budget for the Year 1923* (Shanghai: Kelly & Walsh, Ltd., 1923), p. 123A；金嗣说编：《牛乳及其制品之研究》，上海：商务印书馆，民 24（1935），"序"页 1。

③ 赛珍珠著，尚营林等译：《我的中国世界》，页 111。

验所开始抽验市面出售的鲜牛乳。[①]当年抽验的345个样本中，超过三分之一有掺杂水分。其后数年牛乳掺杂情况虽有改善，但百分比仍维持在双位数字。自1913年起，掺杂的百分比才回落至个位数字。由1925至抗战前，除1932年外，掺杂的牛乳样本不足3%（表1-2）。1932年掺杂问题突然增加，估计是由于一・二八事变，多间奶棚遭受破坏，牛乳供应减少，无牌奶商乘机混水摸鱼，致令掺杂的数字上升。

表1-2　工部局化验所检验牛乳掺杂情况（1907—1937）*

年份	样本数目	掺杂	
		数目	所占百分比（%）
1907	345	121	35.0
1908	365	87	24.0
1909	383	112	29.3
1910	467	64	13.7
1911	449	54	12.0
1912	456	67	14.7
1913	511	45	8.8
1914	505	55	8.7
1915	430	16	3.7
1916	433	20	4.6

① 根据卫生处的规定，鲜牛乳的牛油脂肪是 3%，非脂肪固体是 8.5%。Public Health Department of the Shanghai Municipal Council, *Milk and Dairies Regulations* (Shanghai: Shanghai Municipal Council, 1936), p. 15, 载《牛乳：消毒，甲等 T.T. 消毒牛奶》，上海市档案馆，全宗号：U1-4-632。

（续表）

年份	样本数目	掺杂	
		数目	所占百分比（%）
1917	329	6	1.8
1918	335	4	1.2
1919	474	17	3.6
1920	691	61	8.8
1921	630	62	9.8
1922	694	47	6.8
1923	1130	82	7.3
1924	1236	25	2.5
1925	1622	42	2.59
1926	1714	32	1.86
1927	1876	28	1.54
1928	1880	36	1.91
1929	2073	30	1.44
1930	2119	50	2.35
1931	2034	46	2.26
1932	1084	45	4.15
1933	1165	32	2.75
1934	1138	20	1.75
1935	1116	4	0.35
1936	1074	24	2.23
1937	963	24	2.49

*1937年的数字至抗日战争全面爆发前

资料来源：*Shanghai Municipal Council Report, 1910—1937 and Budget for the Year 1911—1938* (Shanghai: Kelly and Walsh, Ltd., 1911—1938).

　　除了掺水问题，当时市面还有冒牌牛乳。每到深夜至凌晨时分，无牌奶商的苦力便在无人的街道工作，他们穿着有多个口袋的特制衣服，袋内塞满了昔日持牌奶棚的旧奶瓶或偷回来的奶瓶，利用这些瓶子盛载无牌牛乳，再贴上甲等的标签出售（有关甲等牛乳将于下一段说明）。[1]牛乳掺杂和假冒情况猖獗，反映了以下两点：其一，牛乳价钱昂贵，利润可观，诱使商贩铤而走险；其二，穷苦人家对牛乳也有一定的需求，形成对掺杂、次货牛乳的需求。[2]

　　为改善牛乳的卫生问题，工部局在1901年已考虑仿照英国实行中央消毒。[3]类似的建议在1906年再度提出，[4]但最终要到1920年代才局部落实。事缘1919年上海爆发牛瘟，令牛乳的价格飙升，价钱甚至比欧美等地更昂贵。为使租界内的居民和医院可用合理的价钱购买高质量又清洁的鲜牛乳，同时教导华商奶棚最新的卫生标准，工部局在1923年4月成立牛奶委员会，把牛乳分生、熟牛乳，以及甲、乙两等，甲等熟牛乳必须经过巴

---

[1]　*Shanghai Municipal Council Report for the Year 1928 and Budget for the Year 1929* (Shanghai: Kelly & Walsh, Ltd., 1929), p. 178.

[2]　冯客（Frank Dikötter）认为，舶来品虽然价格昂贵，但中国商人善于抄袭的本领，使下层民众也可一尝赝品洋货的滋味。从掺杂和冒牌牛乳充斥于上海可见，不仅中、上家庭，穷苦人家对牛乳也有一定的需求，为这些次等及劣质牛乳提供生存空间。Frank Dikötter, *Things Modern: Material Culture and Everyday Life in China* (London: C. Hurst & Company Publishing Ltd., 2007), p. 262.

[3]　*Municipal Council of Shanghai Report for the Year 1901 and Budget for the Year 1902* (Shanghai: Kelly & Walsh, Ltd., 1902), p. 143.

[4]　*Municipal Council of Shanghai Report for the Year 1906 and Budget for the Year 1907* (Shanghai: Kelly & Walsh, Ltd., 1907), p. 183.

氏消毒。①法例同时订下制奶工序、器皿、职员以及牛舍清洁及卫生准则。新法例在1925年3月25日推出，并于同年10月1日起生效。②

工部局又参考了英国的标准，在1928年4月起管制牛乳的细菌含量，1933年进一步修订甲、乙等牛乳的细菌及大肠杆菌含量。③如样本不达标，工部局照例发出警告，同时饬令改良。倘若奶商尚未查明原由再次违例，便会被吊销牛乳执照。④

1930年代初，工部局打算成立消毒厂为租界内乙等牛乳进行消毒。⑤其后，工部局以乙等生牛乳在夏季易受感染，加上奶牛患肺结核病的数字不断增加等理由，决定由1936年7月1日起，所有租界内出售的牛乳必须强制执行巴氏消毒。惟乙等牛乳场资本有限，无力购置消毒机器，工部局拟设立中央消毒

---

① *Municipal Council of Shanghai Report for the Year 1923 and Budget for the Year 1924* (Shanghai: Kelly & Walsh, Ltd., 1924), pp. 146–149；《牛奶委员会的组织章程 1924—1933 年》，上海市档案馆，全宗号：U1-16-1769。

② Municipal Notification No. 3333: Dairy Licences, *The Municipal Gazette,* Vol. 18, No. 961 (March 5, 1925); Municipal Notification No. 3341: Dairies–Building Rules, *The Municipal Gazette,* Vol. 18, No. 964 (March 26, 1925).

③ 以平碟培植计算，消毒牛乳每立糎（编注："糎"即"毫米"）不可超过三万个细菌，十分之一立糎不含大肠杆菌；未消毒的甲等牛乳，每立糎不可超过二十万个细菌，百分之一糎不可有大肠杆菌；未经消毒的乙等牛乳，每立糎不能多于一百万个细菌，千分之一糎不可有大肠杆菌。新法例自 1933 年7 月 1 日生效。《上海公共租界工部局年报 1933》，上海：华文处，1934，页 293；Public Health Department of the Shanghai Municipal Council, *Milk and Dairies Regulations* (Shanghai: Shanghai Municipal Council, 1936), p. 15.

④ 《日用品浅说——牛奶（续）》，《家庭星期》，1 卷 3 期（1935 年 12 月 8 日），页 14。

⑤ 《工部局筹议牛乳消毒办法》，《申报》，1932 年 12 月 24 日，版 12。

站，或由私人承办消毒站，可惜在战前仍未有定案。乙等奶棚可决定自行消毒产品或与其他牛乳场合作一同进行消毒。[①]为鼓励牛乳场定期把牛只和员工送到卫生处作肺结核病检验，工部局为所有通过检测的奶棚冠以"T.T."的名衔，以兹证明牛奶的质量。总括而言，直至1936年中，公共租界内的牛乳共分为三等：甲等T.T.、甲等及乙等，并且必须经过消毒。[②]有报道指出，工部局对牛乳监管全面、严密，令上海出产的鲜牛乳成为东方地区之最。[③]其实，工部局只是把同期英国实施的牛乳法例用于上海而已。[④]

　　除乳牛外，洋人还引入炼乳和奶粉。炼乳本为军用物资，在美国南北战争后成为了商品。[⑤]制造炼乳的方法是，先蒸馏牛奶，去除75%水分，再加入大量的糖作防腐用途，最后注入罐头包装。炼乳的优点是可储存较长时间也不会变坏，所以可运到远方出售。根据中国旧海关资料，1894年已有多个口岸输

---

① 《上海公共租界工部局年报 1931》，上海：华文处，1932，页 160；*Shanghai Municipal Council Report for the Year 1936 and the Budget for the Year 1937* (Shanghai: North-China Daily News & Herald, Ltd., 1937), pp. 28, 156–157.

② *Shanghai Municipal Council Report for the Year 1936 and the Budget for the Year 1937* (Shanghai: North-China Daily News & Herald, Ltd., 1937), pp. 157–158.

③ 《工部局卫生处工作概要》，《申报》，1934 年 10 月 1 日，版 16。

④ 有关英国 1920 年代立法管制牛乳生产的详情，参见 Hannah Velten, *Milk: A Global History* (London: Reaktion Books, 2010), pp. 89–91.

⑤ Apple, *Mothers and Medicine,* p. 10.

入或转口罐头炼乳；[①]及至1902年，炼乳成为海关贸易总册恒常记录的进口货品。二十世纪初，炼乳在上海已街知巷闻。且看1905年当地竹枝词的内容："罐头牛奶制成酥，签贴标牌样各殊。独有飞鹰推妙品，家家争买羡膏腴。"[②]飞鹰牌炼乳（Eagle Brand Condensed Milk）即今天的鹰唛炼乳，[③]1874年在香港注册。[④]由此可见，在十九世纪后期，舶来的炼乳产品已打开了中国市场。

从清末到抗战前，中国对炼乳的需求不断增加。图1–2和1–3显示了二十世纪前期中国炼乳的进口金额与数量。1902年

---

① 这些口岸包括上海、宁波、福州、大连、厦门、汕头、广州、九龙及蒙自。*Returns of Trade and Trade Reports for the Year 1894: Part II—Reports and Statistics for Each Ports with Report on Foreign Trade of China* (Shanghai: The Statistical Department of the Inspectorate General of Customs, 1895), pp. 289, 295, 341, 366, 388, 408, 436, 460, 490, 565, 606.

② 颐安主人：《沪江商业市景词》，载顾炳权编著：《上海洋场竹枝词》前编，上海：上海书店出版社，1996，页119。

③ 飞鹰牌炼乳可谓二十世纪初在中国以至世界最闻名的炼乳品牌。飞鹰牌炼乳由美国波典司牛乳公司（Borden Condensed Milk Co., Ltd.）出品，创办人Gail Borden有感于婴儿在横越大西洋时，吃下晕船浪牛只的乳汁容易生病，加上城市内难觅纯正牛乳，于是发明浓缩牛奶（炼乳），并于1856年在美国取得专利权。初时炼乳生意并不理想，但自从1861年南北战争爆发，军人以罐头炼乳作食粮，令生意大增。战事结束后，公司把炼乳命名为飞鹰牌炼乳，并开始把它推广为婴儿食品。由于该品牌享负盛名，引来中国的乳品公司冒认仿效，其中最瞩目的是与温州百好炼乳的商标纠纷。Apple, *Mothers and Medicine,* p. 10. 有关飞鹰老牌炼乳和百好炼乳的商标纠纷，见吴百亨：《经营百好炼乳厂的回忆》，载潘君祥主编：《中国近代国货运动》，北京：中国文史出版社，1996，页161；瑞安市地方志编纂委员会编：《瑞安市志》下册，北京：中华书局，2003，页1671。

④ 《摩登都会：沪港社会风貌》，香港：香港历史博物馆，2009，页79。

全国进口的炼乳总值约十万两。但一年后进口量已倍增，达242000两。1904年继续上升，到1905年更激增至615000两。但之后几年时有升跌，到1914年进口的炼乳总价为913400两，但因为第一次世界大战爆发，炼乳供应紧张，所以1915年迅速回落至693000多两，跌幅逾三成。不过战后，炼乳的供应和需求再次回升。值得注意的是，1919至1924年，海关把炼乳数值的

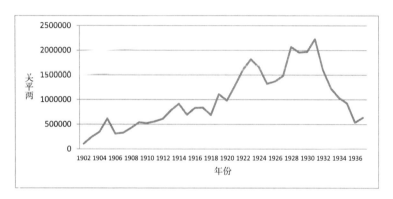

图1-2　全国进口炼乳总值（1902—1937）

资料来源：*Returns of Trade and Trade Reports for the Year 1903—1904,* Part I: *Report on the Trade of China and Abstract of Statistics* (Shanghai: The Statistical Department of the Inspectorate General of Customs, 1904—1905); *Returns of Trade and Trade Reports 1905,* Part I: *Abstract of Statistics, and Report on the Foreign Trade of China* (Shanghai: The Statistical Department of the Inspectorate General of Customs, 1906); *Returns of Trade and Trade Reports for the Year 1906—1913,* Part I: *Abstract of Statistics, and Report on the Foreign Trade of China* (Shanghai: The Statistical Department of the Inspectorate General of Customs, 1907—1914); *Returns of Trade and Trade Reports 1914—1919,* Part I: *Report on the Foreign Trade of China, and Abstract of Statistics* (Shanghai: The Statistical Department of the Inspectorate General of Customs, 1915—1920); *Foreign Trade of China, 1920—1931,* Part I: *Report and Abstract of Statistics* (Shanghai: The Statistical Department of the Inspectorate General of Customs, 1920—1932); *The Trade of China 1932—1936,* Vol. II: *Foreign Trade: Abstract of Import and Export Statistics* (Shanghai: Statistical Department of the Inspectorate General of Customs, 1933—1937); *Monthly Returns of the Foreign Trade of China 1937* (Shanghai: Statistical Department of the Inspectorate General of Customs, 1938).

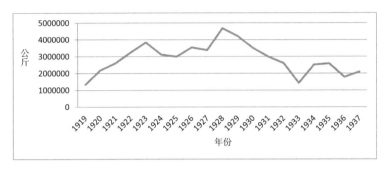

图1-3　全国进口炼乳数量（1919—1937）

资料来源：*Returns of Trade and Trade Reports 1914—1919, Part I: Report on the Foreign Trade of China, and Abstract of Statistics* (Shanghai: The Statistical Department of the Inspectorate General of Customs, 1915—1920); *Foreign Trade of China, 1920—1931, Part I: Report and Abstract of Statistics* (Shanghai: The Statistical Department of the Inspectorate General of Customs, 1920—1932); *The Trade of China 1932—1936, Vol. II: Foreign Trade: Abstract of Import and Export Statistics* (Shanghai: Statistical Department of the Inspectorate General of Customs, 1933—1937); *Monthly Returns of the Foreign Trade of China 1937*(Shanghai: Statistical Department of the Inspectorate General of Customs, 1938).

计算单位逐渐由打转为担，两制并行之下，这几年的统计数字十分混乱，图1-3就把以打的关平两价值和以担的加起来，作为该年的炼乳进口总值，但可能重复计算，数字未必准确。又，由1925年直至抗战前，虽然海关度量衡单位由担改为公斤，但没有出现两制并行，所以数额相对可靠。从1920年代开始，炼乳进口总值又再次上升，1928年更突破二十万两，有76800多担（4687000多公斤）炼乳进口，之后稍为回落。到1931年，进口的炼乳接近299万公斤，减少约160万，但总值却是223万关平两，反映日本入侵东三省，令炼乳的价格暴涨。之后不论进口的炼乳数量和总值都回落。从1935至1937年，每年的炼乳进口徘徊在178万至258万公斤，但明显炼乳的价格下降，所以每年的总值也少于一百万，1936年更只有53万余关平两。炼乳价格下降，相信是国产炼乳陆续推出市场，令舶来品售价下调。1924年，先有宁康炼乳推出，继而温州百好炼乳在1926问世，[1]到1931年西湖炼乳公司推出燕牌炼乳。国产炼乳加入市场，打破洋商垄断的局面。

　　上海是全国三大进口炼乳最多的港口之一。[2]从1903到1918年，上海炼乳的进口值占全国的15%至30%。1916年，超过三分之一（36.26%）炼乳经上海输入中国。但1919年只有6.73%的炼乳由上海进口，如前文所述，中国海关在1919至1924年间同时使用担和公斤两种度量衡制度，所以总数有可能重复。虽然如此，1919年从上海进口的炼乳总值确实比之前几年低。自1925至1931年，经上海进口的炼乳徘徊在11%至17%，最低是1927年，只有8.5%。1920年代后期上海进口炼乳减少，估计与国货炼乳推出市场有关。踏入1930年代，进口炼乳总值又回升至20%至30%，可见上海对舶来炼乳需求量之惊人（表1–3）。

表1-3　全国与上海炼乳进口数值（1902—1937）

年份	全国进口总值 （关平两）	上海进口总值 （关平两）	上海占全国炼乳 进口百分比（%）
1902	107877	226	0.21

---

[1]　宁康炼乳其后被并入温州百好炼乳。吴百亨：《经营百好炼乳厂的回忆》，页160。

[2]　其他两个港口分别是天津和广州。

（续表）

年份	全国进口总值（关平两）	上海进口总值（关平两）	上海占全国炼乳进口百分比（%）
1903	242472	70761	29.18
1904	346080	63810	18.44
1905	615530	170693	27.73
1906	311096	75425	24.24
1907	328219	59804	18.22
1908	427900	86099	20.12
1909	539581	140386	26.02
1910	522468	109676	20.99
1911	559242	122692	21.94
1912	612204	138112	22.56
1913	782078	172774	22.09
1914	913433	269271	29.48
1915	693818	112074	16.15
1916	830806	301253	36.26
1917	837090	243570	29.10
1918	687743	104917	15.26
1919	1108692	74641	6.73
1920	978599	—	—
1921	1278397	—	—
1922	1603393	—	—

（续表）

年份	全国进口总值 （关平两）	上海进口总值 （关平两）	上海占全国炼乳 进口百分比（％）
1923	1817746	243652	13.40
1924	1657814	214810	12.96
1925	1319305	195208	14.80
1926	1371061	224273	16.36
1927	1483606	126807	8.55
1928	2069354	371425	17.95
1929	1957170	233062	11.91
1930	1971449	247480	12.55
1931	2227178	306030	13.74
1932	1604303	349083	21.76
1933	1226267	236042	19.25
1934	1033282	312444	30.24
1935	925223	206424	22.31
1936	536835	135545	25.25
1937	634507	146281	23.05

资料来源：*Returns of Trade and Trade Reports for the Year 1903-1904*, Part I: *Report on the Trade of China and Abstract of Statistics* (Shanghai: The Statistical Department of the Inspectorate General of Customs, 1904-1905); *Returns of Trade and Trade Reports 1905-1919*, Part III: *Analysis of Foreign Trade*, Vol. I-- *Imports* (Shanghai: The Statistical Department of the Inspectorate General of Customs, 1906-1920); *Foreign Trade of China, 1923-1931*, Part 1: *Analysis*, Vol. I-- *Imports* (Shanghai: The Statistical Department of the Inspectorate General of Customs, 1924-1932); *The Trade of China 1932-1937*, Vol. II: *Foreign Trade: Abstract of Import and Export Statistics* (Shanghai: Statistical Department of the Inspectorate General of Customs, 1933-1938).

相比之下，奶粉最迟来到中国。奶粉的前身是小儿粉，由干牛乳、小麦粉和矿物质等混合而成，例子有美龄食品（Mellin's Food）、[①]爱兰汉百利代乳粉（Allenburys'Foods，后改译为爱兰百利代乳粉）、[②]好立克（Horlick）和雀巢牌牛奶粉（Nestlé's Milk Food），[③]适合较大及已断乳的婴儿食用。小儿粉的广告在1882年已见之于上海《申报》。[④]北京故宫博物院收藏了一批医药丛书，是清末内务府抄写各地西药房对店内产品的说明，其中《华英大药房药目摘录》就发现小儿粉的记录：

> 益儿代乳粉
> 失乳者体必亏虚，亦多疾病，此粉由化学制炼，性味功用

[①] 美龄食品是 1860 年代末由英国化学家 Gustav Mellin 发明的。当时欧美流行的婴儿食品 Liebig's Food，制作程序复杂，需要较长时间准备，不便家庭主妇使用。于是 Gustav Mellin 改良 Liebig's Food 的配方，制成只要加入牛乳便可食用的婴儿食品。Apple, *Mothers and Medicine*, p. 10.

[②] 爱兰百利代乳粉是英国制药厂 Allen & Hanburys Ltd.1893 年的产品。该产品同样是 Liebig's Food 的改良版，主要成分有麦精及鱼肝油。产品特别之处，在于按照婴儿成长阶段制作出三种不同的型号：一号适合一至三个月；二号适合三至六个月；三号适合六个月以上的婴儿。除婴儿食品外，该公司亦生产哺乳瓶。Sue Watts, "Allenburys Food & Feeders," 撷取自 Pharmaceutical Society of Australia, www.psa.org.au/site.php?id=1273（浏览日期：2008 年 6 月 10 日）。

[③] 雀巢牌牛奶粉由瑞士商人 Henri Nestlé（1814—1890）发明，成分有牛乳、糖、麦粉和麦精，并采用特别方法制造，使婴儿也能消化这些淀粉质食物。产品于 1870 年代初在欧洲问世。由于只需加水便可进食，所以被誉为"完整的食物"（"complete food"）。Apple, *Mothers and Medicine*, p. 9.

[④] 老德记起首药房广告，《申报》，1882 年 7 月 30 日，无页码。

最宜童稚体质，用以饲哺，万分妥当。①

从以上描述可清楚知道，代乳粉不仅可供哺育，对体质孱弱的婴儿尤其合适。到二十世纪初，在上海出版的《申报》可找到好立克、爱兰百利代乳粉的广告，可见这类产品已在中国的市场流通。②至于奶粉就要到1920年代渐见于中国市场。奶粉是利用高温经滚筒转动或喷洒方法，把牛乳由液态转化为固体。奶粉约在1920年进军中国市场，当年上海中西药房在新建的大厦摆设了中国首个橱窗广告，展示的正是勒吐精代乳粉（Lactogen）。③

自从奶粉进军中国市场，大有取代小儿粉之势。1924年第一季度的《上海货价季刊》有以下的分析："好立克代乳粉销路素畅旺，但自勒克吐瑾风行以后，暗中大受影响，本季销路颇为减，而勒克吐瑾几有一日千里之势。"④引文所指的勒克吐瑾即勒吐精代乳粉，虽然中文译作代乳粉，但实质是奶粉。

抗战前在中国市场出售的奶粉绝大部分是舶来品。由于技

---

① 《华英大药房药目摘录》，载《英国屈臣氏医药丛书六种》，北京故宫博物院藏品。该药房目录曾于香港科学馆举办的"西洋奇器：清宫科技展"展出，展期由2015年6月26日至9月23日。谨在此鸣谢香港科学馆总馆长薛雯及工作人员之协助，让笔者知悉有关简介的内容。
② 好立克广告，《申报》，1909年11月1日，第1张第6版；爱兰百利代乳粉广告，《申报》，1912年4月27日，第3张第4版。
③ 徐百益：《老上海广告发展轨迹》，载益斌、柳又明、甘振虎编：《老上海广告》，上海：上海画报出版社，1995，页4。
④ 《上海货价季刊》，1924年1季，页3，载《早期上海经济文献汇编》第19册，北京：全国图书馆文献缩微复制中心，2005。

术落后，到1935年中国才有自行生产的奶粉。[①]在抗战之前，市场上的奶粉主要由澳洲、美国和英国等地进口。自1923年起，中国海关开始记录代乳粉（包括小儿粉和奶粉）每年的进口数额及总值。大体而言，从1923至1931年，进口代乳粉的净值不断上升，由1923年的195800多两，增加到1931年的140万两，升幅达六倍有余。受到1931年九一八事变和1932年一·二八事变的影响，代乳粉的进口净值下跌，总值不到一百万关平两。[②]到1935年，代乳粉的进口净值再次下滑，估计是国货奶粉加入市场竞争，以及1935年中国的金融和经济危机所致（图1-4）。

至于上海输入的奶粉总额也是全国之冠。自有记录以来至1936年，一半以上进口中国的代乳粉也是从上海输入。纵使1931年上海的需求为战前最低的一年，但仍稳占全国总进口净值的46.13%（图1-5）。由此可见，上海及其邻近地区对代乳粉

[①] 由李元信创立的惠民奶粉，声称是中国首个国货奶粉品牌，但实质只是从美国、澳洲等地购入奶粉，再运到中国分拆、包装。中国首个国产制造的品牌是1935年出品的燕牌奶粉，由西湖炼乳厂出产，该公司的创办人萧家干（1900—1972）继发明炼乳制造机后，又研制出滚动真空并用的奶粉制造机，并向国民政府实业部申请十年专利。《惠民股份有限公司招股章程》，上海：惠民股份有限公司，民16（1927）；《上海商业储蓄银行调查研究类：牛奶奶粉调查资料》第2册，上海市档案馆，全宗号：Q275-1-2007-2。

[②] 不仅进口的奶粉数量下降，对国货奶粉的需求也下跌。以惠民奶粉为例，初时行销全国，生意平平兼屡有亏蚀，只有在东三省的销量较佳。但自九一八事变后，东三省一带生意停滞，令公司经营雪上加霜。第419、6708、13239号：惠民奶粉公司第一、二、三次调查，《上海商业储蓄银行调查研究类：牛奶奶粉调查资料》第2册，上海市档案馆，全宗号：Q275-1-2007-2。

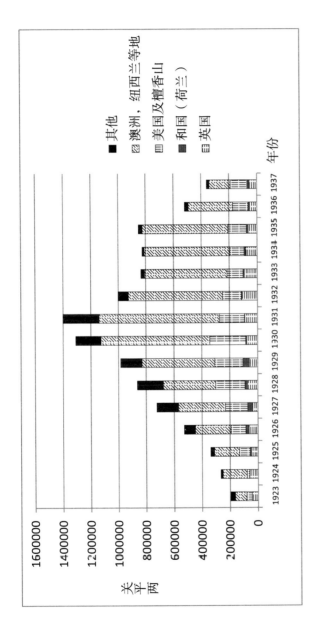

图1-4　进口代乳粉来源地及总值（1923—1937）

资料来源：*Foreign Trade of China, 1923—1931*, Part 1: *Analysis*, Vol. I—*Imports* (Shanghai: The Statistical Department of the Inspectorate General of Customs, 1924—1932); *The Trade of China 1932—1937*, Vol II: *Foreign Trade: Abstract of Import and Export Statistics* (Shanghai: Statistical Department of the Inspectorate General of Customs, 1933—1938).

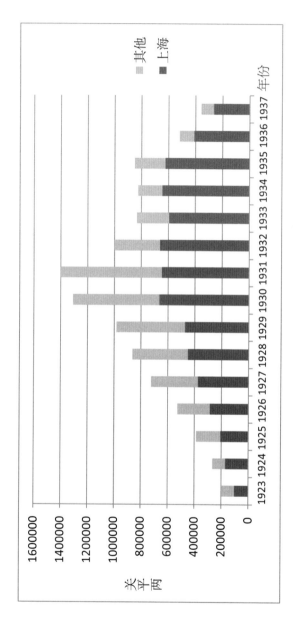

图1-5 全国及上海代乳粉进口数值（1923—1937）

资料来源：*Foreign Trade of China, 1923—1931, Part II: Analysis, Vol.1– Imports* (Shanghai: The Statistical Department of the Inspectorate General of Customs, 1923—1932); *The Trade of China 1932—1937, Vol. II: Foreign Trade: Abstract of Import and Export Statistics*, (Shanghai: Statistical Department of the Inspectorate General of Customs, 1933—1938).

需求之殷切。

概言之，自鸦片战争后，洋人对牛乳的需求增加，使得乳牛和牛乳制品陆续运抵中国。最迟在1880、1890年代，上海已有鲜牛奶、炼乳和小儿粉出售。惟绝大部分乳制品都是由外国进口，即使上海本地有鲜牛乳生产，也大多由洋人经营，可见二十世纪前期中国乳业尚在萌芽阶段。

牛乳制品陆续运抵中国之时，西方有关牛乳的医学及科学知识也译介来华。尽管我们无法查证西方牛乳哺育知识如何传入中国，但从现存的文献推敲，估计与传教士译介西医书籍有关。鸦片战争爆发前的广州，已有不少西方传教士宣扬福音，当中包括来自伦敦传道会（London Missionary Society）的合信（Benjamin Hobson, 1816—1873）。这位医学传教士在1839年被派往澳门的教会医院，1843年到达广州，在西关开设惠爱医馆，并开始翻译西医书籍，包括《博物新编》和《全体新论》。第二次鸦片战争期间，惠爱医馆被毁，合信逃难至上海，之后与艾约瑟（Joseph Edkins, 1823—1905）合作翻译《西医略论》、《妇婴新说》和《内科新说》，其中《妇婴新说》便介绍了牛乳哺育的方法。[1]该书建议"贫穷之家，本母无乳，又不能雇觅乳母，止得哺以兽类之乳，或驴或牛或羊俱可"。[2]

---

① 有关合信的生平，见王韬：《弢园文录外编》卷11，《西医合信氏传》，页28a—29a，载《续修四库全书》第1558册，上海：上海古籍出版社，1995。

② 合信：《妇婴新说》，【清】咸丰八年（1858），页29a，载故宫博物馆编：《故宫珍本丛刊》第380册，海口：海南出版社，2000，据江苏上海仁济医馆藏版。

相对前文提及的传统幼科医学，《妇婴新说》详述了冲调和稀释牛乳的方法。合信强调兽乳必须以沸水稀释和加热，还要加入白糖，方可哺儿，以补充因稀释而减去的糖分。至于稀释牛乳的比例为"初用二水乳一，渐用水乳各半，二三月后，乳愈加多，水愈减少"。由于水牛乳比黄牛乳浓烈，更要添加水分稀释。[①]随着婴儿日渐成长，稀释的分量必须调整。由此可见，合信介绍的牛乳哺育法，讲求水、乳比例之余，也重视定量的法则。《妇婴新说》的中译本是摆放在上海仁济医院门外免费取阅的，所以既不知道印刷的数量，又不清楚谁是读者，[②]更无法证明可有读者依循书中的建议使用牛乳哺儿。尽管如此，合信的《妇婴新说》仍可证明在1850年代后期，传教士已把西方牛乳哺育的方法和知识引入中国。

到十九世纪末，中国人对牛乳饮食的认识日渐增加。英国传教士傅兰雅（John Fryer, 1839—1928），于1875年在上海出版中国第一本自然科学杂志《格致汇编》，当中有多篇文章从化学、医学、养生等角度，回答读者对牛乳的疑问，并且介绍

---

① 合信：《妇婴新说》，页29a。

② 林维红指出，晚清外交官、曾国藩（1811—1872）之子曾纪泽（1839—1890）曾阅读《妇婴新说》。尽管没证据显示，他本人或其家中女眷会依照书中指示育儿，但已说明此书曾经在中国流通。林维红：《面对西方文化的中国"新"女性：从〈曾纪泽日记〉看曾氏妇女在欧洲》，载罗久蓉、吕妙芬主编：《无声之声（III）：近代中国的妇女与文化（1600—1950）》，台北：中研院近代史研究所，2003，页221—222。

了牛乳的成分和益处。[①]1872年，杂志的冬季号刊出《美国博物大会》一义，特别介绍了"各国前兴博物会时所未设"的牛乳房。[②]另有读者询问如何辨别牛乳掺水以及西方罐头炼乳的制法。[③]如此看来，到十九世纪末，对居住在通商港口的中国人而言，牛乳并不陌生。

---

① 《互相问答》，《格致汇编》，1 年 4 卷（1876 年 5 月／【清】光绪二年四月），页 9a；《化学卫生论（续）》，《格致汇编》，3 年 6 卷（1880 年 7 月／【清】光绪六年六月），页 7a—8a；《互相问答》，《格致汇编》，1 年 8 卷（1876 年 9 月／【清】光绪二年八月），页 11b；《延年益寿论（续）》，《格致汇编》，6 年秋季（1891 年秋季／【清】光绪十七年秋季），页 15b；《延年益寿论（续）》，《格致汇编》，6 年冬季（1891 年冬季／【清】光绪十七年冬季），页 8a、12a—12b。

② 《美国博物大会》，《格致汇编》，7 年冬季（1892 年冬季／【清】光绪十八年冬季），页 4a。

③ 《互相问答》，《格致汇编》，1 年 9 卷（1876 年 10 月／【清】光绪二年九月），页 9b；《格致汇编》，6 年夏季（1891 年夏季／【清】光绪十七年夏季），页 48a—48b。

小结

　　中国本土既有牛只，也有用牛乳制成的食品，但在十九世纪以前却没有形成饮牛乳的习惯。基于牛只的品种和文化因素，使牛乳未能普及，更没有足够的牛乳作哺育之用。随着十八、十九世纪洋人来华经商，自鸦片战争后洋人可在通商港口居住，乳牛、各种牛乳产品以及相关的文化、知识和法例才渐渐在上海等沿海商埠出现，为牛乳哺育兴起缔造了客观的物质条件。至于母亲为何采用牛乳哺育，与清末以降妇女社会角色转变有密切的关系，下章将作详细讨论。

母乳哺育与良母标准

母乳哺育是最基本的婴儿哺育方法，也是
雌性哺乳类动物喂哺幼儿的方式。但自古
以来，中国并未强调母亲非授乳不可，
乳母代劳更是普遍的现象。自十九世纪
末，在亡国灭种的威胁下，部分士大夫
把国家积弱的责任归咎于妇女，母乳哺育
顿成良母的标准、强国强种的方法。进入
民国后，妇女身体国家化的过程不断加
剧。为遏止妇女束胸之歪风，地方以至中
央政府立例查禁女学生束缚双乳，名为关
注妇女健康，实为保障未来小国民吃一口
母乳。及至1930年代，国民政府实施新生
活运动，进一步强化妇女的家内角色。加
上1930年代中世界经济大萧条余波席卷中
国，要求妇女回家的声音不绝于耳。尽管

读书人、专家、官员一再强调女性的母亲角色、推崇母乳哺儿，却有妇女抗拒做贤妻良母或国民之母。女学生期望就业，而不是留在家中相夫教子。反束胸和天乳运动，倒过来助长妇女为追求身段美而拒绝哺育。新生活运动劝吁妇女节俭，却无阻摩登的现代母亲继续纵情享乐。

本章讨论母乳哺育如何成为近代中国母亲的责任以及妇女对此的反应。第一节剖析母乳哺育在清末成为良母的标准的来龙去脉。第二节探讨民国时期国家对妇女身体的控制，母乳哺育成为反束胸的一大理由。第三节阐释1930年代新生活运动及妇女回家论争对母职之影响。

第一节　强国强种与母乳哺育

　　清末亡国灭种的危机，掀起了士大夫对母职的重视。自从清廷在甲午战争中被日本打败，广泛掀起了亡国灭种的危机。有读书人把国家的积弱归咎于妇女，使妇女成为了国家的问题。曼素恩（Susan Mann）质疑，在甲午战争之前，妇女未曾成为国家的问题，即使在洋务运动期间，士大夫也没有提出要改造妇女，反映他们既满意男主外、女主内的性别分工，也认同妇女的经济能力不可掩盖家庭角色。[①]但自从甲午战败后，士大夫开始批评妇女缠足、无知无识、不事生产，令国家陷于亡国灭种的边缘；如要拯救中国，首在改造妇女，遂令妇女的身体、行为、思想成为被规训的对象。过往有不少研究探讨妇女

---

① Susan Mann, "Why Women Were Not a Problem in Nineteenth-Century Chinese Thought," in Clara Wing-chung Ho, ed., *Windows on the Chinese World: Reflections by Five Historians* (Lanham, MD: Lexington Books, 2009), pp. 113–128.

的身体如何被纳入国家论述，[1]笔者感兴趣的是，强国强儿主张如何导致女子教育的出现，继而建构授乳为妇女的天职。

兴女学与家政教育

严复（1853—1921）是清末首批主张强母强儿的读书人。他运用社会进化论说明国家强弱系于妇女的健康，其著作《原强》就提到，国家富强之道，全靠民力、民智、民德。所谓民力，即"其民之手足体力之基"，要有健全的国家，必先有健全的国民。民力的强弱，男女皆有责任，母亲身体尤其影响婴孩的健康："盖母健而后儿肥，培其先天而种乃进也。"由于改善母亲的身体有助孕育强壮的婴儿，所以严复极力反对女子缠足和抽鸦片，如不纠正这些陋习，"种以之弱，国以之贫"，即使变法也是徒然。[2]严复把种族与国家兴亡扯上关系，重申国家的富强与百姓的个人身体、智力和德行息息相关，又把妇女身体状况与国家、种族强弱挂钩，表明国民之健康系于母体之强弱。这种把强国、

---

[1] Sarah Elizabeth Stevens, "Hygienic Bodies and Public Mothers: The Rhetoric of Reproduction, Fetal Education and Childhood in Republican China, " in Michael Lackner, and Natascha Vittinghoff, eds. *Mapping Meanings: The Field of New Learning in Late Qing China* (Leiden: Brill, 2004), pp. 659-683；周春燕：《女体与国族》，第 1—3 章。

[2] 严复：《严复集》第 1 册，北京：中华书局，1986，页 28—29。

强种、强母、强儿连成一线的观念，奠定了妇女生育能力和育儿责任为救国的不二法门。至于开"民智"，严复主张废八股、试帖、策议等科举考试，改为钻研西学、实学。尽管国家富强男女有责，但在晚清改革以前，只有男性才可入学读书考科举，因此严复所开的是男性的民智，未提及如何启迪妇女的智慧。

大体而言，严复提出妇女身体是国家强弱的关键。通过规训妇女身体，使其孕育强健的婴儿，提升民力，为强国、强种、强母、强儿论述奠定基础。虽然严复认为国家富强男女有责，但他未有提出任何建议增进妇女的智慧。及至甲午战争后，维新派逐渐完善强母论述，并且由规训妇女的身体扩展至她们的脑袋。

维新派的梁启超（1873—1929）同样把清朝的衰败归咎于妇女，因此主张兴女学。梁启超在1896年所写的《变法通议·论女学》中提到，国家积弱"必自妇人不学始"，因为"女学衰，母教失，无业众，智民少"，所以"欲强国必由女学"。[①]梁启超把国家积弱归咎于妇女的无知无识、不事生产，尤其妇女缠足，形同国耻。他认为提倡女子教育是扭转清朝衰亡的办法之一，假使女子能读书，"上可相夫，下可教子，近可宜家，远可善种"。[②]梁启超又延续了严复"母健而儿肥"的强母

① 梁启超：《变法通议·论女学》，载《梁启超全集》第1册，北京：北京出版社，1999，页30—33。
② 梁启超：《倡设女学堂启》，载李又宁、张玉法编：《近代中国女权运动史料，1842—1911》上册，台北：传记文学社，1975，页561。

强儿观念，反对妇女缠足，但他更进一步要求妇女读书识字，投入经济生产。女性是否不事生产实有商榷的余地。曼素恩批评，梁启超忽视了长久以来妇女对家庭经济的贡献，尤其晚清读书人中举的机会愈来愈小，就业率下降，令更多男性需要依靠妻子的经济能力（包括财政管理、劳动以至嫁妆）过活。[1]至于让妇女入学读书，反映了当时士大夫改革妇女的决心。唯有使妇女读书明理，方可实行母教，提升民智，减少愚民数目，改善整体国民的素质。

实施女子教育只是强国强种的手段。妇女育儿不仅为一家、一姓、一族，更是为国家培育小国民。此举把妇女的家庭角色提升至拯救国家民族的层面，并为贤妻良母注入新的国族意涵，跃升为国民之母。然而，这种新的身份只是进一步把妇女限制在为人妻、为人母的框架内。稍有不同的是，清末要求良母生育、养育、教育三者并重，比以往妇女可以把哺育工作交托乳妇更严格、更缺乏弹性。

为实践女子教育，西洋的家政学（Home economics）从日本译介来华。家政学源于十八世纪中叶的欧洲。当时欧洲上层社会的妇女生活糜烂，不理会子女的死活，遂有建议妇女应妥善处理家务，包括亲自授乳哺育婴儿，重申妇女的母职是社会改革之根本。以十八世纪的英国为例，中产妇女借着强调其

---

① Mann, "Why Women Were Not a Problem in Nineteenth-Century Chinese Thought," p. 119.

家内角色和道德操守，与糜烂的贵族妇女划清界线。[①]到十九世纪，在科学思想和达尔文主义影响下，知识分子运用自然律（nature's law）解释雌性物种的生育本能，合理化男女在思考方式、工作态度和体能上的差别。这种以科学解释性别分工的理论，把家庭工作塑造成女性的专长。[②]

十九世纪中叶的美国，进一步把家政学打造成女子教育的专门学科。工业革命令大批女性家庭佣工转到工厂就业。南北战争期间，大部分男性离家入伍，在缺少家庭佣工和男性的协助下，中产受教育的妇女对家务束手无策。加上欧洲移民日增，如何使他们摆脱昔日的生活方式融入美国社会成为当务之急，而家政学便成为上述众多问题的解决办法。[③]与此同时，为免家务成为隐形工作（invisible work），脱离现实政治和经济范畴，家政学家如凯瑟琳·埃丝特·比彻（Catharine Esther Beecher）建议把日常家居厨艺、缝纫等项目，纳入正规女子教育课程。[④]于是家政学成为十九世纪美国妇女的专业教育，并且设有大学课程。

[①] Jeffrey Weeks, *Sex, Politics & Society: The Regulation of Sexuality Since 1800,* 2nd ed., (London; New York: Longman, 1989), pp. 27–28.

[②] Mary Poovey, *Uneven Developments: The Ideological Work of Gender in Mid-Victorian England* (Chicago: University of Chicago Press, 1988), pp. 6–7.

[③] Taniguchi Ayako, and Kametaka Kyoko, "Special Quality of Mrs. E.F. Haskell's 'The Housekeeper's Encyclopedia'—Based on Shep's Notes in 'Civil War Cooking'," *Journal of Home Economics of Japan,* Vol. 49, Issue 8 (1998): 884–886.

[④] 有关美国早期家政学发展，见 Kathryn Kish Sklar, *Catharine Beecher: A Study in American Domesticity* (New York: Norton, 1973)。

随着西方殖民主义扩张，家政学传入非洲和亚洲，而日本就在十九世纪中后期开始实行家政教育。十九世纪六十年代，明治政府推行女子教育，引入家政学作为教材，因为该学科被指有助发挥女性天职：为使国家富强，女子必须学习家政，妥善处理家务，令男子安心在外工作，无内顾之忧。①因此，多部美国的家政学经典陆续被翻译成日文。②

甲午战争后，日本顿成清末读书人的学习对象，家政学亦在此时传入中国。从十九世纪末到二十世纪初，大批家政学书籍由日本译介来华。③在芸芸的家政学典籍中，以下田歌子（1854—1936）的著作影响最为深远。生于幕末时期的下田，

---

① 饭冢幸子、大井三代子：《下田歌子と家政学》，《实践女子短期大学纪要》，28 号（2007），页 4—7；Taniguchi Ayako, and Kametaka Kyoko, "Comparative Study of Mrs. E.F. Haskell's *"The Housekeeper's Encyclopedia"* and C.E. Beecher's Three Books on Domestic Economy," *Journal of Home Economics of Japan,* Vol. 49, Issue 3 (1998): 223–234；永田道雄著，王振宇、张葆春译：《近代化と教育》，长春：吉林人民出版社，1984，页 74；河源美耶子：《日本近代思想と教育》，东京：成文堂，1994，页 98—109、161—164。

② 田中ちた子：《家政学文献集成》，明治期 II，东京：渡辺书店，昭和 40—41 年（1965—1966），页 6。

③ 例如，顾倬的《幼儿保育法》参考了多位国内外学者的著作，包括中井龙之助的《男女育儿新法》、东基吉的《幼稚园保育法》、小泉又一的《教育的心理学》、利根川与作的《家庭教育法》、关以雄的《我子之养生》等等，均属日本人的著述。顾氏也有参考德意志卫生院编辑的《卫生新书》，惟此书也是日本的翻译本。此外，他亦参考了当时在中国出版的同类书籍，如曾科进的《家庭卫生书》，以及孙海环的《生理学粹》。由此可见，清末流传的家政学书籍，主要是从日本译介来华。顾倬：《幼儿保育法》，上海：中国图书公司，【清】光绪三十三年（1907），（序）页 2—3。

是日本首位女性家政学教材的作者。[①]她在1885年创立华族女学校，专门教导日本贵族妇女，同时又致力推动下层妇女教育。1899年，下田在东京成立实践女学校，主要收取中国学生，秋瑾（1875—1907）便是该校的学生。1902年，下田在上海成立作新社，[②]把多部日本书籍翻译成中文出版，当中包括她撰写的《家政学》。[③]她的文章也屡见于中国的书刊。[④]

晚清教育改革落实兴女学，而家政学就成为女学教材。1907年，学部颁布《奏定女学堂章程折》，正式宣布兴办女学，列明在传统女训经典以外，[⑤]其他"外国女子修身不悖中国风教者，

---

① 明治初期的家政学书籍，大多翻译自美国 E.F. Haskell 和 Catharine Esther Beecher 等人的著作，或由瓜生寅（1842—1913）、清水文之辅（1868—?）等男性学者编写。1893 年出版的《家政学》，是日本第一部由女性书写的家政学书籍，内容大部分是下田歌子在华族女学校的授课笔记。饭冢幸子、人井三代子：《下田歌子と家政学》，页 4—7。

② 一说作新社在 1901 年成立。见 Joan Judge, "Talent, Virtue, and the Nation: Chinese Nationalisms and Female Subjectivities in the Early Twentieth Century," *The American Historical Review,* Vol. 106, No. 3(June 2001): 773。

③ 1902 年 7 月出版的《岭南女学新报》提及，下田歌子撰写的家政学著作有《家政学》、《家政学讲义》、《家庭之心得》、脩文馆（博文馆）刊行的《女子学事训》、富山房出版的《女子家庭教育》、民友社的《家庭丛书》、《家庭教育》及《家庭小训》等，但只有《家政学》有中文译本。见《论家庭教育为造就人格之基础》，《岭南女学新报》，癸卯年七月，页 12。有关下田与中国女子教育，详见 Judge, "Talent, Virtue, and the Nation," pp. 765—803；《下田歌子と服部宇之吉》，竹内好、桥川文三编：《近代日本と中国》上，东京：朝日新闻，1974，页 201—221。

④ 据 Joan Judge 指出，下田的文章多次转载于《大陆》杂志。Judge, "Talent, Virtue, and the Nation," p. 773.

⑤ 传统女训包括《孝经》、四书（《大学》、《中庸》、《论语》和《孟子》）、《列女传》、《女诫》、《女训》、《教女遗规》等。

撷取精要，融会编成"。①而早于1904年，清政府颁布《奏定蒙养院章程及家庭教育法章程》时，说明保姆学堂旨在培训女子学会家庭教育，而所用的教材除女四书、女训之外，也可参考一些与妇道、妇职不相悖的外国家庭教育课本，例如下田歌子《家政学》之类的书籍。②所以，早于清政府正式开办女学之前，家政学已被列为教材。而且，士大夫和朝廷官员均认同，家政学与中国传统女训功能相若，两者同样鼓吹妇女做贤妻良母。但更重要的是，他们深信西方富强源于洋妇持家有道，而家政学正是教导妇女治家的学问。吴汝纶在《新编家政学》的序言里提到：

> 古之治天下者，必先齐家。家者国之本也……西人之富强，乃一源于家教……欧亚之不敌，若其势然者，说者谓其种固不若焉……如欲其种之强，非齐家莫由也，故曰家为国本。③

汤钊亦曾翻译下田歌子的著作，他对家政学治家兴国的说法也有同感：

> 积人成家，积家成国。家之成也，立国之本也，此家齐而

---

① 璩鑫圭、唐良炎编：《中国近代教育史资料汇编：学制演变》，上海：上海教育出版社，2007，页586。
② 朱有瓛主编：《中国近代学制史料》，上海：华东师范大学出版社，1989，页746—750。
③ 下田歌子著，吴汝纶译：《新编家政学》，上海：作新社，【清】光绪二十八年（1902），"序"页1—2。

后国治之说也。治有三世，未几大同，则家者，合群之点，团
体之基。治家之学，盖可忽乎哉？[①]

　　这种家为国本、家政兴国的理念，令清末士大夫相信，只要教
育妇女成为贤妻良母，妥善料理家务，国家自可富强。这类见
解正好回应梁启超等"女学不兴、其国衰灭"的观点：通过推
行家政教育，教导妇女持家之道、育儿之法，必可达成强种救
国的目标。

　　综观十八世纪以来家政学在欧美、亚洲等地的发展，不难
发现该学科不仅是妇女专属的科目，更被视为社会和政治改革
的工具。十八、十九世纪的欧美，以家政学革新社会风气，提
高妇女地位。日本明治政府则把家政学诠释为强国之法，鼓吹
妇女治家育儿等同于贡献国家。甲午战败后，部分清朝官员及
士大夫眼见明治维新的成功，令他们更加相信若妇女可发挥其
家庭角色，定能强国保种，遂使家政学于世纪之交在中土遍地
开花。

　　在此要强调一点，十九世纪末二十世纪初在日本和中国流
行的家政学，标榜西方白种中产妇女的理想母亲形象。这群白
种妇女本身有一定的经济能力，并且自视为社会的独立个体，
她们注重如何加强母亲的自主性和增进母子关系，与清末妇女
（更确切应该是男性有识之士）所关心的问题南辕北辙。如何

---

① 下田歌子著，汤钊译：《新撰家政学》，初版【清】光绪二十八年（1902）；
　再版，上海：广智书局，【清】光绪三十一年（1905），"序"页1。

把这套白种中产妇女的理想母亲形象演绎成强国之法，关键在于对母亲角色的解读。

家政学内容广泛，当中以育儿为首务。家政学从照顾一家老少、处理家务、个人仪容、人事及理财、灾难应变到消闲娱乐，无所不包。在众多课题之中，育儿乃重中之重。有专家扬言，教养子女是"家政之大端，妇人之要务"，[1]标示了清末的家政学侧重妇女的良母角色。

妇女肩负育儿重担，皆因在自然律之下，女性比男性更适宜处理家事。有家政学书刊强调：

> 天之赋人，男女各殊其性，或刚猛而强，或宽柔而弱。所禀既异，则处事互有长短。故取长舍短，分职任事，赋性当然耳。顾男务于外，女治于内。妇之治内，实天赋之职。[2]

妇女本性"温和绵密，优美博爱"，因此"能养其老，育其幼"。假使妇女"反天职之良性"，"为外本内末之事"，便会导致"冠履倒置，阴阳失常，亡身覆家"。[3]相对于清末士大夫把国家问题归咎于妇女，家政学则以自然律合理化妇女育儿的责任。

---

① 服部繁子：《家政学》，东京：富山房，明治41（1908），页24。
② 下田歌子著，吴汝纶译：《新编家政学》，页3—4。
③ 下田歌子著，钱单士厘译述：《家政学》上卷，出版资料不详，【清】光绪二十八年（1902），页3。

在众多育儿事项当中，授乳被形容为妇女的天职。《新编家政学》对妇女授乳有以下的见解：

> 故母之哺儿，实天赋之职……不自乳者，母子亲爱之情，必不能厚，于将来教育，缺失殊多。凡世之为人母者，慎毋弃其天赋之职也。[①]

妇女亲自授乳，可增进母子的感情，更重要的是，授乳乃妇女之天职，所以家政学家明言，母亲授乳是人类"天然之性"。[②]

撇除天职观念，母乳哺育对婴儿健康利多于弊。有专家运用科学知识，印证母乳哺育的好处，指出母体会因应婴儿成长，自动调节乳汁的成分。譬如，初乳含丰富蛋白质，而且脂肪及糖质较少，是天然的滑肠汁，有助初生婴儿排出胎便，而且比使用三黄汤、鹧鸪药更安全可靠。[③]家政学对初乳的分析明显有别于中国传统幼科医学。第一章提及传统幼科医学指初乳是"积乳"，服后会损害婴儿的健康："产母乳汁既行，必须操而捏去之。此乳不可哺也，积滞之气，恐损儿也。"[④]认为初乳不单对婴儿有害，更会令产妇患上乳痈，即乳房炎。所以妇

---

① 下田歌子著，吴汝纶译：《新编家政学》，页 12。
② 足立宽著，丁福保译：《育儿谈》，上海：医学书局，【清】光绪三十四年（1908），页 13。
③ 下田歌子著，吴汝纶译：《新编家政学》，页 13；服部繁子：《家政学》，页 28、30。
④ 万全：《万氏家传育婴》卷 1，《哺儿法》，页 10—11。

女产后，"宜勤去乳汁，不宜蓄储"。[1]妇女产后如不授乳，乳汁长期积聚乳房，大有机会导致乳腺炎等疾病，但并不表示初乳有百害而无益。家政学认为初乳含多种抗体，且成分和浓度完全因应初生婴儿所需而制造。如前文所述，初乳有助婴儿排出胎便。家政学参考了近代西方科学和医学知识，对初乳的意见更中肯，有助纠正时人的误解。当婴儿日渐长大，消化力渐佳，母乳亦渐浓厚，而且包含多种营养成分。更甚者，授乳期间，母亲的一言一行会在不知不觉间影响婴儿，成为他们模仿的对象，所以母乳喂哺是身教之一，对婴儿的性情和精神发展有莫大的裨益。[2]加上母乳哺育之儿女"肢体得以强健"，[3]正好配合强国、强种、强母、强儿的主张。

从生物角度而言，母亲授乳是自然规律，但中国传统女训并没有特别强调母亲必须授乳。伊佩霞（Patricia Ebrey）有关宋代妇女研究指出，上层妇女务必尽儿媳的本分，孝顺翁姑，和睦叔嫂，照顾老幼，同时管理家庭财政，恕待佣仆。惟在哺育方面，由于宋人认为哺乳形同失血，耗尽女性力气，为保产母的健康，多数雇用乳母哺儿。[4]白馥兰从技术层面分析，精

---

① 陈自明：《妇人大全良方》卷 23，《乳痈方论第十五》，页 28。

② 服部繁子：《家政学》，页 30—31。

③ 曾纪芬编：《聂氏重编家政学》，页 9a，载李庆彰等主编：《晚清四部丛刊》第八编第 62 册，台中：文听阁图书有限公司，2012，据【清】光绪三十年（1904）浙江官书局重刊本。

④ Patricia B. Ebrey, *The Inner Quarters: Marriage and the Lives of Chinese Women in the Sung Period* (Berkeley: University of California Press, 1993), pp. 114–119, 179.

英阶层母亲把生育和养育工作交由妾侍、乳母代劳，她本人则专职教育儿女。[1]高彦颐（Dorothy Ko）关于明代女性的研究说明，母亲在古代是崇高的职业，妇女作为人母甚至可以拯救世界，但传统却有意把妇女的才能限制于家庭事务。[2]曼素恩研究盛清妇女的经济生活，强调妇女缝纫、刺绣、养蚕、纺纱或织布，并非旨在增加家庭收入或个人经济资本，乃作为子女的榜样，训勉他们辛勤工作。[3]曼素恩未有深入讨论妇女的哺育责任，但通过讲述全家女性为一个患有痘症的婴儿祈福的故事，说明母亲育婴的责任与慈爱。[4]上述研究显示，由宋朝至盛清均重视母亲如何教育孩子，她们的身教更是子女的道德典范。相比之下，哺育并非母亲的必然的工作和责任，尽管文人墨客无不称许母亲以其血乳喂养儿女，惟实际情况是，自古以来上至皇室、贵族、公卿，下至士大夫、富有人家，绝大多数都是聘请雇乳哺儿。[5]

　　家政学提倡的良母角色，着眼于强国强种的功能，只能达至有识之士兴女学部分目标。育儿本为家政学的要务，在清末

[1] Bray, *Technology and Gender,* p. 359.

[2] Dorothy Ko, *Teachers of the Inner Chambers: Women and Culture in Seventeenth-Century China,* (Stanford, Calif.: Stanford University Press, 1994), p. 19.

[3] Susan L. Mann, *Precious Records: Women in China's Long Eighteenth Century* (Stanford, Calif.: Stanford University Press, 1997), pp. 36, 148–149, 169.

[4] 同上，pp. 62–63。

[5] 有关中国古代中上层雇乳哺育的情况，参见刘咏聪：《中国古代育儿》，页106—108；李贞德：《汉魏六朝的乳母》，《中研院历史语言研究所集刊》，70本2分，1999年6月，页439—481。

亡国灭种的氛围下，母乳哺育成为了妇女必然的责任，甚至被视为天职。学者运用自然律和科学知识，合理化母亲授乳的必要，期望借此孕育出健康的小国民，达至强国强种的目标。相对于古代母亲把哺育工作交托雇乳，清末对理想母亲的要求更严格和保守。推崇妇女的母亲角色，视之为贡献国家的途径，进一步把妇女困在家庭私领域，与梁启超鼓励妇女走出家庭、参与经济生产的主张背道而驰。

　　读者或有疑问，上文引述的家政学书刊主要翻译自日本，这些书本在清末到底有多普及？影响力有多大？什么妇女会研习家政学？笔者尝试以下田歌子著作的译本解答。如上所述，下田是清末最具影响力的日本家政学家，她的文章早见于书刊，而她的重要著作《家政学》，是在华族女学校的授课笔记，1893年在东京出版。然而，影响中国更大的是她在1900年出版的《新选家政学》。在二十世纪初，这本书在中国共有四个翻译本，撇除下田作新社的译本，其余的分别由钱单士厘（1858—1945）、汤钊以及曾纪芬（1852—1942）翻译，[①]当中钱单士厘和曾纪芬均是女性。钱单士厘是清末外交官钱恂（1853—1927）的妻子，曾跟随丈夫出使日本及欧洲多国。由1899至1906年，钱单士厘随丈夫出使日本，在彼邦努力学习日文，她的长媳更是首批入读下田歌子实践女学校的中国留学

---

① 下田歌子著，钱单士厘译述：《家政学》二卷，下田歌子著，汤钊译：《新撰家政学》；曾纪芬：《聂氏重编家政学》；韩眸：《中国近代女子教育における日本受容》，名古屋大学博士论文，平成26（2014），页71。

生。[1]钱徇为《家政学》作序时提到：

> 单士厘稍通日文，读彼邦女学者下田歌子所著家政学，取
> 其浅近而切于日用，遂译为汉文，欲以诱启华民，俾知外人重
> 教育，即家政一端，已如此说其进焉者乎，抑即此以为女学之
> 嚆矢未可知也。[2]

钱单士厘通过翻译下田的著作，让国民得知外国对女子教育尤
其家政学的重视。至于钱单士厘对家政学的观感，可于此书得
知一二：

> 凡齐家之道与治国同，任一国之宰者，先确定宪法，无或
> □□，始能行命令于其民。主妇乃一家之主宰也。故主妇先严
> 守其家法，然后得行命令于其下，使人人习惯其家风……女子
> 教育，母仪者也，实为主妇者之凤仪，家家相集而成一国之凤
> 仪。为女子者所宜注意，而决不可苟矣。[3]

钱单士厘把女子治家比喻为宰相治国，若妇女严守家法，定必
家庭和睦。推而广之，家家户户妇女都能持家有道，便可造就
一国之风范，可见钱单士厘认同家政学对妇女以至国家的重

---

① 钱单士厘:《癸卯旅行记·归潜记》，长沙：湖南人民出版社，1981，页5—6。
② 下田歌子著，钱单士厘译述:《家政学》上卷"序"。
③ 同上，"凡例"，页3—4。

要性。

至于曾纪芬则是曾国藩（1811—1872）的幼女、上海道台聂辑槻（1855—1911）的元配。她于光绪二十九年（1903）五月，喜读下田歌子的《家政学》，遂萌生翻译此书的念头：

近阅东洋下田氏所编家政学，绪论闳深，条目缜密，于家庭义务，一归重于主妇，未始不可以开通闺媛，整饬坤纲，惟其瀛海隔越，民俗闲有悬殊，即文词不无或异，勘识字义者，洞澈颇难。爰命儿其昌、其杰、其炜，侄婿刘润，详加编辑，去肤存液，删繁就简，僻者略之，阙者缀之，其中于教育大端，及主妇壹是应尽之责任，务期与我邦纤悉备合，雅俗共知。[1]

由于时人不谙日文，加上日本的情况异于中国，所以曾纪芬命儿子聂其昌（1879—1954）、聂其杰（1880—1953）、聂其炜（1883—1968）以及侄婿刘寿（刘润）改写，[2]编成《聂氏重编家政学》。所以正确而言，此书是曾纪芬主持下的翻译版本。曾纪芬的译本初时只在亲朋戚友间流传，"非求问世"，但就强调此书不无参考价值。[3]事实上，此书出版后翌年（1905年）

---

[1] 曾纪芬编：《聂氏重编家政学》，"叙言"页 1b—2a。
[2] 《崇德老人八十自订年谱》中并无提及聂其炜参与翻译。曾纪芬口述，瞿宣颖笔录：《崇德老人八十自订年谱》，页 21b，载北京图书馆编：《北京图书馆藏珍本年谱丛刊》第 182 册，北京：北京图书馆出版社，1999，页 802。
[3] 曾纪芬编：《聂氏重编家政学》，"凡例"，页 1b。

夏季，《聂氏重编家政学》已经再版，可见清末对家政学书籍的需求。[1]钱单士厘和曾纪芬均是清末官宦人家的女眷，在出阁之前已略懂诗书。[2]对她们而言，家政学是一门新的学问。

除却下田歌子的著作，清末还有其他从日本引入的家政学书籍，服部繁子（1872—1952）的《家政学》便是其一。服部繁子是汉学家岛田篁村（1838—1898）的女儿，也是下田歌子的学生。1902年，她的丈夫服部宇之吉（1867—1939）应聘出任清政府京师大学堂教习，于是随同丈夫来到中国。由于她懂汉语，所以能与当时中国的上流妇女交往，有感于当时"中国女学方开，年纪较大者既叹不便入学，又苦无课本可资研究"，于是在1907年出版《家政学》，而且标明是"家庭及学堂用"。[3]刚才提及钱单士厘的《家政学》也标明"此书乃女子师范学校及师范学校女子部又高等女学校家事教科所用"。[4]由此可见，清末家政学的读者多数是有学识的中上层妇女，她们对这类书籍需求殷切，甚至亲自动笔翻译，反映清末中上层妇女对家政学反应正面。

大部分家政学书籍的中译本均把育儿放于首位。表2-1是下

---

① 韩晔:《中国近代女子教育における日本受容》，页81。
② 高彦颐与曼素恩的研究均指出，明清时期着重女子的才德，所以中上阶层的家庭会聘请老师教导闺中女眷。参见 Ko, *Teachers of the Inner Chambers*; Mann, *Precious Records*.
③ 《下田歌子と服部宇之吉》，竹内好、桥川文三编:《近代日本と中国》上，东京:朝日新闻，1974，页213—215；服部繁子:《家政学》，页1。
④ 下田歌子著，钱单士厘译述:《家政学》上卷，"凡例"。

田歌子家政学书籍的翻译目录对照。在四个译本当中，只有钱单士厘的版本是完全根据原著的编目，至于作新社、汤钊和曾纪芬的译本都有不同程度的调整。尽管如此，各个译本也不约而同把育儿放在书本的较前部分，作新社与曾纪芬的译本在总论之后的第二章，至于汤钊更把小儿教养放在第一章。[①]再看服部繁子的《家政学》，全书共十三章，编目顺序如下：总论、家庭、主妇、崇敬祖先、教养子女、用人、家庭经济、家庭卫生附生理大要、衣食住、交际须知、主妇之教育、妇人之娱乐、妇人之修容。教养子女虽然在第五章，但哺育一节却占全章差不多一半篇幅（35页中的16页，约40%），内容涵盖婴儿洗浴、哺乳、乳母应注意事项、乳母选择、牛乳哺育的食品选择、稀释方法、哺育守则、哺乳器介绍、断乳、幼儿食品、婴儿病患等。[②]由此可见，即使当时的家政学书刊主要来自日本，但中国的翻译者颇接受原书的内容。有关育儿篇章的位置安排及篇幅，更反映了当时的翻译者皆认同育儿是家政学之大端、妇人之要务。

作为女学教材，家政学不仅教导妇女如何做个贤妻良母，更确立授乳为母亲的天职。母乳哺育既顺应自然律，更顾及婴儿健康和妇女救国的责任。这种标榜亲自授乳的良母观念，与清末强国、强种、强母、强儿的主张互相呼应，同样把妇女的家庭角色等同其对社会以至国家的责任。

---

① 汤钊的版本只翻译了下田歌子《新选家政学》的下篇。
② 韩铧：《中国近代女子教育における日本受容》，页91。

表2-1　下田歌子著作的中译本目录对照

卷	章	《家政学》下田歌子 1893	《新选家政学》下田歌子 1900	《家政学》钱单士厘 1902	《新编家政学》作新社 1902	《新编家政学》（吴汝纶译）1902	《新撰家政学》汤钊 1902	《聂氏重编家政学》曾纪芬 1905
上	一	绪言	总论	总论	一. 总论	一. 总论		一. 总论
	二	家事经济	家内卫生	家内卫生	二. 家人之监督（教育、幼儿、家庭教育、小学教育、养老、病者之看护）			二. 教育初基
	三	衣服	家事经济	家事经济				三. 教育渐次
	四	饮食	饮食	饮食			/	四. 教育总义
	五	本邦料理	衣服	衣服	三. 一家之风范、家庭习惯、儿女仪范、温良之态、规则秩序习惯之早起、陈设之家庭利益、户内快乐、交际）			五. 家庭表率
	六	西洋料理	住居	住居				六. 理财
下	一	住居	小儿教养	小儿教养			一. 小儿教养	七. 养老
	二	礼法	家庭教育	家庭教育			二. 家庭教育	八. 治病

（续表）

卷 章	《家政学》 下田歌子 1893	《新选家政学》 下田歌子 1900	《家政学》 钱单士厘 1902	《新编家政学》 作新社（吴汝纶译） 1902	《新撰家政学》 汤钊 1902	《聂氏重编家政学》 曾纪芬 1905
三	妆饰	养老	养老	四. 卫生（光线空气土地、清洁，室内运动身体之衣服，饮食，住宅，避难）	三. 养老	九. 卫生
四	书简	看病	看病		四. 看病	十. 交际
五	赠品	交际	交际		五. 交际	十一. 避难
六	看病法	避难	避难		六. 避难	十二. 婢仆使役
七	母亲の卫生及び小儿教养法	婢仆使役	婢仆使役	五. 一家之财政（财政之要旨，出纳，贮藏，购求物品）	七. 婢仆使役	
八	婢仆の使役					

资料来源：下田歌子：《家政学》，上下卷，第2版，东京：博文馆，明治26（1893）；韩晔：《中国近代女子教育におけ る日本受容》，页82，表1。

女学生对就业的期盼

　　清末推行的女子教育，表扬妇女的母亲角色，彰显朝野上下对妇女的重视，甚至视之为国民之母、强国保种的关键。尽管女学教授的是持家之道、育儿之法，部分女学生却以为可跟男生看齐，出外工作，经济独立，何况生利正是梁启超兴女学的目标。因此，贤妻良母教育仿如双刃剑，既强化妇女的家庭责任，亦为她们跳出家庭私领域带来一丝希望，为近代中国育儿方式的改变撒下种子。

　　虽然女子教育把妇女规范在贤妻良母的框架内，但并非所有妇女甘之如饴。1905年出版的《新民丛报》忠告，过分着重女子教育只会引来反效果。江口辰太郎以《教育目的论》为题，在湖南中路师范学校发表演说，讲稿之后刊登于《新民丛报》。江口在演说中提到，男女因位置和本质不同，教育亦不尽相同。西洋有女尊男卑之风，皆因男女界限未分，尤其美国女子可以参政，虽则文明程度甚高，但男女平等会令女子不甘于服从男性，有碍社会发展。江口认为清末仍处于男尊女卑的社会状态，但将来大概会发展成美国的情况。假若过分强调女子教育，只会阻碍强国强种：

　　女子学问讲得太高，则生育之期必有违误，即于生育国民有碍，于人种有碍，且必有卑视男子之心，不肯讲服从主义。西国现有此流弊，中国女学大兴，亦必有此流弊，此极危险之事。①

为人师表尚且恐惧女学生教育水平过高，不愿回家相夫教子，坊间对女子教育的批评则更甚。1905年，《顺天时报》刊登文章抨击当时女子教育的宗旨不明确，衍生出男女互相竞争的情况：

> 女子教育，宜趋重道德，以养成贤女贤妇贤母为宗旨……异日能为贤妇贤母，或佐夫子以成名，或以所学之道德，教育子女，乃为尽贤女之义务，乃为尽女子之天职。若徒以学术工艺，炫其所长，矜言独立于社会，致启男女之竞争，则失教育之宗旨矣！②

由于女子教育宗旨不明确，部分女学生不甘于做贤妻良母，甚至反过来与男子竞争。对清末兴女学有深远影响的下田歌子，也曾告诫中国的女学生不要因读书而游离现实，甚至沦为"乱臣贼子"。③上述文章反映了女学方兴，男性有识之士已忧虑女

---

① 江口辰太郎：《教育目的论（湖南中路师范学校讲义）》，《新民丛报》，3 年
　　19 号／原 67 号（1905），（教育）页 12。
② 《论女子教育宜定宗旨》，《顺天时报》，【清】光绪三十二年（1906）四月
　　二十日，载李又宁、张玉法主编：《近代中国女权运动史料》上册，页 621。
③ 故下田校长先生传记编纂所：《下田歌子先生传》，东京：故下田校长先
　　生传记编纂所，1989，页 399—400，转引自须藤瑞代著，须藤瑞代、姚毅
　　译：《中国"女权"概念的变迁：清末民初的人权和社会性别》，北京：社会
　　科学文献出版社，2010，页 123。

权高涨，但更重要的是显露了女学生的期望有别于推行女学的目标。对部分女学生而言，教学目标与课程内容并不重要，最重要的是教育能让女性与男性看齐，以及让她们踏出家庭的私领域。

　　然而，并非所有读书人对兴女学心存芥蒂，部分支持者甚至认为家政教育有助妇女独立。《女界钟》的作者金松岑（又名金天翮，1874—1947）虽为男性，却鼓吹妇女参政，而且对家政学有别的看法。他在《女子之道德》一文中提到，家政有狭义和广义之分，世俗人理解家政为家中繁琐、柴米油盐诸事，此乃狭义的解释。但该学说其实有更广泛的解释："自育儿、卫生，至于经济、法律、用人、行政、荦荦数大端，隐然如国之雏形，纲举目张，奴耕婢织，所谓尧舜拱己垂裳而天下治者也。"[1]金天翮首先把治家等同治国，继而引申出家政学可训练妇女"能生利，不分利，有自立，无依赖"。[2]生利不分利本来就是梁启超兴女学的目的之一，近人研究也论证清末贤妻良母主张和就业期望两者并无矛盾。[3]由此可见，不同人或群体对贤妻良母教育各有不同的诠释，当士大夫强调女子教育只为治家育儿，另有意见指妇女可借此培养出"生利"和"自立"的能力。言下之意，即使男性父权可通过教育操控妇女的母亲

---

① 《女子之道德》，载金天翮：《女界钟》，上海：上海古籍出版社，2003，据大同书局 1903 年刊行版本，页 10。

② 同上，页 11。

③ 程郁、张和声：《二十世纪初中国提倡女子就业思潮与贤妻良母主义的形成》，《史林》，2005 年第 6 期（2005 年 12 月 1 日），页 66—78。

角色，惟不同人对此各有不同的解读，建制化母亲角色的影响力值得商榷。

女学生的反应让我们进一步了解到女学的目标与实际情况的落差。秋瑾是清末留学日本的女学生，原本打算到美国留学，后来在服部繁子的协助下，改赴日本入读下田歌子所办的实践女学校。秋瑾先后两次入读该校，[①]而且她是舍弃丈夫和子女只身远赴日本，学成归来后亦没有回归家庭，反而投身教育和革命事业。[②]无可否认，像秋瑾的例子在当时可谓凤毛麟角，但却充分反映了清末女子教育在教与学之间的矛盾。女学宗旨虽然是训练贤妻良母，但从上文有关男性有识之士的忧虑，士大夫对女子教育目标的诠释，以至秋瑾的个人经验，均说明部分女学生期望学成之日可踏足社会，而不是留在家中相夫教子。就婴儿哺育的角度而言，清末女子教育的重要性，不仅强化了妇女的家庭角色，教导她们如何做个贤妻良母，还提示女学生可以像男生般外出工作，为牛乳哺育的发展带来契机。由此观之，女子教育对二十世纪初的中国妇女而言，既是机遇也是挑战，更为近代中国婴儿哺育埋下变革的种子。

---

① 秋瑾在 1904 年入读实践女学校，由于她投诉该校学费高昂但膳食差劣，所以在同年年底退学。翌年夏天，秋瑾再次申请入学，所以她是先后两次入读该校。易惠莉：《秋瑾 1904 年入读和退学东京实践女学校之原因》，《社会科学》，2012 年 2 期（2012 年 2 月），页 147—156。

② Judge, "Talent, Virtue, and the Nation," pp. 787, 790—794；章念驰：《秋瑾留学日本史实重要补正》，载中国人民政治协商会议浙江省委员会文史资料研究委员会编：《浙江辛亥革命回忆录》第三辑，杭州：浙江人民出版社，1985，页 1—25。

第二节　解放乳头：国家、女体与哺育

　　1912年中华民国成立，正式结束了上千年的帝制历史。政治体制的转变随即在国民的身体呈现。同时，五四新思潮鼓励妇女寻回个人价值之余，女性的身体解放也从小脚向上伸延至胸部。这一节探讨民国初年，国家对女性身体尤其胸部的控制。清末女性以束胸为美，在新的国家观念及科学卫生知识影响下，束胸被指残害女性身体，阻碍哺育，有损小国民的健康。于是，广州革命政府以至南京国民政府先后以行政和立法手段介入女性身体，禁止妇女束胸。不过，禁束胸或崇尚自然美却又唤起妇女的身体自主意识，埋下因美丽而拒绝哺育的种子。

　　束胸是流行于清末的女性身体美学。这种习惯既由美而开始，也因为美而式微。有关束胸的起源众说纷纭，[①]流传最广的

---

① 有指束胸源于汉成帝（公元前51年—公元前7年，在位于公元前33年—公元前7年）选妃，赵飞燕（公元前32年—公元前1年）之妹赵合德（？—公元前7年）入宫，有"胸乳菽发"之语，颂扬处女乳房细小之美。另有指束胸于唐玄宗（685—762，在位712—756）时，安禄山（703—757）对杨贵妃（719—756）施以禄山之爪。由于杨氏双乳过丰不雅，于是紧缚胸部。自始臣下之女眷相继仿效，蔚成风气。《束胸典故》，《北洋画报》，21卷1047期（1934年2月6日），页2。有关束胸研究，见吴昊：《都会云裳：细说中国妇女服饰与身体革命（1911—1935）》，香港：三联书店（香港）有限公司，2006，页74—81、195—209。

说法是清光绪年间，妓女为伪装处子之身（称为"清倌"），于是穿着紧身小马甲，[1]把胸部压平如尚未发育。由于清末在公领域（包括报刊）出现的女性以妓女为主，她们的平胸美学旋即受到中上层妇女以及女学生吹捧，成为一时风气。[2]

反束胸、反缠足、反留长发被视为民国时期的"新除三害"，[3]但三者性质各异。留长发属于卫生问题，缠足和束胸则危害个人健康。缠足多属父母之命，女儿年纪太小无从反抗；束胸则是有教养女子的个人决定，一般在发育时期约十二至十四岁才开始，而且是自发的行为。换言之，束胸是女性有意识地自残身体，所以自新文化运动以来便受到社会舆论猛烈批评。

民国初年反对妇女束胸的原因有两种。其一，束胸妨碍妇女及婴儿健康。《妇女杂志》的创刊号，就有文章批评妇女束胸：

> 将来生产子女，虽有乳汁必不畅旺，胎儿身体必不健全，甚至传染肺病，流毒骨髓，虽有神医亦难救治。吁为此弱国灭种之因，岂非女同胞之罪耶。[4]

---

[1] 小马甲是江浙一带的称呼，北方统称为"小坎肩"，广东则称为"背心仔"。绍香阁主：《中国小衫沿革图说（下）》，《北洋画报》，99 期（1927 年 6 月 29 日），页 4；上海信托公司采编：《四十年前上海风土杂记》，载《国立北京大学民俗学会民俗丛书》第二辑第 47 册，台北：东方文化书局，1971，页 53。

[2] 张竞生：《大奶复兴》，《新文化》，1 卷 5 期（1927 年 7 月），页 1—3。

[3] 当时：《新除三害》，《生活》，3 卷 5 期（1927 年 12 月 4 日），页 50。

[4] 沈维桢：《论小半臂与女子体育》，《妇女杂志》，1 卷 1 号（1915 年 1 月 5 日），"家政"页 2。

束胸既令妇女十之八九患上肺病，更令她们的子女无乳可食，最终危害民族健康。长期紧束胸脯，会导致乳头凹陷，影响乳汁分泌，母亲无法授乳之余，会因积乳而患上乳腺炎。[1]《家庭》杂志有作者以一双乳房肩负神圣的哺育职责，实毋须隐蔽，坚决反对束胸。[2]其二，束胸既是封建陋习，而且由妓女带动，良家妇女没有充作处女的必要。何况此举只为满足男性的欲望，受教育的女性和提倡妇女解放者，更不应助长歪风。[3]由此可见，妇孺健康以及改革歪风是民初反束胸的原因。

五四期间，反束胸被视为反传统和妇女解放的象征，不少女学生也争相效法。生于湖北书香世家的杨子烈（1902—1994），五四新文化运动期间正在求学，而且是小马甲党的成员。她十五岁入读女子师范学校，十七岁时长得较其他同学高大，乳房亦较为健壮，因为不懂束胸，所以经常被同学窃笑。后来有位好心的同学送了一件白色紧身背心给她，并以"怪不好看"为由劝她穿着。虽然紧身背心令杨氏透不过气，极之难受，但在朋辈的压力下，她也无奈穿上。后来她通过书报得知女子束胸的弊端，才把紧身背心撕掉。她的同窗比南、文宣、袁卜之、刘玉贞等也相继和应，并且劝吁其他同学放胸，惟大多数女孩子只是羞答答地低头不理。即使有女同学跑到晒衣场撕毁别人的紧身背心，其他女生还是无甚反应。杨子烈回想当

---

① 夏克培：《论妇女缚胸的谬误》，《妇女杂志》，13 卷 7 号（1927 年 7 月 1 日），页 27—29。
② 柏悲秋女士：《长沙装束谈》，《家庭杂志》，7 期（1922 年 7 月 15 日），页 12。
③ 夏克培：《论妇女缚胸的谬误》，页 27—29。

年反对束胸实在不易，毕竟放胸、撕掉背心是个人的事情，有人赞成更好，否则，就要思想开通，不怕别人讪笑者才能贯彻始终。更何况当时社会普遍还未接受放胸，脱下小背心上体操课时，女老师们看见她挺起胸脯总是偷偷地摇头。杨子烈的经验说明，朋辈压力比社会舆论，娼门妓风，反父权、反封建等口号，更能左右妇女如何看待自己的一双乳房。

　　女性乳房在1920年代后期进而成为政治议题。民国成立以来，孙中山（1866—1925）、广州革命政府及其后的南京国民政府，积极介入国民的日常生活，通过创造新的身份、礼仪和传统，标榜中华民国与昔日帝制时代的差异。[①]作为孙中山革命根据地的广州，在国民革命之前已开始移风易俗，[②]反束胸是其中之一。先有报刊文章提议利用行政命令，在学校、党和政府机关强行放胸，[③]继而广东省代理民政厅厅长朱家骅（1893—1963）落实反束胸建议。他在1927年7月的省政府委员会第三十三次会议中提出："限三个月内全省所有女子，一律禁止束胸，以种卫生，以强种族。"如有违者，一经查确，即罚款五

---

① 有关民国时期政府对日常生活及国家礼仪的改革，见 Henrietta Harrison, *The Making of Republican Citizen: Political Ceremonies and Symbols in China, 1911—1929* (Oxford: Oxford University Press, 2000)。

② 除禁止束胸，风俗改革还包括破除迷信、反缠足、禁娼等工作。有关1920、1930 年代广州风俗改革，参见风俗改革委员会编：《风俗改革丛刊》，载《北京大学中国民俗学会民俗丛书》第 131 册，台北：东方文化书局，1974；Poon Shuk-wah, *Negotiating Religion in Modern China: State and Common People in Guangzhou, 1900—1937* (Hong Kong: Chinese University of Hong Kong, 2011)。

③ 文心：《女子解放中的一个生理问题》，《广州民国日报》，1926 年 4 月 9 日，版 4。

十元以上；如犯者年龄在二十岁以下，则罚其家长。[①]

政令颁布后，旋即引起极人回响。有广州市民批评新法令给予三个月宽限期实在太长，应限定在三日或一星期后全面禁绝。[②]广州特别市党部编辑的《风俗改革丛书》，收录了几篇有关反束胸的文章，其中有指中国人身体衰弱，一半是女子的责任，她们身体的强弱，直接影响民族的健康。所以若要民族身体好，必须实行天乳。[③]更有论者指出，束胸、哺育与强国强种有直接关系：

> 不但影响于妇女本身生理上的健康，并且影响到中华民族母性底健全：许多中国的新生命—未来的国民，为了他的母亲体格欠佳，乳液过少，先天和后天，都将受很大的妨碍，这实是民族很大的危机呢。[④]

束胸阻碍乳腺发展，势必减少乳汁分泌，不但影响妇女的健康，更危害民族健康。论者更抨击当时所谓的新女性，一面高

---

① 《民国时期广东省政府档案史料选编》第 1 册，《第一、二、三、四届省政府会议记录》，广州：广东省档案馆，1987，页 136—137；《朱家骅提议禁妇女束胸》，《广州民国日报》，1926 年 7 月 8 日，版 5。

② 狂佬：《束胸何以要等三个月后才一律禁绝？》，《广州民国日报》，1927 年 8 月 12 日，版 11。

③ 德：《改革风俗中的十种重要工作》，风俗改革委员会编：《风俗改革丛刊》，1930，页 26。

④ 刘禹轮：《为提倡天乳运动告革命妇女》，风俗改革委员会编：《风俗改革丛刊》，页 208。

呼妇女解放，一面坚持穿着小马甲，折磨自己的身体，如她们不设法解放自己的身体，遑论争取解放妇女，从而归结出"今后妇女解放运动，须先从本身乳头解放论起"。回复天乳的自然美，实为"救己救人救种族必要的工作"。[①]

广州禁束胸的法令引来全国各地争相仿效。随着北伐成功以及南京国民政府成立，原本由南方发起的天乳运动，逐渐伸延到北方。民国政府内政部在1928年6月，以妇女束胸"妨害卫生，并足弱种"，不仅损害个人卫生与健康，"且与种族优生有损"为由，下令禁止女学生束胸。[②]自此，上海、安徽、桂林、河北、江苏、北平等地方政府也陆续颁令查禁妇女尤其女学生束胸。[③]

时人反对束胸的动机值得注意。有文章指朱家骅反束胸的做法，正好符合先总理孙中山民族主义、强种强国的宗

① 刘禹轮：《为提倡天乳运动告革命妇女》，页207—208。
② 《令各省市教育行政长官暨各国立大学校长（为准函禁止学校女生束胸仰各遵照由）》，大学院训令第471号民17（1928）6月29日，载《大学院公报》1卷8期，民17（1928）8月，页18。
③ 《大学院严禁妇女束胸》，《申报》，1928年7月7日，版21；《女生不得违禁束胸》，安徽省政府教育厅训令第440号：令省公私立女子中学校、省立第一职业学校，载《安徽教育行政周刊》1卷16期，民17（1928）7月16日，页13；《桂省教育厅提倡天乳》，《广州民国日报》，1929年4月23日，版14；《民政厅令各县奉令查禁女子束胸一案仰遵照由》，河北省民政厅训令民字第1165号，载《河北省政府公报》第518号，民18（1929）12月31日，页7；《部咨令知确实查禁女子束胸》，民19（1930）12月4日，载《江苏省政府公报》第329期，民19（1930）1月6日，"民政"页15—16；《令公私立中小学校公私立民众学校各处馆所查禁女学生束腰束胸诸恶习由》，民18（1929）12月31日，载《北平特别市市政公报》第31期，民19（1930）2月3日，《教育命令》页7—8。

旨。①当时中国有无数不现代、反科学、腐败的风俗，为革命造成相当的阻力。于是，广州风俗改革委员会以国民党的意识形态为蓝本，指导国民的日常生活。由此可见，1920年代后期的反束胸运动已超越了保障妇女和婴儿健康的范畴，进而成为革命政府整顿民间风俗和塑造女国民身份的手段。

不过，政治压力未能使中国妇女的乳房在战前完全解放。1931年《妇女杂志》就批评上海除了少数"先觉妇女和欧化小姐"外，大多数女性的胸部还是缚得平平的，当中以女学生的束胸风气最盛。②及至1935年，上海仍有女子中学需订立校规禁止束乳。③尽管如此，不少女教员和女舍监还是把她们的胸部紧缚。④换言之，即使反束胸运动早在五四时期已开始，但到抗战前这种风尚仍在女学生圈子流传。

纵然社会舆论旗帜鲜明地反对妇女束胸，但有女性以作为自我身体主人，反驳束胸有害的说法，甚至坚称女性乳房有束缚的必要。譬如，《北洋画报》就曾刊登以下的言论：

但是放任胸上两乳使之低垂，不有物为之保护（即兜托之

---

① 吴汉晖：《妇女界应赶快起来实行天乳运动》，载《广州民国日报》副刊，《现代青年》，156期，页120—121，1927年7月23日。

② 胡耐秋：《怎样做一个现代的妇女》，《妇女杂志》，17卷9号（1931年9月1日），页21—24。

③ 《上海女中取缔女生束乳》，《玲珑》，5卷39期／206号（1935年10月9日），页3393—3394。

④ 陈瑶如：《监学和乳峰》，《生活》，5卷33期（1930年7月27日），页560—562；胡耐秋：《怎样做一个现代妇女》，页22。

意），亦属不美。……双乳是妇人身体上最脆弱之部分，她的曲线美全由双乳组成，若果不使之直立胸前（从前用硬围腰托起，但是过于强硬），必致全体的之美观都塌台了。[1]

另有女士强调，夏天衣履以白色薄纱绸为主，若不束缚胸脯，乳头容易显露，殊不雅观。[2]更有论者明言，不穿马甲难道任由乳峰高耸供人欣赏？重申只要宽紧得宜，穿马甲也没有卫生问题。[3]此外，由于民国社会仍视平胸为处女和童贞的标记，[4]有女读者抱怨因为胸脯稍大，而遭未婚夫怀疑并非处女。[5]如此看来，部分妇女坚持束胸，有其"实际"的需要。

五四以来解放乳房的风气，原本是为妇女健康着想，在广东革命政府的倡导下，放胸既为了小国民的健康，也是移风易俗之举，体现国家政权对女国民身体的控制。但如同清末兴女学的情况，当妇女再一次成为国家改革的对象，却又衍生出与国家论述相违背的结果：社会对天乳、女体线条美的重视，引发部分妇女为保乳峰之美而拒绝哺育。

---

[1] 绾香阁主：《妇女装束上的一个大问题——小衫应如何改良》，《北洋画报》，114 期（1927 年 8 月 20 日），页 4。

[2] 徐吴兰英：《妇女必需的乳罩》，《玲珑》，2 卷 63 期／63 期（1932 年 8 月 17 日），页 580—581。

[3] 衣谷：《第三期论摩登性性的反应》，《女子月刊》，2 卷 6 期（1934 年 6 月 1 日），页 2410—2411。

[4] 林莲莹：《妇女束胸与束腰之起源》，《玲珑》，3 卷 42 期／122 号（1933 年 11 月 29 日），页 2320。

[5] 《乳峰高大丈夫疑我非处女？》，《玲珑》，5 卷 23 期／190 号（1935 年 6 月 26 日），页 1481—1483。

美丽有罪？母亲的身体自主

放胸既是为了健康，也反映了审美观的转变。1910年代末刘海粟（1896—1994）提倡女性裸体模特儿写生，强调女性身体的曲线美，商业产品如女性服装随即应和。[1]纵使商业产品附和女体线条美，有物化、商品化女性身体之嫌，但却从物质层面反映社会对女体曲线的重视。[2]作为公领域焦点的荷里活以至中国本土女明星，戏内戏外均为时尚焦点，以阮玲玉为例，她曾多次配戴"义乳"（乳罩），为其平坦的胸部增添美感，进一步鼓吹妇女追求身体的玲珑曲线。[3]加上画报图文并茂的渲染，令重视女性曲线美的讯息在社会广泛流传。[4]

女体曲线起伏有致也表现出民众对健与美的追求。游鉴明指出，健美与中国古代女性弱不禁风的病态美，以及着重外在修饰的人工美，形成强烈对比。健与美和强国强种观念密不可分。妇女要有健康的身体，才可孕育健康的小国民。进入民国，健与美成为追求两性平权的基础，若要和男性平起平坐，女性首先要有健康的身体。及至1920年代，健与美成为时髦的

① 吴昊：《都会云裳》，页211—219。
② 罗苏文：《女性与近代中国社会》，上海：上海人民版社，1996，页176—177。
③ 黄强：《从天乳运动到义乳流行：民国内衣的束放之争》，《时代教育（先锋国家历史）》，2008年18期（2008年9月），页118—119。
④ Leo Ou-fan Lee, *Shanghai Modern: The Flowering of a New Urban Culture in China 1930—1945* (Cambridge, Mass.: Harvard University Press, 1999), chapter 2；李克强：《〈玲珑〉杂志建构的摩登女性形象》，《二十一世纪》，60期（2000年8月），页92—98。

词语，以及吸引异性的方法，理想的妻子常被形容为拥有健康的身体、高耸的乳房。健与美逐渐脱离爱国和社会的责任，成为"健康与肉感的混杂品"。[①]

当女体曲线美成为摩登、时髦的象征，以往因束胸过度引致胸部扁平的妇女便急于寻求补救方法。《玲珑》杂志收到署名珠玑的十八岁女子的来信，细诉"小时因相信束胸，以致现在胸部平板，不甚发达"，欲寻求补救方法。[②]另一位二十三岁的淑珍女士也有类似的烦恼，她在上海读书的未婚夫经常说："乳房充分发达，是最美观。"自小束胸的淑珍女士渐有同感："我现在感到乳房需要十分发达。"于是去信《玲珑》寻求良方妙药。杂志编辑陈珍玲[③]回复："胸乳抛突，确为女子美容之一。"[④]由此可见，当审美观改变，本来束胸的妇女也纷纷放胸，四处寻找丰胸的方法。

妇女生乳药用途的变化，佐证社会对妇女胸脯曲线的喜好。加拿大的韦廉士医生医药局，是近代中国有名的西药生产商，红丸是旗下的产品之一。1916年红丸的广告声称，妇女产

[①]　游鉴明：《运动场内外：近代华东地区的女子体育（1895—1937）》，台北：中研院近代史研究所，2009，页43—57。

[②]　《平板的胸部》，《玲珑》，4卷5期／130号（1934年1月31日），页282。

[③]　有研究指陈珍玲并非女性甚至根本并无此人，而是由一班《玲珑》的男性编辑共同塑造出来的女性编辑形象。参见章霈琳：《民国城市女性的性论述空间：以1930年代上海〈玲珑〉杂志（1931—1937）为研究个案》，香港中文大学硕士论文，2011，页45—55。

[④]　《压平的胸乳如何使其丰腴》，《玲珑》，6卷39期／256号（1936年10月17日），页3034—3035。

后失血，身体虚弱，会导致乳汁稀淡或缺乏，令婴儿乳养不足，瘦瘠多病。服用红色补丸，既可帮助妇女生血，更是产乳良药：

　　是丸生乳极速，非但多乳而且身体赖以强壮，并可治愈腰痛背楚，精神不济，乳母所有各疾，立可就痊也。

传统中医认为，妇女的乳汁由血造成，[①]所以血气旺盛，乳汁自然充足。红丸的广告沿用此传统概念，标榜服用该产品可补充产妇的气血，使乳汁畅旺。

　　到1930年代，类似的生乳药品多了一种功能——丰胸。由广生堂出品的井字牌自来奶，专治乳汁不足："妇人奶妈如患乳汁缺少或稀薄，服此药之后，当日即有浓厚乳汁涌至。"广告特别强调药品有丰胸的功效："少女服之，乳峰高大，摩登美观，万试万灵。"该则广告还特地画上胸部曲线玲珑浮凸的少女，与袒胸露臂的母亲并排而立，少女身旁更写上"乳峰高大美观"的字眼。生乳药由原来协助产母增加乳汁，变成了黄花闺女的丰胸妙品，可见1930年代的中国社会普遍认同女性胸脯应该线条起伏，所以原本为产母催乳的药物，得以开拓新的客源，吸引追求摩登时尚的妇女，把生乳药当作丰胸药使用（图2-1）。

　　健与美、玲珑曲线等是民国时期崭新的美学观念。这种与平胸美学相反的审美观，强调女体乳部的天然曲线。女性丰满

---

① 例如，明朝寇平在《全幼心鉴》指："妇女乳汁者血也。"见氏著：《全幼心鉴》卷2，《乳汁说》，页27a。

图2-1 《申报》刊登的生乳药广告两则

资料来源：《申报》，1916年11月
17日，版12。

资料来源：《申报》，1934年12月
4日，版8。

的乳房不仅是传媒的焦点、产品的商机，也成就了男性的欲望
与想象。

二十世纪二十年代以降，女体乳峰的起伏由健康的标
记变成两性情欲的象征。人称性学博士的张竞生（1888—
1970），[①]深受十九世纪英国性学家兼文学批评家霭理斯
（Havelock Ellis, 1859—1939）的影响，[②]致力开拓中国的性学。[③]

---

① 张竞生 1888 年生于广东省饶平县，曾入读位于黄埔的清朝陆军小学和京师
　　大学堂。他是革命党成员，民国成立后曾任孙中山的秘书，其后留学法国里
　　昂大学攻读哲学博士。1921 年回国出任北京大学哲学系教授，至 1926 年因
　　张作霖（1875—1928）占领北京才离开北大。之后张竞生在上海办杂志和开
　　设美的书店，宣传其性学思想。有关张竞生生平，见江中孝：《张竞生的生
　　平、思想和著述》“序二”，载江中孝主编：《张竞生文集》上卷，广州：广
　　州出版社，1998，页 11—22。

② 霭理斯生于深受达尔文进化论影响的十九世纪后期。通过研究男女体质的差
　　别，霭理斯认为很多社会问题源于人类自然进化的基础。但所有生物包括人
　　类，在进化过程中都会出现不同程度的变异，因此病态与常态只是变异程度
　　的分别。基于身体进化的不同，心理发展也有差异。一些当时被认为离经叛
　　道的行为，譬如同性恋以及各种性变态癖好，在霭理斯的理论中，都只是人
　　类进化过程中的变异，所以应该对这些变异行为持宽容的态度。霭理斯包容
　　同性恋的主张，使他在保守的维多利亚时期（1837—1901）声名大噪。另
　　外，霭理斯虽然认同女性不必困在家庭领域，但他却赞同以自然律解释男女
　　分工。张竞生自称深受霭理斯影响，但他并非像霭理斯般以人类学及心理学
　　的角度剖析男女性征的意义，而是集中探究男女的性爱问题。胡寿文：《霭理
　　斯略传》，载霭理斯著，潘光旦译注：《性心理学》，北京：生活·读书·新
　　知三联书店，1987，页 505—506、512—513。

③ 受霭理斯《性心理学》（*Studies of Psychology*）一书的启发，张竞生把多人的
　　性经验结集成《性史》出版，复借编辑《新文化》杂志和开办美的书店，宣
　　传他的性学理论。张竞生：《浮生漫谈》，香港：三育图书文具公司，1956，
　　页 16—17、28—33；江中孝：《张竞生的生平、思想和著述》“序二”，页
　　11—22。有关张竞生的性学思想与中国现代性的研究，见 Charles L. Leary,
　　"Sexual Modernism in China: Zhang Jingsheng and 1920s Urban Culture," Ph. D.
　　Dissertation, Cornell University, 1994.

张竞生自命是中国最反对压奶之人，①他在《新文化》发表了"大奶主义"，强调束胸有碍健康和哺育，破坏女性的曲线美，更伤害妇女的性欲。根据他的标准，女子之美在于臀部稍大而胸部突出，令上下身对称。相反，细平的胸部，使女子身体的外观与男性无异。在性欲方面，张竞生认为乳房是性部的机关之一，摧残乳房等于摧残性部。乳房又与子宫的性神经有关，乳房小的女子性趣也会减少。加上乳房是女性心灵所在，束胸等同摧残心灵。何况束胸的妇女只能使用肩式呼吸，肺部积气久不能排出，且无法再吸入新鲜空气，阻碍血液循环之余，间接减弱阴部海绵质的伸缩力，有碍性趣。更重要的是，乳房丰满的女子，才能挑动男性的性念。②张竞生强调束胸源于男性的羞耻之心以及对礼教的敬畏，女性毋须因男性的好恶而以大奶为耻。③

与张竞生志同道合的还有彭兆良，他是美的书店的经理，也是《新文化》的主笔之一，并且参与翻译霭理斯的作品。彭兆良指出，哺乳乃妇女性趣的泉源，以十八世纪的欧洲人为例，虽然没有人胆敢把哺乳和女子的性情绪相提并论，但实际

---

① 张竞生：《是也上海流氓的一种》，《新文化》，1卷2期（1927年2月），页154。

② 张竞生同样注重女性身体的线条美，但强调线条美是用作挑动男性的性欲，故张氏是从生物和人体感官的角度，解释束胸对性欲的阻碍。

③ 张竞生：《裸体研究》，《新文化》，创刊号（1926年12月），页63；张竞生：《一串极重要的问题》，《新文化》，1卷3期（1927年4月），页131—132；张竞生：《性部呼吸！（未完待续）》，《新文化》，1卷4期（1927年5月），页21—34；张竞生：《大奶复兴》，《新文化》，1卷5期（1927年7月），页4—6。

上，不少妇女也认同，婴儿吸吮乳房所产生的快感比性交所产生的更为强烈，只是她们甚少在授乳时想到交媾的欲念而已。彭兆良重申，乳房尽管为哺育而设，但它其实与子宫部分相连，所以哺乳时子宫收缩会为母亲带来快感。[①]《新文化》另有文章援引外国医学杂志的调查，证明婴儿吸吮母亲的乳房可导致强烈的性兴奋。[②]

我们无法得知有多少母亲为了增加性兴奋而选择母乳哺育，反而丈夫因为性欲而阻止妻子授乳的例子却屡见不鲜。东西方的传统观念均认为，母亲在授乳期间应禁止行房，以免婴儿尚未断乳，母亲却再度怀孕。问题是丈夫在妻子怀孕期间已经禁欲，他们是否愿意多等一年半载，好让婴儿断乳后才与妻子交欢。所以，十六、十七世纪的英国，不少上流社会男性为满足一己的性需要，剥夺妻子哺育的权利，把婴儿交托乳母喂哺。[③]同样的情况也见诸中国。1931年1月，《妇女杂志》新年特大号的随笔以"作了父亲母亲"为题，[④]男性投稿者李谊形容，儿女是父母的"情敌"，为免因哺育和教育子女而造成与妻子"离居"，他在第二个儿子出生后便聘请乳母，其后更

---

① 霭理思著，彭兆良译：《触觉与性美的关系》，《新文化》，1卷4期（1927年5月），页33—50。

② 徐徐：《我对于"提倡大奶"的意见》，《新文化》，1卷5期（1927年7月），页10。

③ Stone, *The Family, Sex and Marriage in England,* pp. 427, 496.

④ 是次随笔共刊登十一篇文章，三篇由母亲所写，七篇是关于父亲，另有一篇是父母亲的共同记述。

把孩子送到终年不回家的幼稚园寄宿。[①]虽然李谊的文笔婉转含蓄，但显然儿女不仅妨碍父母谈情说爱，还有不能直书的房事，否则他毋需雇用乳母，也不用与妻子"离居"。站在丈夫的立场，妻子的乳房并非只为哺育子女，更要满足他们的性欲。所以，即使无法得知可曾有妇女为性趣而哺育，但母乳哺育明显为她们的伴侣带来性压抑。

张竞生和彭兆良对女性乳房的膜拜，增加了时人对妇女乳房的性幻想，惟他们的见解离不开以男性角度审视女性乳房的价值。张、彭二人一方面劝吁妇女不要因循男性的道德标准，视大胸为淫荡而感到羞耻；另一方面又不断宣传女性乳房的曲线美，可诱发男子的性欲之余，更增加自己的性趣。说白了，他们所谓的美感、性趣，只是从男性的标准衡量女性乳房的价值。

概言之，自1920年代后期以降，女性乳房不只是婴儿哺育的同义词，也代表了美感与性欲。乳房是人类的性征之一，因发育而产生的玲珑曲线，代表妇女已具备生殖能力。所以，乳房的曲线既表达女性的体态美，也散发着性的意味，遂有"摩登女子之乳峰愈高，其诱惑异性之电力亦愈足"的言论。[②]由此可见，1920年代有关女性乳房的讨论已超越了婴儿哺育的范畴，并从美感和性的角度窥探乳房的价值。母亲为保持乳峰美态而拒绝哺乳的风气乘势而起。

① 李谊：《随笔·作了父亲》（七），《妇女杂志》，17卷1期（1931年1月1日），页52—55。
② 逸梅：《一得之言》，《申报》，1931年7月31日，版11。

所谓女为悦己者容，惟授乳却会令产母气血受损，容易衰老。传统医学认为，血既可制成男性的精液，也可化作女性的乳汁。所以，哺乳形同失血，既伤身亦伤神："世俗之家，妇人产后复乳其子，产既损气已甚，乳又伤血至涤，蠹命耗神，莫极于此。"[①]气虚血弱会使产母年华老去，花容失色，但医师甚少以此为由，阻止妇女授乳。在帝制时期，皇族、公卿、士大夫以至富有人家，大多雇用乳母哺儿，既是顾及产母的健康，也可突显其身份地位。不过，更重要的是借此抑制母系权力，或缩短妇女的生育隔期，使她们早日再度怀孕。[②]可见传统医学认同授乳有损母亲健康，至于会否导致色衰则较少讨论，亦并非医师阻止母亲授乳的理由。

二十世纪初，批评母亲因姿色而拒绝哺育的言论，始见于家政学典籍。由日本传入的家政学书刊，对西洋女子为美貌而拒绝哺有以下的评论：

世人或云，产母自乳，则姿色易衰，是以委之他人。噫！谬哉斯言。顾娶妇乃为育佳儿计，何取乎容颜之美。然方今日文明如欧美，尚未免此卑陋习，可叹哉……凡世之为人母者，慎毋弃其天赋之职也。[③]

---

① 《名公书判清明集》8 卷，页 291，转引至 Ebrey, *The Inner Quarters*, p. 179。
② 刘咏聪：《中国古代育儿》，页 74—75、106—108；熊秉真：《幼幼：传统中国的襁褓之道》，页 135。
③ 下田歌子著，吴汝纶译：《新编家政学》，页 12。

西方国力强大，妇女有乳不哺尚且被视为陋习，在清末讲求强国保种的氛围下，妇女因姿色而放弃授乳，不仅被指荒谬，更要背上违反天职的罪名。

五四前后，反束胸、体态美以至大奶主义，非但松开了女性紧束的乳房，也形成妇女有乳不哺的念头。从1920年代开始，妇女因为爱美而拒绝哺育的消息，逐渐成为媒体报道的亮点，当中以女明星的言论最受人注目。有女明星公然拒绝婚后生育，即使怀孕产子，也会把婴孩交托奶妈喂哺，以保容貌及乳峰之美。[1]高倩苹（1911—?）[2]更扬言："妇人要保持青春美惟一的秘诀！便是养了婴孩，不要将自己的乳汁供给他吃。"[3]因为授乳"极容易消失她青春的美丽"。[4]容貌和身材是女明星的本钱，尤其民国时期妇女就业机会较少，女明星保持美貌和身段等同保住饭碗。何况影圈和商业市场，也不会接受色衰爱

---

① 徐訏：《论看女人》，《论语半月刊》，27期（1933年10月16日），页130。

② 高倩苹1927年加入电影界，曾参演多部电影，包括《奇女子》、《重婚》、《乡愁》等。1928年，她与电影明星高占非（1904—1969）结婚，其后诞下儿子高中柱（又名崇树）。高倩苹在1936年退出影坛，考入上海政法学院攻读法律，毕业后正式成为女律师。有关高倩苹生平事迹，见王华震：《说说高倩苹》，《东方早报》，2012年8月19日，http://www.dfdaily.com/html/1170/2012/8/19/845904.shtml（浏览日期：2015年3月28日）；刘衍文：《九彭熙和他的老师唐师傅——寄庐志疑·技击零拾（中）》，《东方早报·上海书评》，2012年7月22日。http://www.dfdaily.com/html/1170/2012/7/22/828675.shtml（浏览日期：2015年3月28日）。

③ 布景板：《女明星的话》，《申报·电影专刊》，1933年7月21日，（本埠增刊）版5。

④ 史济宏：《给母亲们——吃奶像三分》，《妇人画报》，12期（1933年12月15日），页7。

弛的女子，充当时尚潮流的典范。女明星拒绝哺育看似情有可原，但社会舆论甚少会认同她们的"需要"；相反，对女明星的"乳房新论"却是口诛笔伐：

　　乳房助色情狂文人的想象，替摩登女郎推销商品，只能说是副作用；其正作用应该是喂养下一代婴儿。所谓新时代女性，手里牵着哈巴狗在街上往来，把自己的儿女交托给奶妈；亲自替哈吧狗洗澡喂肉，把儿女让丫头老妈子去管教；这种纯利己的享乐公式，不知为社会造了多少恶因。若再提倡不喂乳的保全乳房美貌论，下一代婴孩将为这些猫头鹰所咬尽吃光，将来的社会还堪设想吗？[1]

哺乳会否导致产母色衰其实众说纷纭。有评论指授乳致老，源于母亲的营养和卫生问题。[2]但也有论者毫不讳言，哺育使人衰老及损害乳峰之美态。1933年，上海《申报》有文章表明，女性成熟的乳房美态，会因为妊娠、哺乳、生活状况以及营养等原因而消减。[3]类似的言论也见之于当时的时尚女性刊物《玲珑》，惟文章作者重申哺育是妇女的天职，履行天职比保持美

---

[1]　曹聚仁：《一个抗议》，《申报》，1933 年 8 月 24 日，版 19。

[2]　素贞：《给年轻的母亲们》，《妇人画报》，47 期（1937 年 4 月、5 月合刊），页 30。

[3]　陶秉珍译：《乳房的美学和科学保护法（上）》，《申报》，1933 年 4 月 3 日，版 16。

貌更为重要。①

因美丽而拒绝哺育的风气不只限于女明星，也在中上阶层滋长。1935年的《女子月刊》推出专题"生涯交响曲"，刊登了七位女士对个人、家庭和事业的感想。其中笔名友的女作家，把她在医院待产的所见所闻，写成《十三日的医院生活》。②友形容同房的产妇各自代表当时不同类型的女性，③当中新来的三床产妇是位有闲阶级的阔太，她那头卷曲的秀发，修得细长的眉毛，还有一阵令人陶醉的脂粉香、头油香。④阔太是剖腹产子，生产期间她的悲哭声传遍医院，令人毛骨悚然。⑤加上阔太产后没有泌乳，她的婴儿在留院期间只能吃羊奶，她亦准备在出院后雇用乳母：

> 我有奶也不喂小孩，喂孩子的人容易显老，并且出去也太不方便，我在家是坐不惯的，不是看电影，就是听戏，再不然

---

① 《哺乳是否有碍于美观》，《玲珑》，7 卷 24 期／291 号（1937 年 6 月 23 日），页 1877—1878。

② 1936 年，友的文章连同其他女作家的著作，被仿古书店结集成《现代女作家日记选》出版。本书将引用 1935 年《女子月刊》的原文。

③ 例如，一床和原来三床的产妇是正在求学的女学生，与爱人过着小家庭生活。二床是贫苦洋行小职员的妻子。四床是位半新式的太太，丈夫在某大学里做事情。五床是自愿做贤妻良母的大学毕业生。六、七床是旧家庭中的儿媳妇。八床是位三十四岁结婚的老处女，才生第一胎。九床曾经做过几年女学生，她的丈夫是在机关服务的小职员。十床是个大家庭中很驯服的儿媳妇。十一床是老产妇。友：《十三日的医院生活》，《女子月刊》，3 卷 10 期（1935 年 10 月 1 日），页 5107—5124。

④ 友：《十三日的医院生活》，页 5121。

⑤ 同上，页 5122。

就得找人家打打牌，或是出去逛逛，家里事反正有老妈子，我也不会做，也用不着我管。[①]

阔太爱美、喜欢交际应酬，仿佛不顾婴儿健康，但不要忘记，她根本无法泌乳，有必要雇用乳母或使用代乳品。从友对阔太的描述，充分显露她对这类妇女的不满，但却道出了民国时期有乳不哺妇女的阶级特征：经济条件较好的母亲，拥有更大的自由度，可选择聘用乳母或佣人，换取个人行动自由。

与此同时，有妇女因美丽做出各种被指匪夷所思的行为。1935年，《玲珑》杂志报道，台山有以保护妇女双乳为宗旨的保乳会组织，规定凡出嫁的成员，不准其夫摸弄乳房，生子者亦不得哺乳。[②]这则新闻孰真孰假，实难以判断，但却反映了在1930年代，女性以至社会舆论对乳房美态的重视和兴趣。在这种氛围之下，妇女为保护乳房而做出各种被认为怪异的行为，不足为奇。正如1935年初《时代漫画》的封面所言："人奶不是给孩子吃的！"（图2-2）

摩登妇女拒绝授乳，固然与她们的阶级和经济能力有密切的关系。只有经济条件较好、有能力聘请奶妈或购买代乳品的妇女，有更大的自主空间拒绝哺乳。从另一角度分析，她们为追求美丽和行动自由而拒绝哺乳，却可理解为女性对自我身体的控制。束胸、性快感、保持青春及乳峰线条美等，不单是女

---

① 友：《十三日的医院生活》，页5123。
② 《台山保乳会》，《玲珑》，5卷3期／169号（1935年1月23日），页144。

图2-2　梁白波：《人奶不是给孩子吃的！》

资料来源：《时代漫画》，15期（1935年3月20日），封面。

性对美和感官的追求，更是主宰自我身体的表现。当舆论强调
母乳哺育的重要性，只着眼于女性乳房的哺育功能时，妇女为
着其他原因而拒绝授乳，反映她们意识到一双玉峰可以为她们
带来更大的满足感。

日光之下无新事，女性乳房国家化并非1920年代才开始，
清末有识之士倡议妇女亲自授乳，强调女性乳房的哺育功能，
开启了社会舆论凝视女性乳房的先河。广州革命政府和后来的
南京国民政府，更是以行政命令禁止女学生束胸，展示国家权
力以至政治理念如何介入民众的身体，彰显现代国家凌驾和控
制个人的权力。民国政府对女性乳房的规训，正好回应黄金麟
的论点：政府因国族存亡之名，收编个人身体，使民众身体臣
服于国家民族之下，突显了国家权力的超然地位。[1]

健康、哺育、美感、性欲、反封建以至国家权力，都是
抗战前中国妇女从束胸到放胸的理由，为女性乳房注入多重意
涵，而且超出了清末强国保种的范围。妇女是否愿意授乳，取
决于外在因素之余，也视乎她们的自身感受，尤其对自我身体
的期望、理解与控制。在从束胸到放胸的过程中，母亲哺育与
否，不仅关乎女性的天职、生物特征或国族的存亡，还需顾及
妇女的自身感受。

---

① 参见黄金麟：《历史、身体、国家：近代中国的身体形成（1895—1937）》，
北京：新星出版社，2006。

第三节　新生活运动与妇女回家论争

　　踏入1930年代，国家对母职的干预由身体扩展至就业自由与机会。美国股票市场大泻引发的世界性大萧条，在1930年代蔓延至中国。加上天灾连年，令农村和城市同样面临严峻的经济危机。为团结全国上下，蒋介石（1887—1975）在1934年发起新生活运动，其妻宋美龄（1897—2003）牵头在全国各地成立妇女新生活劳动服务团。虽然新生活运动的动员能力远逊于纳粹德国，①但却助推了1930年代中的妇女回家论争。这一节将探讨新生活运动和妇女回家论争如何影响在职母亲的哺育意愿。

　　新生活运动通过强调儒家的礼、义、廉、耻观念，革除社会奢华的风气与习惯，规范民众的日常生活，以求力行整齐、

---

① 国民党新生活运动中动员妇女的做法，实仿效纳粹德国。希特勒（Adolf Hitler, 1889—1945）致力把德国打造成纯种的日耳曼民族国家，故积极扩充军力，为战争作准备。1930年纳粹党推行妇女3K运动（德语的3K指Kinder, Küche, Kirche，即子女、厨房、教堂），下令工厂以及职场的女性全部回家。有关二次大战前德国和中国妇女回家的关系，见Yeung Shuk Man, "'Sending the Women back Home': Wartime Nationalism, the State, and Nationalist Discourses on Women in Nazi Germany and Nationalist China, 1930s—1940s," M. Phil Thesis, The Chinese University of Hong Kong, 2005。

清洁、简单、朴素、迅速、确实的新生活，提升中华民族地位。①然而，这场运动只是利用中国传统文化抗衡共产主义意识形态。

新生活运动要求妇女在家相夫教子之余，也要多参与社会活动。宋美龄在新生活运动两周年撰文，鼓励妇女摒除恶习及一切浪费的习惯，妥善管教子女，处理家务。有知识的妇女，更应不时指导邻舍。因此，妇女新生活劳动服务团的工作，可分为家庭和社会两方面。新生活运动对妇女家内工作的要求，实与清末的贤妻良母大同小异，两者同样强调妇女治家育儿的责任，在家事方面共列出十项主张，当中的第九点是"改良婴孩哺育方法"。②虽然欠缺详细资料，但估计是关于科学育儿和母乳哺育。

即使新生活运动流于口号、公式化的宣传，又没有强制母亲自乳婴儿，但从运动的本意，到妇女服务团实际所教授的知识和工作，无不强调妇女的家内角色。再一次证明，由政府策动的妇女运动，动辄以国家民族的利益为先，把妇女限制在贤妻良母的框架内。

经济危机也助长"妇女回家"的风气。世界经济大萧条在

---

① 谢早金：《新生活运动的推行》，载张玉法主编：《中国现代史论集》第 11 辑，台北：联经出版事业公司，1982，页 247—289。

② 其余项目内容如下：1）组织家事改进会；2）妇女不良生活习惯之改正；3）家庭正当娱乐之提倡；4）家庭经济管理之合理化；5）烹饪方法之改进；6）缝纫等手工业之提倡；7）孕妇卫生之讲究；8）儿童教养之研究；以及 10）学术研究之提倡。阎宝航：《全国妇女新生活运动》，《妇女月报》，2 卷 1 期（1936 年 2 月 10 日），页 12。

1930年代蔓延至中国；同时，中国正进行货币改革，由银本位转为金本位，导致严重的通货膨胀。①加上长江水灾连年，令城市和农村经济同样遭受严重打击。失业人数不断上升。相对于男性，女工和童工薪金较低，加上他们较少发动或参与工人运动，所以纺织、缫丝、香烟等工业聘用了大量低知识水平的妇女。②经济不景气令工厂陆续裁员和倒闭，渐有舆论倡议在职妇女回归家庭，腾出职位空缺予男性，衍生出"妇女回家"的论争。

是次妇女回家论争源于1934年林语堂（1895—1976）在报刊的言论。9月13日，他在上海的《时事新报》发表了《婚姻与女子职业》，提及"出嫁是女子最好、最相宜、最称心的职业"，加上经济制度不公，女性最好还是回家相夫教子。其后，报纸杂志陆续刊载多篇文章和议林语堂的观点，主张妇女婚后应留在家中相夫教子，不要出外工作。社会对妇女回家的讨论随即展开。③

① 有关1930年代中国货币改革引发的金融变动与经济问题，见 Thomas G. Rawski, *Economic Growth in Prewar China* (Berkeley: University of California Press, 1989), pp. 145–180。

② 宋钻友、张秀莉、张生：《上海工人生活研究（1843—1949）》，上海：上海辞书出版社，2011，页123。

③ 有关1930年代妇女回家的论争，见吕芳上：《抗战时期的女权论辩》，《近代中国妇女史研究》，2期（1994年6月），页81—115；许慧琦：《一九三〇年代"妇女回家"论战的时代背景及其内容——兼论娜拉形象在其中扮演的角色》，《东华人文学报》，4期（2002年7月），页99—136；臧健：《"妇女回家"：一个关于中国妇女解放的话题》，载游鉴明、罗梅君、史明主编，洪静宜等译：《共和时代的中国妇女》，台北：左岸文化，2007，页366—372；Yeung, "Sending the Women back Home," pp. 76–105。

　　1935年初《妇女旬刊》筹办了"妇女回家"征文活动，刊登了四十四位来稿者的意见，他们大多数是男性（三十七人），女性只有七人。在男性投稿者当中，有九位明确表示妇女应该回家（赞成总数十一人），占整体赞成人数的81.82%。[1]有投稿者强调，妇女在家中处理家务，培育婴孩，也是为国家服务的"事业"，并非靠人吃饭的"职业"。[2]因为养育小孩不只是一人、一姓的事，更是关乎整个国家民族。[3]民族堕落，做母亲的难辞其咎。[4]因此，已生育的妇女应该以养育孩子为重。更有思想保守者重申，女子教育的目的是教养孩子，并非训练她们出外工作。[5]

　　妇女回家论争进一步激化母职与人职的矛盾。保守或亲国民党的论者强调，在职妇女薪金微薄，或不足以支付乳母的酬

---

[1]　《中国妇女应上那儿跑？离开家庭，去找职业？丢掉职业，回到家庭？》，《妇女旬刊》，19卷1期（1935年1月1日），页1—5；19卷2期（1935年1月11日），页17—20；19卷3期（1935年1月21日），页29—33；19卷4期（1935年2月1日），页41—44；19卷5期（1935年2月11日），页53—55；19卷6期（1935年2月21日），页65—67；19卷7期（1935年3月1日），页77—79。

[2]　黄华节：《中国妇女应上那儿跑？离开家庭，去找职业？丢掉职业，回到家庭？》九，《妇女旬刊》，19卷1期（1935年1月1日），页5。

[3]　金光楣：《中国妇女应上那儿跑？离开家庭，去找职业？丢掉职业，回到家庭？》二二，《妇女旬刊》，19卷3期（1935年1月21日），页31—32。

[4]　车久享：《中国妇女应上那儿跑？离开家庭，去找职业？丢掉职业，回到家庭？》一几，《妇女旬刊》，19卷3期（1935年1月21日），页30。

[5]　程瀚章：《中国妇女应上那儿跑？离开家庭，去找职业？丢掉职业，回到家庭？》一一，《妇女旬刊》，19卷2期（1935年1月14日），页18。

劳，最好还是放弃工作回家照顾孩子。[①]反对者则主张妇女把孩子交托翁姑、娘姨等照顾，以便重新追求理想，投身社会及经济生产。[②]更有思想极端的论者劝吁，有志投身职场的女子，切勿结婚生育。[③]

1930年代的新生活运动和妇女回家论争，标志着中国社会仍普遍重视妇女的母职。有别于禁止束胸，新生活运动只有口号式的宣传，没有通过立法或行政手段，强制妇女必须留在家内。同样，妇女回家论争也只是强调女性的母职，没有明文规定母亲必须授乳。然而，上述的运动和论争却反映出，在1930年代，除专家、学者、官员和知识分子外，市民大众也普遍认同妇女应以母职为重，尤其当经济危机影响经济与就业，妇女更被指应当退出职场，回家育儿。

"现代母亲"爱自由

正当支持和反对妇女回家的论者互相指骂，一群已为人母的摩登女性却依然故我，把婴儿交付乳母、佣人，尽情吃喝

---

① 风兮：《贤良与女性生产》，《妇女共鸣》（"贤良"问题专号），4卷11期（1935年11月20日），页35—36。

② 曼文：《一个卖文为生的母亲》，《妇女生活》，1卷6期（1935年12月1日），页102—105；《跳出危险地带》，《妇女生活》，4卷3期（1937年2月16日），页52—53。

③ 寄洪：《女记者蒋逸霄访问记》，《妇女生活》，4卷2期（1937年2月1日），页37—43。

玩乐。1920、1930年代，中国的大城市陆续出现了一批打扮入时、追求物欲、纵情享乐的摩登女性。她们也是新女性的一种，当中有受过新式教育以及新思想的洗礼的女学生，却没有投身职场，而且缺乏服务甚至改变社会的宏愿。由于她们有一定的经济条件，故此可追求物质享受。[1]她们结婚产子后仍不改崇尚享乐的本色，甚至以各种理由拒绝授乳，聘用雇乳或以牛乳代替。笔者称这群抗拒授乳的妇女为"现代母亲"。[2]她们拒绝哺儿的态度，与清末良母亲自授乳的主张形成强烈对比。

　　社会舆论普遍贬斥这类"现代母亲"有乳不哺，只顾交际应酬。早在1920年代，已有舆论批评雇用乳媪哺儿的妇女，十之八九都是贪图安逸；[3]即使是鼓吹女性解放的《新文化》，也

---

[1]　根据连玲玲的研究，摩登女子乃"新女性"的一种，但泛指一群追求时尚、物欲，而且喜欢消费、崇洋媚外的女子。1930年代的报刊媒体，进一步批评她们的道德操守。她又认为摩登妇女并没有阶级限制。尽管只有中产或有闲阶级的妇女才有赶时髦、学摩登的本钱，但部分中下阶层的女工及女店员，甚至是有闲阶级妇女家中的女佣，也乐于仿效摩登女子的装扮。Lien Ling-ling, "Searching for 'New Womanhood': Career Women in Shanghai, 1912—1945," Ph.D. Dissertation, University of California at Irvine, 2001, pp. 180–188.

[2]　冯和仪在《现代母性》一文中谈论到摩登妇女为母之道：她们既注重科学育儿法，生产后又有体贴的丈夫为她们聘请乳母、娘姨，于是摩登妇女的为母之道变成专向孩子逗笑，或为他们悉心打扮，就是教育孩子也是由学校的老师操劳，不用费心神。此外，王运富的漫画更一语道破现代母亲的特式：丢下孩子、外出与丈夫或情人玩乐。故此，笔者以"现代母亲"形容当时由摩登妇女荣升为母亲的妇女。冯和仪：《现代母性》，《宇宙风》，2期（1935年10月1日），页72—73；王运富：《现代母亲》，《实报半月刊》（妇女专号），10期（1936年3月1日），页27。

[3]　张友鸾：《乳母问题》，《妇女杂志》，8卷7期（1922年7月1日），页29。

曾讽刺摩登妇女的为母之道：

　　这类母亲大致都受过相当的教育，出洋生亦不少，很知道些新名词，习惯了些交际礼节，以及应酬跳舞。不过伊们的知识和资格，只是充择婚的条件而已。伊们的丈夫不是总次长，便是外交长官。伊们每天的工作，除打牌听剧看电影逛公园外，还得陪着伊们的丈夫，坐着汽车或马车，出门拜客，赴宴会，吃大餐。终日席不暇暖。至看护小孩的事情，不但无暇为，亦且不屑为了。伊们的小孩来了，自是幼则乳妈保姆，长则书童奴婢，一辈子也用不着伊们假手的。高兴时，制些洋服给他们穿上，带到宴会席上充充雅人胜会的点缀；不高兴时，总可不和他们发生关系。可是在伊们看来，小孩生在伊们家里享了无量的幸福，并不会想到他们的牺牲。①

以上引文道出了"现代母亲"的几大特点：打扮时髦、喜欢交际、受过新式教育和家庭经济不俗。换言之，"现代母亲"绝非工厂女工或乡间村姑之流，而是一批中上层的妇女，拥有相当的经济资本，以金钱换取自由，把哺育、养育等母职外判予乳母、佣人和书童。

　　这批崇尚享乐主义的母亲，在国家政治和经济危在旦夕的

---

① 挹兰女士：《母爱之调节与其要点》，《新文化》，创刊号（1926 年 12 月），页 86。

1930年代，进一步受到各方的抨击。[①]有论者以野兽尚且哺育其小兽作比喻，批评万物之灵的人类不哺乳。何况做母亲是光荣的事，授乳只会为容颜添上优美的光彩，决不会使美貌受损。尽管当时提倡男女平等，但生育及哺乳是造物者赋予女性的天职，她们只好无奈接受。[②]即使立场较为中立及温和者，也加入声讨不自乳妇女的战团。儿童心理学家朱智贤（1908—1991）认为，一些妇女只为美观与消闲，不顾一切抛弃神圣而重大的哺乳使命，实在可惜。[③]医师姚昶绪则指责大部分不自乳的母亲，是娇生惯养又不耐苦的"懒惰之女子"。[④]《家庭周刊》更批评，为着虚荣、安闲等原因而拒绝授乳的妇女是"道德的罪人"。[⑤]心理学家潘光旦也批评，代乳粉和干牛奶的兴起，是逐利的商人为迎合母亲苟且偷安的心理而设。[⑥]

综上所述，抗战前社会舆论普遍认为，有乳不哺的母亲都

① 除"现代母亲"，知识分子也抨击摩登妇女。李木兰（Louise Edwards）认为，自民国成立后，主张改革的知识分子渐渐失去政治上的重要性，复借批评摩登女妇浮夸的风气和道德操守，重拾他们对政治的影响力。至于张燕琪则认为，摩登妇女追求西化及现代化的外表，使她们成为被凝视的一群人，惹来左派、国民党政府以及保守派的不满。参见 Louise Edwards, "Policing the Modern Woman in Republican China," *Modern China,* Vol. 26, No. 2 (April 2000): 115–147; Cheung Yin-ki, "Modern Women in Republican Shanghai, the 1920s—1930s: Discourses and Images," M. Phil Thesis, The Chinese University of Hong Kong, 2004。

② 谢天民：《为什么要自己哺乳？》，页73—79。

③ 朱智贤：《儿童教养之实际》，上海：开华书局，民22（1933），页15。

④ 姚昶绪：《育儿法》，页20。

⑤ 愈之：《母乳的价值》，《家庭周刊》，乙种113期（1936年10月11日），页28—29。

⑥ 潘光旦：《中国之家庭问题》，上海：新月书店，民18（1929），页259。

是贪图安逸、沉迷享乐，重申妇女不必计较美貌与身材，更何况授乳本来就是妇女的天职。言下之意，社会舆论肯定身体或生物性的差异，是规范男女活动和工作的准则，所以具生育和哺育本能的妇女应留在家中育儿。甚至有论者以宿命论，合理化妇女必须为育儿及作出的种种牺牲，包括其美貌与身材。

从母乳哺育和行动自由的矛盾，引申出母亲的自主性妥协（automony-compromise）。并非每个"现代母亲"都追求享乐，而是向往行动自由。相对于怀孕及生产，母乳哺育更需要妇女作出让步或妥协。[①]由于婴儿需依赖母亲的乳汁方可存活，加上新式的科学育儿法强调定时定量法则，[②]母亲惟有终日留在婴儿身边，并与时计为伴，按时授乳。换言之，选择亲自授乳的母亲，需要在婴儿与自身行动自由之间作出平衡、取舍与妥协。对喜欢交际应酬的"现代母亲"而言，母乳哺育严重妨碍她们的行动自由，遂令她们"有乳也不喂孩子"。

五四的新思潮不断冲击清末以来贤妻良母履行哺育责任的主张。从自我身体尤其乳房的控制，到重视行动自由，无不反映妇女的身体和生活可以有各种各样的意涵和可能性，实在毋须为母职而固步自封。这种与贤妻良母反其道而行的风气，驱使母亲从自身的感受思索如何履行母职及解决婴儿哺育问题。

---

① Linda M. Blum, "Mothers, Babies and Breastfeeding in Late Capitalist America: The Shifting Contexts of Feminist Theory," *Feminist Studies*, Vol.19, No. 2 (Summer 1993): 300–301.

② 新式科学育儿法强调，婴儿需要一时三刻消化乳汁，于是定出每隔两小时喂哺一次的科学育儿法则。有关新式的科学育儿法将于第三章详述。

小结

上世纪七十年代，艾德里安娜·里奇提出男性父权操控的母亲角色，逐步融入社会建制包括政治、经济、社会、文化等各方面。[①]里奇的理论在某种程度上帮助我们了解母乳哺育何以成为近代中国良母的标准。在清末亡国灭种的阴霾下，有识之士透过兴女学，强化妇女的母亲角色，把她们规限于家庭私领域，奠定近代中国妇女的母亲角色与其社会角色互相重叠的现象。

即使妇女受制于贤妻良母的框架，并不代表她们会乖乖就范。这关乎妇女的能动性及其对母亲角色的实践（mothering），也牵涉不同人对理想母亲角色尤其良母定义的诠释。虽然有识之士和官员力图借女学缔造一个又一个贤妻良母，但往往事与愿违。当男女均可接受教育，尽管女生所学的只是治家之法、育儿之术，已令部分女学生期盼将来可像男生般出外谋生，过独立的生活，甚至保家卫国。程郁与张和声的研究也指出，十

---

① Rich, *Of Women Born*.

九、二十世纪的贤妻良母和就业期望其实并无矛盾，受教育的妇女期望就业亦非一厢情愿，而且与梁启超兴女学的思想一脉相承，只是当时没有多少适合妇女的工作让她们发挥所长。[①]因此，学历愈高的妇女，愈抗拒做贤妻良母，梁启超等人在二十世纪初已察觉此问题。可见女子教育培养出部分"不守本分"的女学生，拒绝回家做贤妻良母。

五四新文化运动介绍了各式新思潮，激发妇女重新审视自我价值，开启以母亲为中心的哺育风气。为了做一个人，有妇女即使已生儿育女，仍坚持继续学业或外出工作（第四章将作详细讨论）。在审美观念转变、情欲横流和移风易俗的影响下，女性陆续松开紧束多时的乳房。天然的女性乳峰不仅是政府保障小国民健康的工具，也增添她们对异性的吸引力。因哺乳致老或双峰变形的传闻，令部分母亲犹豫应否牺牲自我。加上授乳造成日常生活的不便，尤其阻碍交际应酬，促使纵情享乐的"现代母亲"放弃哺育，把婴儿交托乳母、佣人照顾。从重视个人价值、身体自主和行动自由，显现出妇女对母乳哺育的离心力，并逐渐倾向以母亲为中心的哺育趋势。

里奇认为，父权对母亲角色的形塑，可通过各种渠道渗透至社会文化，使母亲角色成为建制的一部分。不过，社会文化并非静止凝滞。五四以来中国的情况便是一例。在西方自由主义、妇女解放等思潮倡导下，妇女反思个人、身体及其对家庭

[①] 程郁、张和声：《二十世纪初中国提倡女子就业思潮与贤妻良母主义的形成》，页66—78。

的价值，既纾缓了对母亲角色的压抑，甚至挑战、颠覆清末以来标榜的贤妻良母形象。因此，母亲角色受制于男性父权的说法并非一成不变，而是跟随不同时空以至政权的更替而改变。就本章所见，以授乳为良母标准的论述，到民国初年已备受质疑，虽然1920年代末广东革命政府以及南京国民政府尝试操控妇女的身体，禁止女学生束胸，而且1930年代的新生活运动，再次提倡贤妻良母的重要性，惟在城市地区仍有不少为事业、理想、美貌甚至身材的母亲，抗拒留在家中哺育婴儿。如此看来，即使母亲角色是建制的一部分甚至被制度化，仍有妇女能在狭小的空间，演绎出有别于主流、不一样的母亲角色。

第二章

牛乳哺育的兴起

本书开首引述了一段1930年代中期坊间对牛乳的观感，作者批评一般民众以为牛乳和人乳是差不多的东西，并且相信吃牛乳的婴儿快高长大，力大如牛。① 到底牛乳哺育在怎么样的历史脉络下发展？牛乳如何从不得已之选，逐渐演变成功同人乳、有益健康、文明进步的哺育品？本章首先剖析牛乳哺育论述的建构。碍于产品的质素以及社会舆论普遍支持母乳哺育，牛乳哺育在清末民初发展空间有限。自从奶粉在1920年代加入市场，不论是产品的质素还是宣传策略，均为牛乳哺育带来发展的契机，增加时人对牛乳哺育的关注。

---

① 谢天民：《为什么要自己哺乳？》，页73。

奶粉既取代小儿粉，继而逐渐威胁乳母的地位。所以第二节将会探讨奶粉对推动牛乳哺育的贡献。第三节剖析时人如何诠释和应用牛乳哺育，并讨论消费代乳品能否取代母职。

在此笔者必须再次重申，二十世纪前期所指的牛乳哺育品，与今天只用奶粉喂哺的做法完全不同。一个世纪之前，鲜牛乳、炼乳、代乳粉（由谷物、矿物质和干牛乳混合而成）和奶粉均可哺儿，而且得到医生、家政家和学者的认可。十九世纪末，大商埠如上海已有炼乳、鲜牛乳和小儿粉出售，奶粉就要到1920年才输入中国，所以早期的牛乳哺育并不包括后者。至于哪种牛乳制品较适合婴儿食用，纵然鲜牛乳营养充足，但是否经消毒成疑，公共租界直到1936年才实行强制性牛乳消毒措施。鲜牛乳又经常有搀杂问题，加上质厚味淡，要额外加水加糖；但稀释稍有差池，又会令婴儿营养不良，所以用鲜牛乳喂哺婴儿有一定的风险。炼乳经高温处理，虽没有卫生问题，但营养因高温大量流失，而且糖分过高，必须加水稀释。如份量失准，会进一步降低炼乳的营养成分，所以用炼乳哺育的婴儿容易营养不足。小儿粉又如何？有医生直言，相对于鲜牛乳和炼乳，小儿粉是"劣之尤劣"。小儿粉所含之养分，与其他牛乳类似，但当中婴儿所需的酵素、抗毒素（抗体）不能由人工制造，所以小儿粉的功效"不及牛乳什一"。而且小儿粉含谷物成分，难以消化，三月以下婴儿不宜食用。因此，在奶粉尚未进口中国之前，医生认为婴儿哺育应以母乳为先，鲜牛乳次之，炼乳再次之，最后才是小儿粉。[1]奶粉经过消毒，免除卫生问题，而且保留牛乳的营养成分，岂非最为理想？奶粉虽然是固体牛乳，但不容易亦不可完全在水中溶解，所以加水冲调后的奶粉不等同复原牛乳。作为婴儿食品，奶粉总比炼乳和鲜牛乳有益，皆因奶粉含菌量较少，而且其乳球体积比鲜牛乳的细小，较

---

[1] 姜振勋：《小儿营养法（续）》，《妇女杂志》，9 卷 6 号（1923 年 6 月 1 日），页112。

易消化。[1]但亦有医生持相反意见，强调奶粉在制作过程中，需加热至比制造炼乳更高的温度，才可使牛乳变成固体，所以奶粉既流失营养，成分也异于鲜牛乳。加上劣质奶粉每混入可溶性淀粉，因此奶粉比其他代乳品质优的说法实有商榷之处。[2]本章尤其第二节将集中讨论奶粉，并非因为它比其他牛乳产品（如炼乳、鲜牛乳）优质，而是奶粉的消费对象主要是婴儿，不同其他牛乳哺育品可作为佐涎饮料。加上外国奶粉商的宣传策略，对当时尚在萌芽的中国乳业有相当的启蒙作用，因此本章将会有较多篇幅讲述奶粉对中国乳品业和婴儿哺育的影响。

---

① 孙君立：《牛乳和牛乳制品》，《妇女杂志》，16 卷 12 号（1930 年 12 月 1 日），页 85。

② 程瀚章：《牛乳育儿法》，《妇女杂志》，17 卷 9 号（1931 年 9 月 1 日），页 95。

第一节　从不得已之选到文明的象征

　　十九世纪中后期，由西方译介来华的医学和科学书刊，是民众认识牛乳哺育的重要途径。第一章提及合信的《妇婴新说》和上海出版的《格致汇编》，初步解释了牛乳的成分以及牛乳哺育法。值得注意的是，这些西学书刊对牛乳哺育并无任何价值判断，只提示读者母乳哺育是"天然之理"。[①]假如母亲缺乳又找不到合适乳媪，可用牛乳代替，甚至"母乳不足则补食牛乳"。[②]

　　随着清末亡国灭种的威胁，强国强种成为了衡量牛乳哺育功效的准则。从日本译介来华的家政学，旨在培训妇女成为贤妻良母，育儿工作乃"家政之大端，妇人之要务"，妇女授乳被视为天职。[③]除非母亲生病、缺乳、身体虚弱，或产后得病使

---

① 《互相问题》，《格致汇编》，1 年 4 卷（1876 年 5 月／【清】光绪二年四月），页 9a；《化学卫生论（续）》，《格致汇编》，3 年 6 卷（1880 年 7 月／【清】光绪六年六月），页 7b。

② 合信：《妇婴新说》，页 29a；《延年益寿论（续）》，《格致汇编》，6 年冬季（1891 年冬季／【清】光绪十七年冬季），页 8a。

③ 服部繁子：《家政学》，页 24。

乳汁变坏，才可改用雇乳或牛乳。①言下之意，家政学本着授乳是妇女的天职，反对牛乳哺育。

　　家政学虽反对母亲以牛乳哺儿，但作为治家育儿的指南，这门学科仍用上不少篇幅详细讲解牛乳哺育。有家政学专家指出，牛乳的"滋养分及性质，颇与人乳相近，其效出乎市上所鬻各种小儿食品之右。……生乳（鲜牛奶）与人乳，成分略同，所异者止在有无甘味耳"。所谓甘味，是指人乳所含的乳糖。牛乳因缺少这种成分，需额外添加白糖。②对于不同牛乳制品的选择，家政学家普遍认为，鲜牛乳比炼乳含较多营养成分，但其清洁和卫生程度却不及炼乳，既不知消毒与否，又容易变坏。③由此可见，清末家政学基于人乳和牛乳成分不同而反对牛乳哺育。但更重要的是，哺育是母亲的天职，既不可假手于人，更不可用牛乳代替，缺乳或母亲生病则另作别论，由此归结出牛乳哺育在清末是不得已的选择。

　　卫生问题也是时人反对牛乳哺育的原因之一。卫生一词始于宋朝，是一种和宇宙观相连的养生之学。十九世纪以降，西方讲求无菌、清洁的卫生观念传入中国，而且不仅注重个人的身体，更扩展至国家、种族等公共层面。④这种新的观念被应

① 服部繁子：《家政学》，页 29。
② 同上，页 32—33。
③ 同上，页 34—37。
④ 罗芙芸著，向磊译：《卫生的现代性：中国通商口岸卫生与疾病的含义》，南京：江苏人民出版社，2007，第一章；Stevens, "Hygienic Bodies and Public Mothers," p. 660.

用在日常生活包括衡量食物的好坏。1898年的《上海公共租界工部局年报》提到，租界内的华资奶棚卫生恶劣，不但奶棚设备简陋，鲜牛乳是否经消毒成疑，牛乳又经常掺杂井水、山涧水，更有牛只感染肺结核和牛瘟。[①]其实鲜牛乳掺杂、做假等问题在中国已有过百年的历史。牛乳包含油脂、乳清蛋白和水。油脂可制成牛油或乳酪（芝士），价钱亦比鲜牛乳高，所以油脂是牛乳最宝贵及最富经济价值的成分。为图利，商贩会抽走浮在牛奶表面的乳油，再掺入水、淀粉、硼酸、色素、甲醛、防腐药粉等物质，其中以掺水最普遍。[②]本书第一章引述赛珍珠描写商贩在牛乳中掺水的情况，[③]直至1920年代，在华洋人仍然认为，中国没有安全的鲜牛乳可供哺育。[④]由此可见，卫生问题不仅打击乳业的声誉和发展，更妨碍牛乳哺育的推广。

然而，卫生问题却无阻牛乳哺育被塑造成新式、科学化的育儿方法。牛乳必须加水稀释后才可哺儿，所以分量准确相当重要。此外，牛乳哺育需要辅助用具，如何清洗器具也大有学问，甚至断乳的定义，也因为牛乳哺育而改变。以下将会就牛

---

① *Shanghai Municipal Council Report for the Year 1898 and Budget for the Year 1899* (Shanghai: Kelly & Walsh, Ltd., 1899), pp. 81–82.

② *Shanghai Municipal Council Report for the Year 1912 and Budget for the Year 1913* (Shanghai: Kelly & Walsh, Ltd., 1913), p. 84A; *Shanghai Municipal Council Report for the Year 1922 and Budget for the Year 1923* (Shanghai: Kelly & Walsh, Ltd., 1923), p. 123A；金嗣说编：《牛乳及其制品之研究》，"序"页1。

③ 赛珍珠著，尚营林等译：《我的中国世界》，页111。

④ R.R.L.F., "Concerning Milk," *China Journal in Science and Arts,* Vol. 5, No. 1(July 1926): 1–2.

乳的成分、稀释方法、哺乳瓶清洁步骤两方面，透视牛乳哺育
的科学形象是如何塑造的。

人乳和牛奶性质有别，所以无论选用哪种牛乳产品哺儿都
必须稀释。牛乳的糖分、蛋白质及矿物质都比人乳浓厚，初生
婴儿消化力薄弱，如以牛乳哺育，必须多加水分稀释。随着婴
儿成长，牛乳的浓度可递增。以鲜牛奶为例，初生至三个月，
牛乳及水的比例是一比三；四至六个月是一比二；七至九个月
乳水各一；之后水分渐减，最终可饮用纯牛乳。[①] 也有家政学专
家认为没有一定的稀释准则，只要不时检查婴儿的下泄物，酌
量稀释便可。[②] 稀释时需加入乳糖或白糖，煮沸后放在室温环境
下冷却到合适的温度，才可放入哺乳瓶或用食匙喂哺婴儿。[③] 对
比鲜牛乳，炼乳因为糖分高，更要多加水分冲调，三个月内的
婴儿，可以一茶匙炼乳加水五勺；三至八个月，则一茶匙半牛
乳加水五勺。[④] 至于小儿粉和奶粉，生产商会自行为产品定下稀
释的指引，家长只需按产品说明稀释便可。例如，克宁奶粉声
称两茶匙的乳粉可调出八英两（盎司）的牛奶；[⑤] 爱兰百利代乳
粉的小调匙可量奶粉一钱，而三分之二的调匙可冲泡出一英两

① 下田歌子著，吴汝纶译：《新编家政学》，页14；服部繁子：《家政学》，页
  36。
② 足立宽著，丁福保译：《育儿谈》，页27。
③ 下田歌子著，吴汝纶译：《新编家政学》，页14；下田歌子著，汤钊译：《新
  撰家政学》，页4；服部繁子：《家政学》，页36。
④ 下田歌子著，吴汝纶译：《新编家政学》，页15。
⑤ 《克宁奶粉小册子》，上海：吉时洋行，年份缺，页10。

牛奶。[1]分量准确既彰显牛乳哺育的严谨，依据婴儿成长来改变牛乳和水的比例，更体现进化理论如何应用于日常生活。

牛乳哺育需使用辅助器具。食匙是最普通的喂食工具，只要把牛乳逐一送进婴儿口中便可。另一种辅助食具是哺乳瓶。[2]根据西方传教士的记载，中国本土的哺乳用具是一个三角形的蓝色棉布袋，末端有一个细小的缺口让婴儿吸吮。[3]抗战之前在中国流行的西方哺乳瓶有三种。其一是哺乳瓶内有玻璃管连接胶皮管，胶管末端是橡皮乳头。在1901年，这种哺乳瓶已经在成都及重庆街头售卖。[4]另一种是船状的玻璃制奶瓶，瓶的两端分别是橡胶乳头及活塞。其后哺乳瓶进一步改良，在瓶上刻有分量，例如雀巢公司生产的哺乳瓶，分别刻上匙数及两数。[5]后来乳瓶改为直立的圆柱体，瓶身刻有分量，外形与现今所见的哺乳瓶大同小异。这种哺乳瓶的设计特色是减少弯曲或隐角，方便清洗（图3–1）。育儿专家指出哺乳瓶不可常用，惟恐婴儿习惯后，不愿再吸吮母亲的乳头。所以当婴儿日渐长大，便要转用食匙喂哺。[6]

---

[1] 《育儿宝鉴》，上海：爱兰百利有限公司，民 15（1926），页 35。

[2] 有关西方哺乳瓶的演变及相关的医学讨论，见 Fildes, *Breasts, Bottles and Babies,* chapters 13 and 14。

[3] 原文如下："...a native nursing-bottle consists of a triangular bag of blue cotton, with a very small opening in the end." Gifford Kilborn, "Chinese Babies," *The China Medical Missionary Journal,* Vol.15, No. 2 (April 1901): 103。

[4] Kilborn, "Chinese Babies," p. 103.

[5] 《育婴指南》，企公牛奶公司，出版地及年份缺，页 39。

[6] 足立宽著，丁福保译：《育儿谈》，页 26。

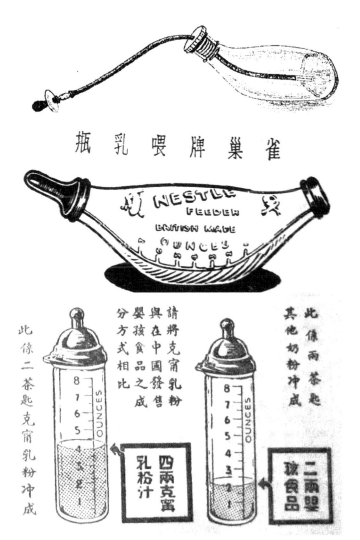

图3-1　十九世纪末二十世纪初各款哺乳瓶

资料来源：服部繁子：《家政学》，页37；勒吐精代乳粉，《育婴指南》，企公牛奶公司，出版地及年份缺，页13；《克宁奶粉小册子》，上海：吉时洋行，出版年份缺，页10。

　　清洗哺乳瓶也有一定的学问。首先用温水摇洗，有建议在水中加小苏打（碳酸氢钠），然后用自来水冲洗，再把已清洗的乳瓶放入热水浸泡，留待下次使用。清洁时要注意橡皮乳头的针孔有否牛乳残留物积聚，造成阻塞。[①]乳头上的针孔亦不宜过大或过小，以免婴儿难以吸食，或不需吸吮也有乳汁流入口中，令他们抗拒吸吮人乳。橡皮乳头要时常更换，大抵六天更换一次。一些父母会拆卸哺乳瓶的橡皮乳头让婴儿含吮，就如现今婴儿使用的奶嘴。但有育儿专家反对此做法，认为容易使婴儿的嘴部变形，更会养成用口部呼吸以及吮手指等坏习惯。[②]

　　牛乳哺育也改变了时人对断乳的理解。中国传统幼科医学建议，小孩应在两三岁断乳，最迟也不可超过四五岁。二十世纪初的新式哺育法认为，文化愈先进，哺乳期就愈短。洋人婴儿到八九个月开始断乳，野蛮人的孩子则十五岁仍在索乳。[③]为了表现中国是文明、进步的现代国家，婴儿的哺乳期必须缩短。于是，二十世纪初的育儿书刊均主张婴儿长出牙齿后，稍为能够哺食便应断乳，对比传统幼科医学主张两三岁才断乳，时间已大为缩短。[④]

---

① 足立宽著，丁福保译：《育儿谈》，页26；服部繁子：《家政学》，页38；《育婴指南》，企公牛奶公司，出版地及年份缺，页41；《育儿宝鉴》，页48—49。

② 足立宽著，丁福保译：《育儿谈》，页26；服部繁子：《家政学》，页38；曹世积：《小儿卫生常识》，《妇女共鸣》，3卷5期（1934年5月），页18。

③ 《人乳之成分》，《玲珑》，7卷5期／272号（1937年2月3日），页366—367。

④ 下田歌子著，吴汝纶译：《新编家政学》，页16。

　　断乳的定义也因牛乳出现而更改。原本断乳的过程是婴儿由吸吮人乳，渐转为加入其他食物，并将吸吮人乳的次数递减，直到最后完全以成人食物取代人乳。但自从牛乳哺育兴起，断乳的程序变成先由吸吮人乳渐转为牛乳，再由牛乳改为吃成人食物。①换言之，断乳变成了两个阶段：第一期断人乳，第二期断牛奶。

　　进化论、定时定量和严谨的步骤均营造了牛乳哺育科学化的形象。即使牛乳哺育被视为不得已之选，但也突显出此法有别于中国传统的哺育方式。当社会逐渐讲求科学，标榜科学化的牛乳哺育法便乘势兴起。

　　概言之，自十九世纪中叶，牛乳已被视作婴儿哺育品，西医和家政学家均建议缺乏母乳但又未找到合适乳母者可使用牛乳代替。不过，各种牛乳哺育品也有缺点，包括未经消毒、掺杂、偷工减料甚至做假等等。更重要的是，家政学基于授乳为母亲的天职反对牛乳哺育。

　　从民国成立到第一次世界大战，民众仍以清末强国保种的思维衡量牛乳哺育的价值。1915年创刊的《妇女杂志》，承接清末贤妻良母的主张，以母乳哺育"为妇人之重要天职，除体弱疾病外，必须练习哺育以尽其天职"。②论者同时反对牛乳哺儿，指该法"颇为一般实验育婴家所反对"，原因有三：其一，婴儿肠胃极弱，牛乳只宜小犊，不合人类婴儿；其二，牛

---

① 足立宽著，丁福保译：《育儿谈》，页 19、25。
② 质园：《育婴宝鉴（续）》，《妇女杂志》，1 卷 5 号（1915 年 5 月 5 日），"译海"页 9。

乳过浓，加水冲调又会过于稀薄；其三，经改良的牛乳（指炼乳）令婴儿排泄物稀薄，且有疝气，对婴儿健康无益。因此断定"牛乳之不适于婴儿，几为人人所公认"。[1]不过，作者补充一般育儿专家却乐用纳氏乳粉（Nestlé Food，即雀巢牌牛奶粉）等人造代乳品。这种以牛乳为主要原料的代乳品，经过特别处理，适合婴儿肠胃，但婴儿长至四五月，方可食用。[2]从上述观点可见，民国初年仍本着授乳是妇女天职，反对牛乳哺育；同时又会考虑牛乳的卫生和婴儿的消化能力，以此判断牛乳哺育的好坏。

第一次世界大战前后，牛乳哺育再次跟政治扯上关系，并且发展出牛乳哺育祸国殃民的论述。十九世纪末，法国面对婴儿夭折及人口锐减问题。酗酒、肺痨、性病等问题，影响法国国民健康，令生育率大减。与此同时，劳动阶层妇女产后缺乏休养，不仅打消她们生儿育女的念头，也大大减低自行授乳的意欲，于是把婴儿交由比她们薪金更低廉的乳母喂养，导致不少婴儿在周岁前夭折。其时，法国正面对德国的军事威胁，有研究指，德国从1866至1900年的人口增长率是法国的十倍。即使1910年德国的出生率只是千分之三十一，而法国是千分之二十四，但已足够为德国带来九十至一百万新国民，而法国就只增加二三十万人。有见及此，法国政府开始策划全国性的妇婴政策，包括在各地设置牛奶站，为婴儿提供消毒牛乳及检查身

---

[1] 质园：《育婴宝鉴（续）》，页10—11。
[2] 同上，页11。

体，保障婴儿健康。[①]可见法国政府提供消毒牛乳的本意是保障婴儿健康。

不过，上述消息在中国却被诠释为完全不同的故事：牛乳哺育不仅是法国婴儿死亡的主因，更促使国家灭亡。旅居德国的阎琼芝强调，国家是否强大，在乎人口多寡；牛乳哺育容易令婴儿夭折，妨碍强国强种。她以法国为例，指出该妇女拒绝授乳而改用牛乳哺儿，结果造成大量婴儿死亡，人口锐减，到第一次世界大战时方知其害，从而归结出如欲强国强种，牛乳哺育不可轻用的道理。[②]《家庭》杂志也有相近观点的文章，论者指法国新兵入伍时体格不达标者，小时候都是接受人工哺育，即以牛乳喂哺，说明牛乳哺育有害无益。[③]这两篇文章同样有不足之处。阎氏的分析只着眼于法国妇女弃用母乳，未提及雇乳哺育与婴儿夭折的关系，更没有触及问题的核心——在职妇女的福利，有断章取义之嫌。至于PM生在《家庭》杂志所发表的文章，则无视后天因素对体格的影响，亦是以偏概全。

更有趣的是，当德国战败后，牛乳哺育变成该国婴孩健康差劣、国力衰败的"铁证"。伯麟与姚昶绪研究有关妇人健康以及婴儿哺育的关系，虽然他们的著作分别在1923和1930年发

① Alisa Klaus, *Every Child a Lion: The Origins of Maternal and Infant Health Policy in the United States and France, 1890—1920* (Ithaca: Cornell University Press, 1993), pp. 14, 17–18, 23–31.

② 阎琼芝：《家政篇》，载高剑华：《治家全书：16卷》上册，卷6，上海：交通图书馆，民8（1919），页133—137。

③ PM生：《小儿应当怎样给乳》，《家庭》，9期（1922年9月），页1。

表，但同样引用了德国柏林于1895至1896年间婴儿死亡率统计：

表3-1　德国母乳哺育及人工哺育的婴儿死亡比率*（1895－1896）

小儿生后之月数	1月以内	满1个月	满2个月	满3个月	满4个月	满5个月	满6个月	满7个月	满8个月	满9个月	满10个月	满11个月
母乳哺育	201	74	46	37	26	26	26	24	20	30	31	39
人工哺育	1120	588	497	465	370	311	277	241	213	191	169	147

*每一万人计

资料来源：伯麟：《医学上之妇人劳动问题》，《改造与医学》，梅生编：《中国妇女问题讨论集》上，第2册，出版地缺：新文化书社，1923，页49—51，载《民国丛书》，第一编第18册，上海：上海书店，1989；姚昶绪：《育儿法》，上海：商务印书馆，民19（1930），页14—15。

在不同年龄组别，柏林当地以人工哺育的婴儿死亡率都比母乳哺育的高出好几倍，而且愈年幼的婴儿，接受人工哺育的死亡率愈高，足证初生婴儿不宜用牛乳喂哺。除德国外，当时国内的书刊较少引用其他国家的数字，[①]缺乏相关的资料也许是原因之一，但更主要的是，论者欲借助德国战败，印证牛乳哺育可导致亡国灭种，从而警告世人如非必要，切切以牛乳哺儿。

第一次世界大战前后，社会舆论反对牛乳哺育，皆因牛乳

---

① 1935年，有论者引用英国自然哺育与人工哺育的婴儿夭折率（每千人计69.8比197.5），呼吁母亲如非必要，切勿以牛乳哺儿。参见张焕沈：《婴儿养育法》，《女子月刊》，3卷3期（1935年3月10日），页3974。

的养分不及人乳，而且当时中国难以买到卫生、已消毒的鲜牛乳。更重要的是，牛乳哺育会导致国族衰亡。时人的忧虑，体现了清末亡国灭种的危机意识一直延续至民初。假如牛乳哺育未能缔造强大的民族，反而令国民体质衰弱、不堪一击，最后更走上亡国之路，父母应当拒绝使用。

当中国的专家学者批评牛乳的功效之时，1910年代末西方营养学界却兴起一种以进食牛乳多寡衡量国家强弱的学说，直接影响牛乳哺育的认受性。美国生物化学家艾尔玛·V.麦科勒姆（Elmer V. McCollum，1879—1967），在1918年出版《更新的营养知识》（*The Newer Knowledge of Nutrition*），主张以维他命作为衡量食物价值的标准。他指出人类的主要食粮，莫过于植物的种子、茎部、根部和肉类；然而，同样的食物却缔造出欧美和东方（指中国、日本）两种不同的民族性格，关键在于是否从牛乳摄取营养。牛乳营养丰富，含有各种人体所需的维他命。西人习惯饮牛乳，所以他们较为进取，在文学、科学、艺术、政治方面的成就都比东方人优胜，从而归结出牛乳是保健食物（protective food），有助国家强大、文明进步。[①]

单凭牛乳的营养论证该食物可培育强国强种的人民固然有商榷之处，不过更值得注意是，这套学说泛指整体国民的牛乳

[①] "Milk as a Factor in Race Development," *The China Medical Journal,* Vol. 34, No. 1 (January 1920): 98-99; E.V. McCollum, *The Newer Knowledge of Nutrition: The Use of Food for the Preservation of Vitality and Health,* 2nd ed. (New York: The MacMillan Company, 1922). 有关麦科勒姆理论的产生及其对西方社会的影响，参见 Deborah M. Valenze, *Milk: A Local and Global History* (New Haven and London: Yale University Press, 2011), chapter 12。

摄取量，并非单指牛乳哺育，但聪明的代乳品商却挪用这套学说，大肆褒扬牛乳哺育的优点。1920年飞鹰老牌炼乳的广告便是一例。这则广告把全世界的人分为两类：不饮牛乳的中国人和经常饮牛乳的欧洲、北美洲人士。欧美人士的食物当中，有15%至25%是乳品，所以他们身躯较大，寿命较长，婴儿夭折率亦较低。广告进一步指出，饮牛奶者心思超出寻常，令欧美在政治、教育各方面，均比滴奶（牛乳）不沾的中国人优胜（图3-2）。牛乳可增强国民体格、提升民智的魔力，不言而喻。

　　尽管广告商快人一步，在1910年代末已懂得运用麦科勒姆的理论宣传产品，但此理论在中国学界以至社会舆论并未即时产生回响。1910、1920年代中国的专家学者，仍然以牛乳的化学成分，判断此物是否适合喂哺婴儿。类似的分析广见于科学、医业、农学、妇女、家庭等读物。[①]以下的图表数据分别来自1913年的《上海公共租界工部局年报》（表3-2）和1924年出版的《妇女杂志》（表3-3）。整体而言，人乳和牛乳的化学成分大致相同，两者皆含有水、脂肪、乳糖、蛋白质、矿物质等

----

① 有关民国时期牛乳和人乳成分分析的文章数目众多，未能尽录，现列举以下数篇以供参考：方愷：《说牛乳之效用》，《中华农学会丛刊》，4 期（1919 年 8 月），"学艺"页 11—18；甘汝登：《牛乳与健康之关系（续）》，《农事月刊》，3 卷 6 期（1924 年 12 月 1 日），"畜牧"页 18—20；孙君立：《牛乳和牛乳制品》，《妇女杂志》，16 卷 12 期（1930 年 12 月 1 日），页 81—87；胡志悫：《人乳与牛乳比较》，《玲珑》，1 卷 34 期（1931 年 10 月 28 日），页 1346；顾学裘：《牛乳的营养价值》，《新医药刊》，18 期（1934 年 5 月 15 日），页 26—42；余自谦：《育婴与乳房——附人乳与牛乳之差异》，《现代父母》，3 卷 10 期（1935 年 11 月），页 22—24；胡半农：《医学小品：常识：牛乳与人乳之异点》，《现代中医》，3 卷 9、10 期合刊（1936 年 12 月 31 日），页 50。

图3-2　飞鹰牌炼乳广告

资料来源：《申报》，1920年5月23日，版19。

元素。牛乳又含有酸乳（乳酸菌），有助肠脏蠕动，更可杀灭导致肠内腐化的霉菌，延年益寿。何况牛乳含丰富的维他命和蛋白质，有利婴儿和儿童发育，大大提升牛乳的价值。[1]惟牛乳的乳球体积比人乳的大，容易引致消化不良，这亦是专家学者反对牛乳哺育的一大原因。[2]

表3-2　豆乳、人乳和牛乳的成分比较

	脂肪	矿物质	蛋白	乳糖	碳水化合物
豆乳	2.1%	0.4%	3.7%	/	1.4%
人乳	3.8%	0.2%	1.7%	6.6%	/
牛乳	3.6%	0.7%	3.8%	4.5%	/

资料来源：*Shanghai Municipal Council Report for the Year 1912 and Budget for the Year 1913* (Shanghai: Kelly & Walsh, Ltd., 1913), p. 85A.

表3-3　人乳和牛乳的成分

	水	蛋白	脂肪	乳糖	盐	每100 cc中之热量（卡路里）
人乳	87%	1.2%	3.5%	7%	0.2%	70
牛乳	88%	3%	3.4%	4%	0.7%	65

资料来源：陈卓人：《牛乳和人乳的比较》，《妇女杂志》，10卷3号（1924年3月1日），页569。

---

[1] Leo F. Rettger 著，允怀译：《牛乳关于康健之研究》，《东方杂志》，15卷8号（1918年8月15日），页91—100。

[2] 王希成：《牛乳之化学成分》，《农业丛刊》，1卷2期（1922年4月），页1—8。

　　维他命知识在1920年代传入中国，这有助建构牛乳的营养价值。西方学界自1910年陆续发现各种维他命（初时译作"生活素"、"维旦明"），并进一步阐释维他命与疾病的关系。例如，缺少维他命甲会患上脚气病。[①]相关的研究自1920年代纷纷译介来华，而牛乳被证实为少数含有多种维他命的食物，[②]遂令时人对牛乳哺育渐渐改观。有专家认为，牛乳含制造细胞组织的要素，不论成人或小孩，"一用牛乳，则其新组织，依然得以创造"，于是得出牛乳可"返老还少"的说法。[③]另有学者引述美国的研究，指出惯常饮用牛乳的学童，在身体和精神上都比生育时期没有饮乳的好，促使美国政府资助学童朝晚膳饮用牛乳。[④]

　　时人知悉愈多科学知识，愈明白牛乳哺育的局限。有论者强调，牛乳过度加热会导致维他命丙流失，所以经长时间蒸煮的炼乳营养价值低，不宜用作哺育。[⑤]制作奶粉的温度比制作炼

① 天乌：《"维他命"为食品中之一要素》，《中华医学杂志》，5卷2期（1919年6月），页101；磐石安：《维他命为何物》，《广济医刊》，3卷2期（1926年2月），"原著"页15—18。

② 曾杨兰因：《论牛奶与维他命（即生活素）》，《家庭杂志》，1卷1期（1925年9月），页48；贺其树：《牛乳之成分及其营养价值——陆理成教授校正》，《南通学院院刊》，7号（1937年7月1日），页37—42。

③ 姚伯麟：《返老还少法与牛乳之效用》，《医药导报》，1卷6期（1934年4月10日），"专"页3—4。

④ 甘汝登：《牛乳与健康之关系（续）》，"畜牧"页16—24。

⑤ 曾杨兰因：《论牛奶与维他命（即生活素）》，页48；厉裔华：《牛乳或乳粉哺育的乳儿为何身体虚弱》，《健康知识》，1卷6期（1937年6月1日），页32—33／总266—267。

乳还要高，所以奶粉同样缺乏维他命丙。故此以牛乳哺育的婴儿，需多吃水果以补充维他命丙。[①]更甚者，专家发现肺结核可通过牛乳传染给人类，于是强调牛乳必须消毒。[②]这点说明何解工部局自1936年起强制牛乳必须消毒。

前文提到麦科勒姆有关牛乳和国族文明的理论，直至1930年代才开始受到中国学界的注视。南京大学畜牧兽医吴信法强调，在现代科学权威下，凡不合乎科学的民族，最后只会落伍或被征服。人类的食物同样讲求科学，牛乳及其制品就是经济、卫生、营养丰富的食物。[③]药剂学家顾学裘（1912—2011）更坦言，"每日一盅牛乳"早已成为欧美人士的常规，不过在科学落后的中国，甚少人明白饮食、营养、健康三者之间的关系，甚至对牛乳的成分、营养价值以至饮用方法都一无所知。[④]吴信法和顾学裘的观点与麦科勒姆的理论相当近似，他们都是以营养学和进化论作为支持牛乳有益的论据。这两位学者聚焦食物与个人健康的关系，鼓励时人以牛乳作为日常的食物或饮料，但就没有特别标榜牛乳哺育，更未明言牛乳可缔造现代民族。不过，其他论者却把牛乳、文明和婴儿哺育串连起来，宣

[①] 王志敏：《牛乳与儿童》，《卫生月刊》，4卷4期（1934年4月），页161—163；顾学裘：《牛乳的营养价值》，页26—42。

[②] 陈霖：《牛乳之新研究（三续）》，《中华农报》，34期（1926年1月15日），页1—3；余自谦：《育婴与乳房》，页24。

[③] 吴信法编：《牛乳及其制品》京初版，1937，沪一版，上海：正中书局，1947，页1。

[④] 顾学裘：《牛乳的营养价值》，页26—42；顾学裘编著：《牛乳研究》，上海：中华书局，民29（1940），页1。

传牛乳哺育是改良民族的不二法门。例如，有育儿书刊奉牛乳为"模范的食物"。[①]由于牛乳有益，儿童甚至婴儿应该多进食，甚至建议婴儿从九至十一月起，可以饮用纯牛奶。[②]这种观点与1920年代西医反对以鲜牛乳哺婴的说法大相径庭。另有论者指出，母亲产后十月，母乳的脂肪和蛋白质含量渐少，水分渐多，不合婴儿食用，应改吃牛乳或奶粉。[③]营养学说反过来质疑母乳、褒扬牛奶哺育，造就1930年代有育儿书刊表明，"不可忘记购买牛奶"是"育儿之二十不可"的其中一项。[④]

值得注意的是，牛乳缔造文明民族的说法在中国学术界和社会舆论并不普遍，商业广告才是大肆宣传牛乳哺育提高民族文明的推手。1935年，自由农场的广告把牛奶等同孩童的知识水平，指出上海华孩只有4000人饮牛奶，其余796000人不饮牛乳。继而把识字率与饮牛乳的人数相提并论，指出当前中国有两大问题，一是八成的人口是文盲，一是九成人口不饮牛乳，文字是教人的原动力，而牛乳是养人的原动力，识字率与饮牛乳同样重要，所以华孩应多饮牛乳（图3-3）。从婴儿、小孩到成人，由健康体格、教育水平到政治影响力，反映出牛乳被塑

---

① 布莱斯德尔著，张诚译：《儿童的卫生》，上海：商务印书馆，民22（1933），页50—51。

② 余季美：《儿童的教养》，上海：中华基督教女青年会全国协会，民22（1933），页16。

③ 姚伯麟：《婴儿养育十之注意》，《慈幼月刊》，7期（1930年12月），页43—56；幼蕾：《一岁内之小儿饮食法》，《家庭周刊》，乙种18期（1932年11月27日），页13—14。

④ 《育儿之二十不可》，《慈幼月刊》，1卷6期（1930年11月），页50。

造成改善民族智慧的妙品。相比1910年代末飞鹰老牌炼乳的广告，自由农场明显针对牛乳对儿童的功效，奉劝家长自小就要让儿童多饮牛乳。

对牛乳改观并不表示全国上下瞬间支持牛乳哺育；相反，反对者的态度愈趋强硬。有论者强调"人乳优于一切"，[1]母乳是最天然、最合适的婴儿哺育品，绝非兽乳或人工哺育品可取代。[2]为母的假使因虚荣、安闲或其他类此的原因，故意停止授乳、改用牛乳哺儿，更加是"道德的罪人"。[3]

西方科学知识是改变时人对牛乳哺育观念的重要因素。二十世纪前期，衡量牛乳哺育的准则不断改变。受清末亡国灭种危机影响，能否强国强种是评估牛乳哺育好坏的标准，这个准则直到第一次世界大战前后仍有相当的影响力。与此同时，五四新文化运动讲求科学和民主，西方的科学知识陆续译介来华，当时人得悉更多牛乳的营养价值，对牛乳哺育也逐渐改观。从科学成分比对牛乳和人乳的异同，造就出牛乳功同人乳的效果。二十世纪二十年代西方营养学、维他命知识，印证牛乳的营养价值，对牛乳哺育的负面评价也开始逆转，更建构出牛乳哺育可缔造文明进步民族的论述。由此可见，西方科学知识是建构牛乳哺育论述不可或缺的元素。

---

① 周米也：《母乳与牛乳的比较》，《康健世界》，11 期（1936 年 9 月 16 日），页 715—716。

② 余自谦：《育婴与乳房》，页 24。

③ 周米也：《母乳与牛乳的比较》，页 716；愈之：《母乳的价值》，《家庭周刊》，乙种 113 期（1936 年 10 月 11 日），页 28—29。

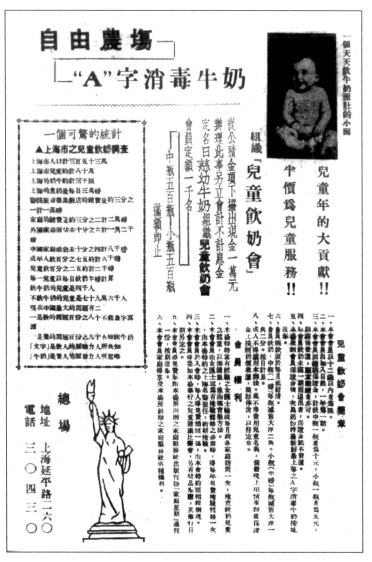

图3-3　自由农场广告

资料来源：《家庭星期》，1卷1期（1935年11月24日），无页码。

　　纵有强而有力的论据，如缺乏有效的宣传渠道，也无法把牛乳哺育的优点宣扬。自1920年代初，洋货奶粉陆续进入中国市场，其多样化的宣传方法，有助推广牛乳哺育。下一节将聚焦1920、1930年代，剖析奶粉的出现如何扭转牛乳哺育在战前的发展。

第二节　奶粉时代

　　奶粉的生产是利用高温经滚筒转动或喷洒方法，把牛乳由液态转化为固体。奶粉的前身是小儿粉，成分除牛乳外，还有小麦、维他命和矿物质，所以又名配方食品（formula food）。在十九世纪末二十世纪初进口中国的均属小儿粉。当时的《申报》，可以找到好立克、爱兰百利代乳粉的广告。[1]到1920年代初，洋货奶粉运抵中国倾销，进口量不断增加，且有取代小儿粉之势。1924年第一季度的《上海货价季刊》提到，自从勒吐精代乳粉（奶粉品牌之一种）打入中国市场，原来销情甚佳的好立克生意大受影响。[2]奶粉加入代乳品市场，为顾客提供多一种选择之余，其崭新的宣传方法，为民国时期上海的乳业带来一番新气象。

　　本节探索奶粉商如何推广牛乳哺育。到底商户如何介绍

① 例如，好立克广告，《申报》，【清】宣统元年九月十九日（1909 年 11 月 1 日），1 张 6 版；爱兰百利代乳粉广告，《申报》，1912 年 4 月 27 日，3 张 4 版。
② 《上海货价季刊》，1924 年 1 季，页 3。

奶粉的优点？以什么渠道把讯息传扬？又如何劝导消费者使用奶粉？下文主要以勒吐精代乳粉、宝华干牛奶（Momilk）和惠民奶粉为例，讲述奶粉如何推动牛乳哺育的兴起。勒吐精代乳粉和宝华干牛奶均属舶来品，勒吐精代乳粉是英瑞炼乳公司的招牌产品，至于自称国货的惠民奶粉则是从外国进口原材料，再于中国包装出售。另外，宝华干牛奶与惠民奶粉甚有渊源，两者皆与李元信（1884—?）有关，前者由他从美国引入，后者则由李氏创办。这三个品牌在中国的经营，体现了早期中国奶粉业的发展：最初由洋货垄断奶粉市场，华人掮客则作为中介，协助外国品牌打入中国市场，到1920年代中后期，华商开始自组公司，甚至自行研发和生产奶粉，试图打破洋货的垄断局面。以下先简介这三个品牌奶粉的背景，从中窥探华人掮客所扮演的角色。继而探讨奶粉商的销售策略，商户如何想尽办法增加品牌的知名度，而奶粉商的营销技巧最终又如何改变社会舆论和市民大众对牛乳哺育的态度。

洋奶粉与华掮客

受技术所限，抗战前中国市场上出售的奶粉绝大部分是舶来品。第一章的图1-4显示1923至1937年中国进口奶粉净数，逾半数奶粉来自澳洲和纽西兰（新西兰），其次是美国。在众多外国品牌当中，以勒吐精代乳粉较为人所熟悉，属英瑞炼乳公司（即今天的雀巢公司）的产品之一，在澳洲出产。[①]勒吐精代乳粉何时打入中国市场实不可考。根据里马·阿普尔的研究，自从配方奶（Synthetic Milk Adapted，简称"S.M.A."）在1919年面世，不久勒吐精代乳粉也推出市场。[②]由此推断，该品牌约在1920年代初已运抵中国。正如上文引述《上海货价季刊》的评论，在1924年第一季度，勒吐精代乳粉的销量已超过了本来销路畅旺的好立克，[③]可见在1920年代，该品牌奶粉已受市场关注，而且颇受顾客欢迎。

宝华干牛奶由美国麻省宝华制药厂（Brewer & Co. Inc.）生产，1923年李元信出任宝华制药厂的华人经理，把公司旗下奶粉引入中国。1924年10月，宝华干牛奶的广告首次在《申报》

---

① 英瑞炼乳公司（Nestlé and Anglo-Swiss Condensed Milk Company）即现今的雀巢公司，由两间公司合并而成，分别是瑞士商人 Henri Nestlé 的 Nestlé's Milk Food Company，以及美国驻苏黎世领使 Charles A. Page 及其兄 George Page 建立的 Anglo-Swiss Condensed Milk Company。两间公司均于 1866 在瑞士成立，到 1905 年合并。1908 年英瑞炼乳公司在上海设立办事处，继而在 1920 年于香港成立雀巢产品有限公司。除飞鹰牌炼乳和企妹牌炼乳（Milkmaid Condensed Milk），该公司在华销售的牛乳制品还有牛头牌甜炼乳、金人牌淡奶油、金牛牌淡奶油、绿人牌鲜牛奶、雀巢牌牛奶粉、雀巢牌厚奶油、雀巢牌麦精粉和勒吐精代乳粉。Jean Heer, *World Events, 1866—1966: The First Hundred Years of Nestlé* ([Lausanne: Imprimeries Réunies], 1966), pp. 28, 86；春秋编译：《雀巢开创的文明》（北京：中国统计出版社，1998），页 42；《英瑞炼乳公司公告》，《申报》，1923 年 9 月 11 日，版 9；《摩登都会：沪港社会风貌》，页 79。

② Apple, *Mothers and Medicine*, p. 38.

③ 《上海货价季刊》，1924 年第 1 季，页 3。

刊登广告。①凭借巧妙的广告宣传，宝华干牛奶在短时间内闯出名堂，但自1928年初却突然销声匿迹，直到1931年8月1日才再现于《申报》的广告栏，相信与李元信离职并且另起炉灶成立惠民奶粉公司有关。②

从洋商的掮客，到成立国货奶粉公司，李元信对开拓中国奶粉业不遗余力。李氏本身也是个传奇人物，他生于澳洲悉尼，父亲李益徽（1842—1911）是香港及澳洲悉尼的巨商，更是华侨领袖，惟因政见不同而遭当地保皇会华侨及同乡攻击，意兴阑珊下在1903年举家回到中山的家乡。李元信在悉尼斯道兹学院（Stott's Business College）毕业后旋即来到香港，在孖士打律师事务所工作，同时攻读法律及学习中文，其间曾任韦宝珊（1849—1921）的私人秘书，③以及为清朝最后一任的

---

① 宝华干牛奶广告，《申报国庆纪念增刊》，1924年10月10日，版11。
② 《惠民股份有限公司招股章程》，上海：惠民股份有限公司，1927，载《上海商业储蓄银行调查研究类：牛奶奶粉调查资料》，第2册，上海市档案馆，全宗号：Q275-1-2007-2。
③ 韦宝珊又名韦玉，就读于中央书院，是首个在英国留学的中国人。毕业后回港加入渣打银行当买办。他先后成为东华医院主席、港府洁净局议员。1896至1917年间，他更被委任为立法局非官守议员。有关韦玉生平，见 May Holdsworth, and Christopher Munn, eds., *Dictionary of Hong Kong Biography* (Hong Kong: Hong Kong University Press, 2012), pp. 455-456。

两广水师提督李准（1871—1936）工作。[①]1910至1922年间，李元信返回澳洲经商，并且周游列国寻找商机。他的生意遍布澳洲、香港和广州。1923至1927年间，他出任美国麻省宝华制药厂驻沪华人经理，专销西药和宝华干牛奶。其后李氏自立门户，在1927年创办惠民奶粉公司，担任董事兼总经理，并转到上海发展。李氏在上海商界以及社交圈子甚为活跃，除经营乳业，他亦是永明人寿保险公司华北分行的华人经理，1932年开设李元记贸易行，1943年与鲍志新（1903—?）合办环球出版公司。李元信先后出任多个组织的要职，包括上海青年会、中华基督教青年会全国协会、女青年会全国协会、中华联青社、上海扶轮会、中华慈幼协济会、广肇公所、广东同乡会、广东义学等机构的董事、干事或顾问。从1926至1933年，他担任中华麻风救济会会长。李元信也活跃于香港的社交圈子，他曾加

---

① 李准原名继武，别号任庵，四川省邻水县人，出生于官宦之家，虽科举不第，其父为他捐官。其后获张之洞（1837—1909）赏识，由文官转为武将，任广东巡防营统领，兼巡各江水师。1903年，李准官至南澳镇总兵，1905年，晋升为广东水师提督。1911年，李准率兵镇压黄花岗起义，但为两广总督张鸣岐猜忌，于是转投革命党。辛亥革命爆发时，李准迎接胡汉民（1879—1936）前往广州就任都督。民国成立后，他应袁世凯（1859—1916）邀请出任高等军事顾问。二次革命后，李氏被任命为广东宣慰使，前往调停广东局势。至1916年离职，之后长居天津，到1936年在当地病逝。徐友春主编：《民国人物大辞典》，石家庄：河北人民出版社，1991，页248；周家珍编著：《20世纪中华人物名字号辞典》，北京：法律出版社，2000，页438—439；李准：《光复广东始末记（节录）》，载柴德赓、荣孟源等编：《中国近代史资料丛刊》（七），《辛亥革命》，上海：上海人民出版社，1957，页245—249；张广厦：《清末广东水师提督李准活动考略》，《兰台世界》，2013年第9期（2013年3月），页140—141。

入多个团体，例如，香港扶轮社、九龙福利会、香港联青社、华商会所、九龙塘花园、中澳侨务协进会、香港中山同乡会等等。[①]

惠民奶粉由李元信于1927年创立。据《申报》报道，李氏以奶粉事业与人民身体健康极关重要为由，创立惠民奶粉，原本打算自行研制产品，但因筹备时间不足，故由美国进口奶粉，再于中国包装出售。[②]由是观之，李元信洞悉中国对奶粉的需求，与其替人家作嫁衣裳，倒不如肥水不流别人田，自组公司经营。惠民奶粉开业时的资本定为十万，但实收七万四千，加上历年亏蚀，所余无几。因此公司先后在1929及1932年改组，增加资本，并在1932年申请"人牛"商标注册。自从公司改组，李元信逐渐淡出，经理一职先后由熊少豪（1892—?）、

---

① 《宝华公司协理李元信氏》，《良友》，7 期（1926 年 8 月 15 日），无页码；李元信编纂：《环球中国名人传略 —— 上海工商各界之部》，上海：环球出版社，民 33（1944），页 132—133；杨永安：《长夜星稀：澳大利亚华人史 1860—1940》，香港：商务印书馆（香港）有限公司，2014，第五章；*Who's Who in China, 1918—1950,* Vol. 3(1931, 1933, 1936, 1950) (Hong Kong: Chinese Materials Centre, 1982), pp. 152, 252, 492; Angela Ki Che Leung, *Leprosy in China: A History* (New York: Columbia University Press, 2009), n135, p. 288.

② 《李元信组织奶粉公司》，《申报》，1927 年 9 月 29 日，版 15。

李鼎士接任。①

　　洋化的背景是民国时期乳业经营者的一大特色。李元信是澳洲华侨，曾周游列国，在上海、香港等华洋杂处的商埠生活多时，具备贯通中西的特点。事实上，当时上海的乳业经营者，部分也有类似的背景。譬如，同属澳洲华侨的马应彪（1862—1944），本身是基督徒，1900年在香港创立先施公司，1917年进军上海百货业，后来因身体不适退下火线，以饮

---

① 熊少豪是广东人，1892年在香港出生，先后就读于皇仁书院和北京商业专门学校。1914年，他出任路透社北京分社通讯员以及美国《芝加哥日报》驻京访问。第一次世界大战后，熊氏转到路透社天津分社出任翻译通讯员。1917年，他创立《京津泰晤士报》的中文版，并担任经理和编辑，直至1928年出售该报为止。1920年代他开始踏足政界，先后任职北洋政府出入境部及外交部，并曾于天津租界政府工作，其后转到上海重操故业，任职上海 China Times 晚报编辑，1938年担任《时事新报》经理。Who's Who in China, Vol. 3(1931, 1933, 1936, 1950), p. 152.
李鼎士乃浙江吴兴人，在政界及外交界略有名声，曾迎娶前外交总长沈瑞麟的长女沈婉如为妻，但于1933年离婚。李鼎士的兄长是上海劝工银行大股东李伯勤，而惠民奶粉有限公司的钱银往来亦是由这间银行负责。上海沦陷后，李氏加入日伪上海特别市政府，出任交通部次长，1939年出任公用局代局长，战后审判被判处有期徒刑十年。《沈瑞麟之女婉如声请与乃夫李鼎士离婚》，《申报》，1933年8月13日，版15；《三汉奸判决核准，杨光政改二年半》，《申报》，1947年7月17日，版4；第6708号：惠民奶粉公司第二次调查，《上海商业储蓄银行调查研究关：牛奶奶粉调查资料》第2册，上海市档案馆，全宗号：Q275-1-2007-2；《上海市地方志》，http://www.shtong.gov.cn/node2/node2245/node4530/node22809/node60837/userobject1ai53093.html（浏览日期：2017年2月14日）。

牛奶治病，最终痊愈。[①]眼见当时中国人每年花大量金钱购买进口乳品，加剧资金外流，马应彪遂于1920年成立上海畜植牛奶公司，旨在促进国人健康并且挽回利权。[②]至于自由农场的创办人尤怀皋就在美国康奈尔大学农业系毕业，留美期间曾在牛奶棚工作，回国后在1916年成立自由农场，初时以养鸭为主，因

---

① 以治病为由创立牛乳场的情况相当普遍，除马应彪外，三友实业主席沈九成（1884—1963）也是用类似的理由，在1929年成立生生牧场。生生牧场的广告经常讲述沈氏在1927年病倒，久病不愈，其后医生劝告多饮鲜牛奶补身，身体才日渐康复。沈氏遂带病成立生生牧场，推广饮牛奶的优点，更常以"健康服务者"自居。生生共有三个牧场，分别是位于大西路的总场，以及在斜土路和漕河泾沪闵路第一桥南的分场。1933年沈氏因与三友实业其他常务董事意见不合而辞职，全力打理牧场的生意。同年年初，生生牧场获得甲等牛奶执照。1935年生生三个牧场共养牛206头，每日产奶1450磅。《沈九成氏创办生生牧场小史》，载《儿童健康指南》，上海：生生牧场，民24（1935），封面内页；上海地方志南市区志编纂委员会编：《南市区志》，上海：上海社会科学院出版社，1997，页1018；《沪市牛奶业近况调查（续一）》，《申时经济情报》，续总1454号（1935年10月24日），页5—6；生生牧场广告，《申报》，1935年3月11日，（本埠增刊）版3；1935年10月29日，（本埠增刊）版1。

② 上海畜植牛奶公司由马应彪独资经营。1930年，该公司获工部局发出的甲级牛奶执照。根据1935年的统计，上海畜植牛奶公司有牛192头，每日可产奶2700磅。上海畜植牛奶公司广告，《申报》，1930年8月1日，（本埠增刊）版2；1930年9月2日，（本埠增刊）版2；《上海商业储蓄银行调查研究类：牛奶奶粉调查资料》第2册，上海市档案馆，全宗号：Q275-1-2007-2，页135；《沪市牛奶业近况调查》，《申时经济情报》，续总1454号：牛奶第一号（1935年10月23日），页6；国货事业出版社编辑部：《上海国货工厂史略》，上海：国货事业出版社，民24（1935），页314。

生意欠佳，遂转办牛乳场，生意亦日渐好转。[1]以上几位华人乳业捐客或经营者均熟悉中西文化，而且曾在外国生活，对牛乳有一定的认识，甚至曾经从事相关的工作。由具洋化背景的捐客或商人引介乳业、奶粉业，说明尽管中国有能力自行发展出现代性，但不少西方的物质文化以至洋化的生活方式，仍需通过华侨、留学生以及熟悉西方文化的商人引入、推广和传播，为现代化打下基础。

形象工程

如要吸引市民大众注意，广告宣传不可或缺。前文提及约在1920年，上海中西药房在新落成的大厦摆设了中国首个橱窗广告，展示了勒吐精代乳粉。[2]橱窗展示固然可吸引路人的目光，但以出现频率和普及程度而言，非报刊杂志广告莫属。以《申报》为例，首个代乳品广告始见于1882年。[3]及至

[1] 自由农场于 1935 年有牛 84 头，每日可产奶 1000 磅。尤怀皋在上海华资乳业地位显赫，他在 1933 年以 Shanghai Dairymen Association 主席的身份，向牛奶委员会表达业界及自由农场对中央牛奶消毒站的意见，战时他更是上海牛乳场联合会的发起人之一。《上海牛乳场联合会章程》，上海市档案馆，全宗号：S118-1-7；第 889 号：《自由农场牛奶公司》，《上海商业储蓄银行调查研究类：牛奶奶粉调查资料》第 1 册，上海市档案馆，全宗号：Q275-1-2007，页 15；Glosser, *Visions of Chinese Families and State,* chapter 3.
[2] 徐百益：《老上海广告发展轨迹》，页 4。
[3] 老德记起首药房广告，《申报》，1882 年 7 月 30 日，无页码。

抗战前，代乳品广告的数量不断增加，究其原因，与商户善用广告的宣传方式不无关系。表3-4是1900至1937年每年6月30日在《申报》刊登的代乳品广告数目。选择6月30日，皆因当天并非重大历史事件的纪念日，外国或国货代乳品广告不会因此突然增减。再者，步入夏季，传统上并不鼓励饮用牛乳。以这一天作抽样调查可考察西方牛乳哺育习惯传入中国后，有否改变时人对牛乳的观念。资料显示，二十世纪初《申报》的代乳品广告以罐头炼乳（即炼乳）为主，也有贸易行登报拍卖或出售舶来牛乳。[①]辛亥革命前后，代乳粉广告渐渐增加。碍于科技落后，民国初年推销的炼乳和代乳粉均属舶来品，到二十世纪二三十年代，国货炼乳和奶粉广告才陆续出现。另一方面，虽然上海早在1870年已有鲜牛乳出售，但在十九世纪末，鲜牛乳广告却绝迹于以华人为对象的《申报》，显示当时鲜牛乳的客源以洋人为主，直至二十世纪二十年代后期，鲜牛乳广告陆续在《申报》涌现。值得留意的是，纵使自1928年起，鲜牛乳广告的数量渐多，但绝大部分刊于"本埠增刊"，[②]即广告只在上海本埠及其邻近地区流通。由此可见，抗战前鲜牛乳业是一门非常本土化的生意。基于保鲜和运输方法落伍，而鲜牛乳又极容易变坏，大型牛乳棚如上海畜植牛奶

---

① 《礼拜三拍卖》，《申报》，1901年8月4日，无页码；《新到牛奶》，《申报》，1901年10月18日，无页码。

② "本埠增刊"在1924年2月8日创刊，每日出版两大张共八版，当中七八成的版面都是商业广告，而且只在上海发行及零售。黄玉涛：《民国时期商业广告研究》，厦门：厦门大学出版社，2009，页112。

公司和洋资的可的牛奶公司（Culty Dairy Co. Ltd.）业务也只限于上海本埠及其周边地区。[①]即使在全国版刊登广告，对增加销路帮助也不大。综上所述，1920年代是《申报》的代乳品广告的分水岭：在此之前的广告以舶来的炼乳和代乳粉为主，及后国产代乳品广告陆续出现，而且不仅炼乳和小儿粉，鲜牛乳商也学会利用报刊广告招揽顾客。

---

① 可的牛奶公司是上海最具影响力的洋资奶棚。公司由法国人集资创办，1904年向工部局申领牛乳场执照，1911 年 8 月 11 日在香港注册，同年引入巴氏消毒法，是上海最早运用此消毒法的牛奶棚。不过，因为经营不善，加上牛只染有瘟疫，遂于 1916 年转让给纪洛医生（Dr. Harry Edwards Keylock）。之后业绩转好，1935 年公司有牛 825 头，而且是荷兰的何尔斯丁牛及瑞士的者尔西牛，奶棚每日可产奶九千余磅，是上海数一数二的鲜牛奶公司。1930 年代，工部局考虑要求牛乳场的牛只作肺结核测试，以纪洛医生为首的可的牛奶牛司大力反对，认为使用巴氏消毒法已足够确保鲜牛奶的安全。由于此时该公司的牛只正受肺结核病侵袭，故此工部局卫生处处长质疑纪洛医生只会利用工部局资源为自己奶棚谋取利益。Culty Dairy Co. Ltd., Hong Kong Public Records Office, File No.: HKRS111-4-112；第 647 号：《可的牛奶公司》，《上海商业储蓄银行调查研究类：牛奶奶粉调查资料》，第 2 册，上海市档案馆，全宗号：Q275-1-2007-2，页 41；《沪市牛奶业近况调查（一续）》，《申时经济情报》，续总 1454 号：牛奶第二号（1935 年 10 月 24 日），页 4—5；Letter from H.E. Keylock, Managing Director of Culty Dairy Co. Ltd., to the Commissioner of Public Health dated March 9, 1936；Letter from the Commissioner of Public Health to the Secretary of Municipal Council of Shanghai dated March 11, 1936，《可的牛奶公司之牛奶质量及牛只检查等事（1938—1943）》，上海市档案馆，全宗号：U1-16-1816，页 4—7；《牛乳：消毒甲等 T.T. 消毒牛奶》，上海市档案馆，全宗号：U1-4-632，页 13—17、25。

表3-4 《申报》的牛乳广告抽样调查（1900—1937）

年份	炼乳	鲜牛乳	代乳粉*	合共
1900	0	0	0	0
1901	0	0	0	0
1902	0	0	0	0
1903	0	0	0	0
1904	0	0	0	0
1905	1	0	0	1
1906	0	0	0	0
1907	0	0	0	0
1908	0	0	0	0
1909	0	0	0	0
1910	0	0	0	0
1911	0	0	0	0
1912	0	0	1	1
1913	0	0	1	1
1914	0	0	1	1
1915	0	0	0	0
1916	0	0	0	0
1917	0	0	0	0
1918	1	0	1	2
1919	0	0	0	0
1920	1	0	0	1
1921	0	0	0	0
1922	0	0	0	0
1923	1	0	1	2
1924	0	0	0	0
1925	0	0	0	0

（续表）

年份	炼乳	鲜牛乳	代乳粉*	合共
1926	1	0	0	1
1927	0	0	0	0
1928	1	2	2	5
1929	0	2	0	2
1930	1	2	0	3
1931	0	4	0	4
1932	0	2	0	2
1933	0	1	1	2
1934	0	4	1	5
1935	0	4	0	4
1936	0	1	1	2
1937	0	3	1	4

* 代乳粉包括小儿粉和奶粉

资料来源：《申报》，1900—1937年。

　　品牌奶粉可否成功打入中国市场，取决于能否令消费者相信产品的效用。如前所述，直到抗战前，在中国出售的奶粉绝大部分是洋货；不过，外资和华资奶粉商也同样面对两批完全不同种族和文化背景的顾客：对牛乳有认识甚至习惯饮用的洋人，以及对牛乳哺育颇陌生的华人。商户既要争取在华的洋顾客，又要开拓华人市场。所以洋商不能单纯援用西方的宣传方法和技巧，更要运用新策略针对中国市场；新兴的本地奶粉商更要学习洋货奶粉的推广及宣传手法。

　　鉴于上海华洋杂处的特质，洋货的勒吐精代乳粉发展出两套不同的宣传手法。该品牌奶粉的洋广告散见于《华北捷报》（*North-China Herald*）、《中国科学美术杂志》（*China Journal of Science and Arts*）以及《中华医学杂志》（*China Medical Journal*）。"最好的给宝宝"（"Best for baby"）是品牌奶粉最常用的英语宣传口号，广告善于运用精简的文句，点出奶粉新鲜、纯正、油分及养分充足等优点，并附有可爱的婴儿画像和奶粉样式吸引顾客。有广告甚至只列出宣传口号、婴儿画像及奶粉包装（图3-4）。从口号到标题，勒吐精代乳粉的洋广告均以婴儿为重点，表达产品以婴儿健康为先的态度，而且说明文字精简，不会长篇大论，反映在华洋人对牛乳哺育有相当认识，即使运用简单的文句和图像，也可达至宣传效果。

相比之下，中文奶粉广告的文字解说冗长复杂。图3-5、3-6是两则勒吐精代乳粉的中文广告，第一幅是品牌首个在《申报》出现的广告，标题是"奉赠样品：勒吐精代乳粉"，先简略地列出该品牌奶粉的四大特点，再用过百字阐述奶粉的好处，以及教导消费者如何索取试用品。第二幅的广告刊于1926年，题为"为父母者何以要用勒吐精代乳粉哺儿？"先以表列方式说明，冲调后的勒吐精代乳粉，成分跟母乳非常接近，即以科学方法和数据，证明奶粉与人乳无异，尽管广告其实夸大了母乳的脂肪含量。继而赞扬该品牌奶粉早已誉满全球，从各地用家寄来的婴儿照片和感谢信可见一斑。惟该广告其实没有附上任何相片以作证明。最后广告标榜产品由专门制造婴儿食品的公司生产，有数十年历

China Journal of Science and Arts,
Vol. 9 No. 2 (Aug. 1928): n.p.

North-China Herald, March 8, 1933,
p.10 .

图3-4 勒吐精代乳粉英文广告两则

图3-5　勒吐精代乳粉中文广告（一）

资料来源：《申报》，1922年8月12日，版5。

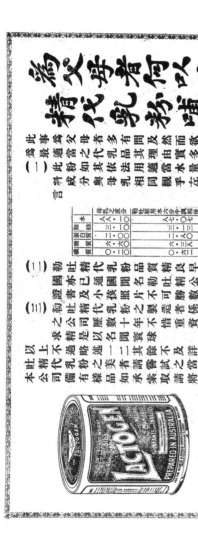

图3-6　勒吐精代乳粉中文广告（二）

资料来源：《申报》，1926年12月20日，（本单增刊）版3。

史，值得信赖等等。整则广告撇除标题、表列、索取赠品详情和标点符号，共用了244个字讲述奶粉的优点，对比同一产品的英文广告，中文广告的文字解说明显较多。这种情况并非勒吐精代乳粉独有，其他品牌奶粉的中文广告，不论是洋货还是国产也如是，反映出1920、1930年代，市民大众对奶粉这种新产品相当陌生，商户要花更多的唇舌解释奶粉的功效与优点；由此亦引申出广告是市民大众认识奶粉背后的科学知识的重要途径。

　　科学、卫生是包装牛乳哺育的重要元素，有助扭转牛乳哺育的负面形象。《申报》最早的代乳品广告形容产品"功胜真乳"，[①]揭示了代乳品的定位。至于如何证明牛乳功同人乳，成分比较是方法之一。民国初年，科学家指出人乳和牛乳在化学成分及比例上的差异，如表3-2及表3-3已讨论过人乳和牛乳在蛋白质、脂肪以及乳糖的含量有显著分别。虽然如此，却无阻奶粉商把牛乳自媲人乳。勒吐精代乳粉广告就以奶粉和人乳成分比较作招徕，强调"如依法用适当水量冲调，其所含各种原料成分与母乳相同"。继而标榜产品的脂肪含量和人乳无异（表3-5）。同样的做法，也见于三星牌（Three Stars Milk Powder）和天童牌头等牛奶粉（Angle Brand Whole Milk Powder）广告。[②]

---

① 老德记起首药房广告，《申报》，1882年7月30日，无页码。

② 三星牌和天童牌头等牛奶粉广告，《申报》，1936年3月15日，版12。

表3-5　母乳和勒吐精代乳粉成分比较

	水	脂肪	蛋白质	糖质	矿质
母乳之成分	88.10%	3.10%	2.00%	6.60%	0.20%
勒吐精用水六分半调和后之成分	87.07%	3.13%	2.80%	6.38%	0.62%

资料来源：勒吐精代乳粉广告，《申报》，1926年12月20日，（本埠增刊）版3。

　　请留意勒吐精代乳粉广告所提供的数据，除水分与糖质，奶粉的脂肪、蛋白质和矿物质比例可谓跟母乳有过之而无不及。但只要再对比来自工部局和《妇女杂志》的数据，不难发现奶粉广告的人乳蛋白质含量，较前两组数据分别高出17.65%，甚至66.67%。换言之，奶粉商刻意调高人乳的蛋白质比例，目的是要拉近与牛乳的差距，务求营造出奶粉功同人乳的效果。

　　营养不足是奶粉为人诟病的另一因素。奶粉与炼乳同样经高温处理，导致维他命丙和丁大量流失。所以在1920年代，坊间普遍认为奶粉缺乏营养、火气重、难消化。如以奶粉哺儿，宜多饮果汁及晒太阳，补充足够的维他命。[1]面对负面批评，有奶粉商力证产品营养充足，其中宝华干牛奶强调制法新颖，选用美国最新式的热轧状法（Roller Process），符合美国的医学标准，无细菌、油质少、维他命充足，而且新鲜卫生，历久不

---

[1]　宓爱华：《婴儿的饲养法》，载《家庭问题讨论集》，上海：中华基督教女青年会全国协会编辑部，民16（1927），页72；叶恭绍：《一般儿童的营养问题》，《大众卫生》，3卷2期（1937年2月），页16。

坏。①相反普通奶粉"以古法制，乳油过多，火热太重，且生活素（维他命）毁尽，是故服后便秘，甚至皮肤生疮，故须佐以果汁，以助消化"。②其他品牌如奥斯得奶粉（OsterMilk Milk Food）便声称含丰富维他命丁，至于牛栏牌肥儿代乳粉（Cows & Gate Milk Food）则表明，③除维他命丁外，产品还含有矿质盐（矿物盐）。④奶粉商在广告上堆砌一大堆化学或专有名词，目的是说服市民大众奶粉有别于其他牛乳制品，即使经高温处理仍能保存营养成分。

针对牛乳的卫生问题，奶粉商以复杂、科学化的生产方式作回应。勒吐精代乳粉在旗下的宣传刊物《育婴指南》，⑤对品牌奶粉的制作过程描述如下：

---

① 宝华干牛奶广告，《申报国庆纪念增刊》，1924 年 10 月 10 日，版 11；《良友》，2 期（1926 年 3 月 25 日），页 7；《良友》，7 期（1926 年 8 月 15 日），页 16。
② 宝华干牛奶广告，《申报》，1926 年 9 月 26 日，版 18。
③ 原本的中文译名是"牛栅牌肥儿代乳粉"，到 1936 年 5 月 20 日改为"牛栏牌"。牛栏牌肥儿代乳粉广告，《申报》，1936 年 5 月 20 日，（本埠增刊）版 1。
④ 奥斯得奶粉广告，《申报》，1934 年 5 月 8 日，版 7；牛栏牌肥儿代乳粉广告，《申报》，1937 年 5 月 23 日，（本埠增刊）版 2。
⑤ 十九世纪末二十世纪初，美国乳品商利用派发育婴指南吸引中产家庭使用牛乳哺育。当外资奶粉商在二十世纪二十年代进军中国时，也援用此宣传方式。二十世纪前期，奶粉商自行印制和出版育婴指南的有爱兰百利代乳粉的《育儿宝鉴》、美龄食物的《保养婴孩法》、勒吐精代乳粉的《育婴指南》和宝华干牛奶的《牛奶与母子之关系》。有鉴于此，华资代乳品商也相继模仿，如燕牌奶粉出版《育婴常识》、生生牧场的《儿童健康指南》等等。这类育婴指南大部分采用三十二开本甚至更细小的书刊幅面，页数为一百页以内，除封面外，大部分以黑白或单色印制。指南一般随货品赠送，各界亦可来函索取。

　　勒吐精代乳粉用清洁之鲜牛乳制成，其牛乳直从牛身挤
出之时即用，并无隔宿之弊。然牛乳之最清洁者，亦难免无病
菌。惟勒吐精代乳粉于制造时，已将有害之微菌灭除净尽，且
并无沾染不洁之物。此粉全用极洁净之自动机器制造，其奶从
牛身取出，以至炼成奶粉及装入罐中，绝无一处用手接触，且
其罐已预先将微菌消灭，是以勒吐精代乳粉为最清洁最卫生之
代乳粉。[①]

新鲜、无隔宿、无病菌、机械化、不经人手，每个词语均突显
勒吐精代乳粉岂止清洁卫生，简直是现代化、科学化的完美
食品。

　　受奶粉商启发，其他代乳品也借助广告讲解产品的制作
过程。例如，由奶粉复原而成的标准牛奶，以图文并茂方式，
讲解该品牌牛乳如何由鲜牛乳变成奶粉，再由奶粉复原为牛乳
（图3–7）。鲜牛奶棚如上海畜植牛奶公司和自由农场，亦曾通
过广告或特约文章（今天俗称的"鳝稿"，也就是关系稿），
详细讲解鲜牛乳的制作过程，包括牛只饲养方法、牧场环境、
兽医检查、化验产品、制奶、洗奶瓶的运作等等（图3–8）。[②]
在二十一世纪的今天，最天然、简单的处理方法，可保证食物
新鲜、原汁原味无添加；但在追求西化和现代性的二十世纪二

①　勒吐精代乳粉：《育婴指南》，英瑞炼乳公司，出版地及年份缺，页2。
②　上海畜植牛奶公司广告，《申报》，1934年9月18日，（本埠增刊）版20；
　　金华亭：《自由农场参观记》，《申报》，1935年11月4日，版11；金华亭：
　　《自由农场参观记（续）》，《申报》，1935年11月5日，版13。

图3-7 标准牛奶广告

资料来源：《申报》，1935年4月30日，版1。

图3-8　上海畜植牛奶公司广告

资料来源：《申报》，1934年9月18日，（本埠增刊）版2。

三十年代，机械化生产方式才是进步的象征，这也是牛乳轻易打垮传统以人手制作的豆乳的原因。[1]

当社会舆论主张母乳哺育，代乳品商虽未敢公然取而代之，但却积极宣传牛乳比乳母更安全可靠。乳母是古老的女性职业，古今中外均有妇女靠出卖乳汁谋生，这种古老的妇女行业直至抗战前仍然存在。[2]传统中国上至皇室、贵族，下至士大夫均普遍采用雇乳哺育。[3]医师及士大夫也不反对雇乳哺儿，只

---

[1]　王书吟：《哺育中国》，页232—234。

[2]　民国时期的乳母可分作四类：其一，留宿的乳母；其二，贴乳，即日间送乳到雇主家，或领少主人回家喂养，不时察验；其三，接育婴堂的婴儿抚养，半乳半领的帮乳；其四，每日到主人家捏乳，作补养之用的鬶乳。不同类型的乳母，工资稍有分别。1915年，鬶乳每月的工钱约一千至二千文，一般住在雇主家中的乳母月薪四至五元，次一等的也有二三元。1920年代乳母的工资升到三四元。到1930年代则增加至六至八元，城市的乳母每月的工资更可高达六至十元。乳母上工之日，雇主会先给予她两个月的薪金。每逢冬夏，雇主也会为乳母置新衣服。到少主人断奶后，雇主更会给予乳母额外的赏金。优厚的福利加上工作量少，令乳母成为女佣中最尊贵者。晚秀：《上海贫女生涯之调查》，《妇女时报》，18号（1916年5月），页22—31；丁逢甲：《我所见之本地妇女生活现状》，《妇女杂志》，1卷9号（1915年9月5日），"调查"页7；申初：《浦东妇女底生活状况》，《新妇女》，3卷5号（1920年9月1日），页17—18；严大桩：《角直贫妇的生活》，《生活》，1卷32期（1926年5月30日），页190；竹君子：《西亭贫民妇女之生活》，《生活》，1卷36期（1926年6月27日），页215；《选择乳母须知》，《玲珑》，4卷38期／163号（1934年12月5日），页2443；《都市妇女的职业实况》，《玲珑》，5卷11期／177号（1935年3月27日），页658；B.S. Platt, and S.Y. Gin, "Chinese Methods of Infant Feeding and Nursing," *Archives of Disease in Childhood*, Vol.13, No. 76 (December 1938): 346. 有关民国时期乳母，见王书吟：《二十世纪二三十年代上海地区奶妈群体的历史考察》，华东师范大学硕士论文，2013。

[3]　有关中国古代乳母的研究，参见刘咏聪：《中国古代育儿》，页106—108；李贞德：《汉魏六朝的乳母》，页439—481。

要无碍乳母子女的健康即可。虽然如此，医师对乳母有严格的规定：乳母必须奶水丰足、没有病痛，更要相貌端庄，性情温和，行为良好等等。[1]二十世纪初期，受到西方医学和科学观念影响，对乳母的要求更加严苛，例如，规限乳母的年龄、生产期、乳房大小以至乳质等。[2]其后更有要求乳母受聘前需检查身体，包括验血、进行肺结核和梅毒等传染病测试。除了查核乳母的个人病历，还要留意其家人的健康情况。[3]假如乳母之前曾受聘，最好向前雇主查探其品行、体质；若然婴儿没有半点问题，即代表乳母的乳汁良好。[4]至于乳母的性情，有赖雇主自行观察，可先安排试工三天，更有建议试用十天甚至一个月，察

---

[1] 有关中国传统儿科医书对择乳母的条件，参见熊秉真，《幼幼：传统中国的襁褓之道》，页114—118。

[2] 乳母年龄应介乎二十至三十四五岁之间，也有主张在二十至三十岁之间。生产时间必须和产母相若，不宜超过三至四个月，否则其乳汁便不适合初生婴儿饮用。至于乳房的状况，以结实者为佳，但不宜过大，乳头短者亦可。以手按压胸部，乳汁能以数条线状喷射出来，而且授乳后两小时已能使乳房再次充满。乳母的乳汁须呈纯白色，滴在指甲上轻加震荡后，仍可保持原形者为佳，更有提议化验乳母的乳汁，分析脂肪及乳酪含量是否足够。下田歌子著，吴汝纶译，《新编家政学》，页13；足立宽著，丁福保译：《育儿谈》，页20；万青选：《男女婚姻卫生宝鉴》，上海：进化社，1916，页129—130；下田歌子著，钱单士厘译述：《家政学》，下卷，页4；服部繁子：《家政学》，页30—31；姜振勋：《选择乳媪之标准》，《快乐家庭》，1卷2期（1936年3月），页66。

[3] 万青选：《男女婚姻卫生宝鉴》，130；李剑农：《鉴定乳母的简易法》，《妇女杂志》，13卷12号（1927年12月1日），页4；雪娥：《选择乳妈的标准》，《玲珑》，31期（1931年10月14日），页1199；《都市妇女的职业实况》，页658。

[4] 足立宽著，丁福保译：《育儿谈》，页19—21。

其品性，再决定是否录用。[①]1920、1930年代的《申报》，也可找到有东家要求乳母检查身体才考虑聘用的报道。[②]

　　严谨的选乳母标准，显示时人注重婴儿健康之余，更反映出社会对乳母的歧视，先入为主假定她们有病、污秽、行为不检。自1920年代中，舆论对雇乳的评价愈见负面，她们的卫生问题及道德操守成为议论的焦点。乳母经常被形容为贫穷、愚蠢、污秽，以及毫无卫生常识的乡村妇人，而且大多数营养不良，乳汁稀少。[③]她们每见婴儿啼哭便立即喂哺，绝少遵循定时定量的喂哺法则。[④]为了赚取金钱，乳妇不惜抛下亲生子女，到富裕家庭喂哺别人的孩子。[⑤]她们又熟悉婴孩认生嫌新的习性，一旦习惯某人喂哺后，便难以转换另一乳母，若雇主稍有待薄便乘机要挟，闹着回家，迫使东家就范。[⑥]于是有舆论倡议设置重重关卡，对乳母去芜存菁。

　　作为乳母的竞争对手，奶粉商善于运用科学、营养等理由贬

---

① 《选择乳母时应注意的几点》，《家庭良友》，2 期（1937 年 3 月 30 日），页 73。

② 《乳佣缺乳讼案》，《申报》，1935 年 11 月 20 日，版 10。

③ 宓爱华：《婴儿的饲养法》，页 71；朱智贤，《儿童教养之实际》，上海：开华书局，民 22（1933），页 15—16；陶顾丽贞：《假使我有了儿子》，《女子月刊》，1 卷 10 期（1933 年 12 月 15 日），页 137—139；陆伯羽：《怎么教育儿童》，上海：长城书局，民 23（1934），页 98；吴云高：《现代家庭》，上海：中华书局，民 24（1935），页 89—90。

④ 朱智贤：《儿童教养之实际》，页 18—19。

⑤ 申初：《浦东妇女底生活状况》，页 18。

⑥ 美贞女士：《奶妈对于儿童的影响》，《玲珑》，25 期（1931 年 9 月 2 日），页 922—923；絮：《开封妇女生活》，《玲珑》，4 卷 2 期／127 号（1934 年 1 月 10 日），页 118。

低雇乳，自抬身价，彰显产品清洁卫生。宝华干牛奶以"雇用奶妈之危险"为题，批评全世界只有华人随意雇用乳母，即使是讲究卫生的家庭，也未必请医生为乳母检验身体。假若聘用患病的乳母，将危害婴儿的性命。尽管乳母身体健康，她们的工资也绝不廉宜；除薪金外，还要供给乳母起居饮食。所以，最好选用以科学方法制成的宝华干牛奶哺儿（图3-9）。惠民奶粉在1929年也推出一系列广告抨击乳母，把她们丑化为麻烦、淘气、患病、乳水不足、欠缺卫生、道德操守有问题的妇女。[1]相反，惠民奶粉则是个不要工钱、营养成分充足、不会传染疾病、体格健全永无病痛、不用吃饭穿衣、不贪懒旷职，而且非常便利的"奶妈"。广告更把奶粉拟人化——奶粉罐上长有女性的头颅和四肢，而且是个一头短发的时尚妇女，强化惠民奶粉取代乳母的讯息，也突显了奶粉现代化的形象（图3-10）。

以真人真事攻击乳母之弊端乃最具说服力的宣传方法。1929年，惠民奶粉在《申报》的其中一则广告，就是借乳母疏于照顾少主，突显奶粉的安全可靠。广告刊登了商务印书馆梧州分馆经理蒋瑞山所写的致谢信，内容讲述蒋妻在诞下三儿子后因病缺乳，先后雇用了十多个乳母，但因乳汁不良令婴儿得病。后来转用惠民奶粉，不消两个月婴儿的身体便强壮起来，六个月大的婴儿，体格魁伟如周岁小孩，还附上婴儿的照片作证（图3-11）。勒吐精代乳粉则引用一宗乳母喂小主人吞

---

① 惠民奶粉广告，《申报》，1929年2月13日，版14；1929年2月25日，（本埠增刊）版2。

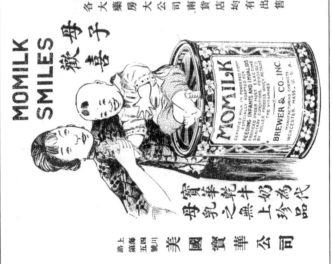

图3-9 宝华牛奶广告（一）

资料来源：《良友》，6期（1926年7月15日），页18。

图3-10 惠民奶粉广告（一）

资料来源：《申报》，1929年2月25日，（本埠增刊）版2。

图3-11　惠民奶粉广告（二）

资料来源：《申报》，1929年3月8日，（本埠增刊）版2。

食铁针的案件,[①]提醒公众不良的乳母会危害婴孩的性命,为安全计,应尽快转用奶粉哺儿。[②]总言之,奶粉广告中的乳母形象相当负面,她们的奶水既无营养又不卫生,而且时有缺乳、病乳等问题。更重要的是,不良的乳母会危害婴儿的性命。

奶粉商对乳母的指控并非空穴来风。1935年1月上海市卫生局卫生试验所公布了奶妈健康检查,发现由1934年9月至12月期间到该处检查的257位乳母当中,约四分之一(59人)染有梅毒。[③]这批患病乳母可能只是冰山一角,因为卫生局的健康检查费为五元,但当时乳母的月薪只得六至十元,[④]一次检查费已花掉月薪一半以上,故此参与检查的乳母数目非常有限。除却健

---

① 此案的被告扬州乳母陈汤氏,受雇于上海法租界薛华路五号吴孝恪家。陈汤氏上工不久便要求请假游玩,东家以小孩每日需哺乳为由拒绝。陈汤氏不悦,遂殴打婴孩,被吴妻瞥见,立即把她辞退,并且要求陈汤氏偿还预支的一个月薪金。陈汤氏不忿报复,在哺乳时把三枚线针给小孩吞下,致婴孩不适入院,在下泻物发现线针,家人于是报告法捕房拘捕陈汤氏。经审判后,陈汤氏被判徒刑八年。陈汤氏不服,上诉江苏高等法院,但被驳回。其后案件再上诉至南京最高法院,司法部以此案疑点重重,下令发还江苏高等法院重审。《乳佣被歇唧恨以针喂孩案续审》,《申报》,1933年11月23日,版11;《乳佣谋害小孩判罪》,《申报》,1933年12月1日,版15;《以铁针喂小孩之乳佣上诉驳回》,《申报》,1934年3月13日,版11;《乳媪以针喂小孩案》,《申报》,1935年4月9日,版11。

② 勒吐精代乳粉广告,《申报》,1933年11月22日,版14。

③ 《卫生试验检验所乳妈梅毒统计》,《申报》,1935年1月18日,版12。、

④ 1930年代,乳母的月薪约六至八元。1935年城市的奶妈每月工资可高达六至十元。《选择乳母须知》,《玲珑》,163期(1934年12月5日),页2443;《都市妇女的职业实况》,《玲珑》,177期(1935年3月27日),页658。又,1935年一宗乳佣诉讼案提到,上海人和医院的乳母检查费是六元一角,当中包括验乳汁、血液和体格检查等费用。见《乳佣缺乳讼案》,《申报》,1935年11月20日,版10。

康问题，部分乳母也涉及偷窃、欺诈、通奸、掳劫等罪案。[①]这类新闻均成为奶粉商批评乳母有害无益的真凭实据。

奶粉商抹黑乳母，旨在取而代之。基于母乳是最合适的婴儿食物，加上清末以来强调授乳是母亲的责任、良母的标准，代乳品商实难以在一时三刻取代母乳，于是从乳母入手，通过揭露乳母的种种弊端，劝导家长转用牛乳哺育。由是观之，民国时期奶粉商的目标不仅是辅助缺乳的母亲，更企图取代乳母。

从清末到抗战前，社会舆论要求妇女做贤妻良母，履行哺育责任更是良母的标准之一；然而，有妇女因为各种理由不能或抗拒乳儿，当中因仪容、体态或赶时髦而拒绝哺育者，往往受到舆论口诛笔伐，而且这种情况在1930年代愈见普遍。这群坚拒授乳的"现代母亲"正是代乳品的潜在顾客，如何既不违反母乳哺育，又能吸引不自乳母亲购买产品，是对代乳品商的一大挑战。

有奶粉商标榜为缺乳母亲分忧，奥斯得奶粉就是借着这种不安的情绪推销奶粉。该产品在1935年的广告描述身在外地的丈夫亚光，得知妻子爱珠无乳哺儿，于是致函安慰"乳汁短少，可不必虑"，反映缺乳确实对母亲构成一定的心理和精神压力。继而建议妻子购买奥斯得奶粉代替人乳，并指出其医生朋友也推荐该品牌奶粉："此奶粉内含滋养料丰富，极合婴儿

① 参见《乳佣缺乳讼案》，《申报》，1935年11月20日，版10；《郭宝树家劫案系乳娘起意》，《申报》，1936年8月27日，版13；《夫妇别居已数年，妇在外为乳佣》，《申报》，1936年3月26日，版12；《乳娘绑架小主案获犯供词一斑》，《申报》，1937年5月16日，版16。

体质，与人乳无异，能增进婴孩健康，并助长其发育"，以医学权威强化该品牌奶粉可替代母乳，值得信赖（图3–12）。

　　纵然奶粉商想尽办法开拓客源，却绝少明目张胆声称可代替母乳，反而是用上各种隐喻的方式，暗示牛乳哺育可保存母亲的美貌、身段和行动自由。综观抗战前上海的代乳品广告，鲜有如熊牌淡牛乳（Bernese Alps Milk Co.）公然强调，妇女的年轻美貌会因哺育而日形憔悴。[①]相反，大部分广告会通过文字或图像，暗示产品可为母亲卸下哺育之职。譬如，1928年的夏季，惠民奶粉创作了几阕"夏令儿童卫生歌"，其中一首开宗明义指"热天哺乳热难当，小儿不安哭不休"。大热天时抱儿授乳，不仅婴儿哭个不停，为母的也叫苦连天，但只要转用惠民奶粉，问题便可迎刃而解。[②]其实即使转用奶粉，也要把婴儿抱入怀中喂哺，分别在于紧抱婴儿喂哺的可以是佣人、姑嫂妯娌或丈夫。言下之意，母亲可以离开婴儿是牛乳哺育的一大卖点。

　　有奶粉广告以出门旅行作隐喻，暗示奶粉可提高母亲的自由度。克宁乳粉（Klim Milk）以出外旅游彰显奶粉的优点：

　　　出门远游，途中欲得清洁滋补之食物，时有不便，非携带

---

① 熊牌纯汁淡乳广告，《申报》，1928年9月21日，版11。

② 全首歌词如下："热天哺乳热难当，小儿不安哭不休。哺乳止哭非所宜，亲心焦虑可奈何。普通奶粉消化难，食之无益转添愁。惠民奶粉君速购，保汝育婴裨益多。"惠民奶粉广告，《申报》，1928年8月10日，版18。

图3-12　奥斯得奶粉广告

资料来源：《妇女旬刊》，19卷10号（1935年6月1日），无页码。

克宁乳粉不为功……携婴出门之时，尤不可不携克宁。[①]

试想象母亲上班或出门，同样"时有不便"，但只要用奶粉哺儿便可解决问题。由此可见，出门旅行是实况也是个比喻，暗示奶粉哺育可为母亲带来更大的空间、更多的自由，毋须时刻留在婴儿身旁，候命授乳。

外国奶粉的中文译名也可引发母亲无限遐想。Hazehood Milk Powder的中文译名是美女牌奶粉，不论意译或音译，Hazehood一词总不能与美女拉上关系，而产品的商标和包装设计，也找不到丝毫女性形象；然而，该品牌的报刊广告，尽是穿紧身旗袍、高跟鞋、烫头发的摩登女性（图3-13）。这种品牌名称与广告插图互相呼应的表达手法，暗示牛乳哺育是母亲保持美貌与身段的不二法门。

假如文字可引发消费者的想象空间，图像就能呈现选用牛乳哺育母亲的具体形象。战前中国的奶粉广告经常出现打扮时髦的摩登女性。且看1920年代两则分别来自宝华干牛奶和勒吐精代乳粉的广告，母亲的发饰均是束髻及前额刘海，这是民初妇女普遍的打扮，其中额前刘海不仅是清末民初女学堂师生规定的发饰，大都会的妇女更认为此发饰可增添几分妩媚（图3-9、图3-14）。[②]再观察她们的衣着，两位母亲也是穿着上衣下裙，图3-14更清楚显示，母亲上衣的手袖既阔且短。"袖不及腕，

① 克宁乳粉广告，《申报》，1931年5月20日，版7。
② 吴昊：《都会云裳》，页114—115。

图3-13　美女牌代乳粉广告

资料来源：《申报》，1937年2月28日，（本埠增刊）版1。

图3-14　勒吐精代乳粉中文广告（三）

资料来源：《申报》，1926年10月30日，版7。

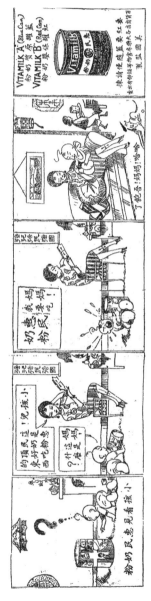

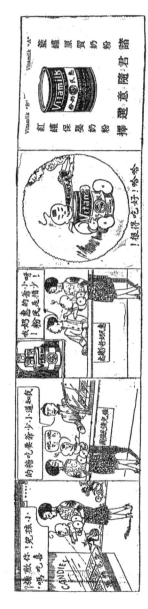

图3-15　惠民奶粉漫画系列广告

资料来源：《申报》，1927年10月2日，（本埠增刊）版6；1927年10月9日，版4；1927年10月16日，版6；1927年11月11日，版6。

胫肘并裸"，正是妇女解放下鼓吹的衣服变革，方便妇女日常活动和工作。[1]从这些广告图像可见，商户刻意营造选择牛乳哺育的母亲都是有学识、支持妇女解放而且紧贴潮流的新女性。

奶粉广告中母亲的衣着打扮反映商户刻意宣传奶粉育儿是"现代母亲"的选择。自1920年代末开始，奶粉广告中的母亲改为束短发，及至1930年代，她们更以一头短束的曲发示人。至于衣着方面，母亲的上衣下裙渐改为贴身的旗袍，而且多数是半袖甚至短袖，露出半条玉臂，展现出摩登女性的特质。[2]情况就如刚讨论过的美女牌奶粉广告（图3-13）。

除了衣着外观，奶粉广告也点出了有闲阶级妇女是其目标顾客。1927年惠民奶粉刊登了一辑共四个主题的故事式格格漫画广告，女主角也是个束短发、穿贴身半袖旗袍和高跟鞋的摩登妇女。她日常的工作是照顾儿子，其他家务则由佣人打点。留意广告如何描述她的日常生活，除爱打扮外，闲时她会阅读、带孩子上街闲逛或与朋友相聚（图3-15）。言下之意，广告的女主角不仅是个打扮入时的"现代母亲"，而且是个有学识、生活无忧的有闲阶级妇女。

从上述奶粉广告可见，奶粉商刻意吸引受新式教育的有闲阶级母亲。这批母亲既打扮入时，又关心儿女的健康，而且因

---

[1] 曾纪芬口述，瞿宣颖笔录：《崇德老人八十自订年谱》，页817；吴昊：《都会云裳》，页69。

[2] 爱兰百利代乳粉广告，《申报》，1929年2月28日，版20；爱果奶粉广告，《申报》，1929年11月30日，版18；好立克麦精牛乳粉广告，《申报》，1929年12月12日，版12；勒吐精代乳粉广告，《申报》，1931年3月19日，版14；克宁奶粉广告，《申报》，1931年4月29日，版11。

为受过新式教育，理应懂得自行思考对错、分辨好坏。她们部分也许有缺乳问题，但更多是身份模糊但形象鲜明的摩登女性。

值得留意的是，抗战前的奶粉广告找不到半点在职母亲的元素。纵有广告暗示牛乳哺育可带来出门的便利、行动的自由，但没有提到可帮助在职母亲解决哺育问题。换言之，尽管在职母亲对代乳品有一定的需求，但碍于清末以来，家政学书刊以至社会舆论，无不主张母亲自乳，加上1930年代中妇女回家浪潮席卷全国，奶粉商若光明正大宣传牛乳哺育可解放母职，好让她们投入工作，实属不智，甚至会惹来反效果。

总其言，民国时期奶粉广告下的母亲形象其实相当吊诡。一方面，她们既关心子女健康，部分更希望自行授乳，只是缺乏乳汁而已，反驳了有乳不哺等同坏母亲的说法。另一方面，奶粉广告暗示牛乳哺育可给予母亲更大的自由和活动空间，甚至可避免因哺育而断送身材、美貌，导致色衰爱弛的情况。因此，奶粉广告中的母亲形象大多数是打扮时髦，经常四出交际，但又毋须上班的摩登妇女。

随着1930年代中国经济情况恶化，奶粉销路也受到影响，以民族主义为口号的国货运动，成为华资奶粉的宣传绝招。十九世纪末，郑观应（1842—1921）提出商战的概念，借着发展中国商业，挽回利权及主权，国货运动就在这种背景之下产生。[①]国货运动的特色是，消费取决于货品的出产地而非品质、价钱或个人品味。民国初年，中国的奶粉市场由洋货垄断，直

① 有关近代中国的国货运动，见葛凯著，黄振萍译：《制造中国：消费文化与民族国家的创建》，北京：北京大学出版社，2007。

到1920年代末华商才加入竞争，在强弱悬殊的情况下，爱国用
国货成为华资奶粉商必然的推销策略。自称首个国产奶粉品牌
的惠民奶粉，以华洋之别强调国产奶粉才适合中国儿童食用，
皆因外国奶粉非由华人主理，既不知华童的需要，国人亦无
权过问。[1]该公司另一广告指出："为提倡华人商业计，当自
今日始应用，经名医证明最适合于中国人体质之经济的惠民奶
粉。"[2]不过，惠民奶粉并非真正的国产奶粉，而是从美国进口
奶粉，然后在中国包装入罐出售。[3]所以正确而言，惠民奶粉是
华人资本、美国制造、中国包装的产品，虽可列入国货一类，
但绝非国产。西湖炼乳公司亦以"纯粹国货"自居。[4]该公司在
1930年代初推出燕牌炼乳，[5]1935年更推出燕牌奶粉，以"国货

---

[1]　惠民奶粉广告，《申报》，1927 年 12 月 2 日，版 1。

[2]　惠民奶粉广告，《申报》，1930 年 5 月 14 日，版 1。

[3]　第 18047 号：惠民奶粉公司第四次调查，《上海商业储蓄银行牛奶奶粉调查资料》，第 2 册，上海市档案馆，全宗号：Q275-1-2007-2；惠民奶粉广告，《申报》，1930 年 12 月 20 日，版 1。

[4]　西湖炼乳公司的前身是杭州消毒牛奶公司，由浙江的萧家干于 1928 年创立。他毕业于上海震旦大学（复旦大学前身）商学院，曾任山东省银行青岛分行行长，以及浙江省立高级中学校的商科主任。该公司初时以生产鲜牛奶为主，主要供应杭州市民饮用，产品在 1929 年的西湖博览会荣获特等奖。公司其后扩充业务，牛奶生产日多，但供过于求，于是开始制造炼乳及白脱油（牛油），1931 年改组并易名为西湖炼乳公司。萧家干在 1932 年发明炼乳机，其后在 1935 年再研发出滚动真空并用的奶粉制造机，并向国民政府实业部申请十年专利。第 8763、9981 号：西湖炼乳公司，《上海商业储蓄银行调查研究类：牛奶奶粉调查资料》，第 2 册，上海市档案馆，全宗号：Q275-1-2007-2；《发明炼乳真空机》，《申报》，1932 年 1 月 24 日，版 15；《西湖博览会出品给奖一览》，页 1，载《中国早期博览会资料汇编》（七），北京：全国图书馆文献缩微复制中心，2003，页 623。

[5]　燕牌炼乳广告，《申报》，1934 年 11 月 22 日，版 7。

中之光荣出品"作卖点。①同年年底，该公司登报澄清，产品是纯粹国货，声言由于产品质量太好，被公众质疑是否国货。为此西湖炼乳公司特别悬赏五万元，给任何有证据指证该品牌奶粉是舶来品的人士。②笔者在《申报》暂且未有发现任何质疑燕牌奶粉的资料，但亦不排除真有其事。更重要的是，经此一役，燕牌奶粉的国货形象更鲜明、更深入民心。其后该公司的广告经常在当眼之处印有"完全国货"、"纯粹国货"等字眼，声言自燕牌炼乳及奶粉后面世，国人便可自食其力，不需再依赖进口的代乳品。③其实奶粉是否国产，也无阻华商高举国货口号作招徕，务求在芸芸舶来品中冲出重围。

　　以民族主义推销产品并非华资奶粉的专利，洋货也懂得利用这类口号，制作出极具创意的宣传广告。1926年5月30日，宝华干牛奶在《申报》刊登题为"毋忘五卅"的广告。所谓"毋忘五卅"，并不是指一年前在上海发生的五卅惨案，④而是指五

---

①　燕牌奶粉广告，《申报》，1935 年 10 月 6 日，版 11。

②　燕牌奶粉广告，《申报》，1935 年 12 月 11 日，版 10。

③　燕牌奶粉广告，《申报》，1936 年 1 月 27 日，版 20；1936 年 2 月 21 日，（本埠增刊）版 1。

④　1925 年 2 月，上海的日本棉纱厂工人为抗议日方开除及殴打工人，发动了罢工。5 月中旬，工人代表顾正红（1905—1925）被日方枪杀，学生举行追悼会，却遭到公共租界巡捕房逮捕。5 月 30 日下午，二千多名学生在租界进行讲演，声援罢工工人，并要求释放被捕的学生，英巡捕开枪镇压示威，造成数十人死伤，逮捕学生百余人，是为"五卅惨案"。事件发生后，上海全面罢市约三星期，罢工罢课长达三个月，行动更蔓延至汉口、广州、香港等地。有关五卅惨案，见钱智修编辑：《五卅事件临时增刊》，上海：商务印书馆，民 14（1925）；中国第二历史档案馆编：《五卅运动和省港罢工》，南京：江苏古籍出版社，1985。

月过后便逐渐踏入夏季，病菌滋生，容易生病，要有良好的抵抗力，必须从饮食入手。又，夏季不宜吃油腻食物，以免体内积聚火气。广告标榜宝华干牛奶是夏季滋养身体的最佳选择，不但含有生活素（维他命），而且用科学方法减轻油质，保存滋补物质，所以毋须仰赖橘子汁补充营养或消减火气，是最佳的婴儿哺育品（图3-16）。广告以"五卅"吸引读者的注意，但所指的并非五卅惨案，而是五月三十日，这种一词多义的手法，在惨案周年纪念日刊登确实相当瞩目。虽然宝华干牛奶是来自美国公司，无直接卷入五卅惨案，但洋货奶粉属"帝国主义经济侵略"，在这个敏感日子以此方式卖广告，不得不称许该公司的胆识。

面对国货运动浪潮，洋商无法正面反击，唯有以国货奶粉历史尚浅以及价格低廉为由，[①]影射产品质量差劣，借此淡化国货运动的影响。譬如，历史悠久的爱兰百利代乳粉，便呼吁消费者不要贪图小利，罔顾婴儿健康。[②]向为外国皇室所用的牛栏牌肥儿代乳粉则强调，婴儿哺乳期只有短短几个月，如要打好健康基础，勿贪廉宜。[③]奥斯得奶粉的广告，敬告母亲必须慎选奶粉：

---

① 由于资料所限，笔者只能用年份相近的价格资料作比较。洋货以勒吐精代乳粉为例，1933 年三磅装每罐的平均批发价是 5.88 上海规元。1936 年，国货惠民奶粉的售价为蓝罐大听每罐售 4.5 元，红罐大听每罐是 3.75 元，即洋货奶粉的批发价最少贵一元以上。《上海货价季刊》1933 年，载《早期上海经济文献汇编》第 28 册，北京：全国图书馆文献缩微复制中心，2005；第 13239 号；惠民奶粉公司第三次调查，《上海商业储蓄银行调查研究类：牛奶奶粉调查资料》，第 2 册，上海市档案馆，全宗号：Q275-1-2007。
② 爱兰百利代乳粉广告，《申报》，1936 年 10 月 30 日，版 14。
③ 牛栏牌肥儿代乳粉广告，《申报》，1937 年 1 月 16 日，（本埠增刊）版 2。

图3-16　宝华干牛奶广告（二）

资料来源：《申报》，1926年5月30日，版10。

　　为人妇者，不仅以能育子为尽责任，须知育而能养，斯能尽其母职。故为人母者，欲其子女之安全长大，必须慎选其食料。奥斯得奶粉内含营养素最为充足，为婴儿最宜之奶粉。购时务宜认清，勿为劣品所混。[①]

洋商以历史悠久，质量有保证作反击，影射国货奶粉品质差，假冒、掺杂又时有发生，即使售价低廉，但服用后对婴儿健康有害无益。

　　研究国货运动的葛凯（Karl Gerth）指出，1930年代尤其1933年的妇女国货年，主要规范女性的消费行为，因为女性不单是家庭中主要的消费者，更是孩子的榜样。国货运动鼓励妇女积极参与公共事务，商人、知识分子更借此介入女性的私领域和家庭生活，以收爱国动员之效。[②]国货奶粉商以爱国用国货、救国等话语，影响甚至规范母亲的消费意欲与决定，然而，爱国母亲用国货代乳品育成强健婴儿的说法其实相当矛盾。如要强国强儿，首在亲自授乳，母亲有乳不哺或因其他原因不能授乳，亦需选用国货代乳品，惟国货奶粉能否保障婴儿的健康成疑。洋商每以国货产品质量差劣、影响婴儿健康为由，劝阻母亲使用。母亲响应国货运动，或会损害婴儿健康，但购买洋货又会得来不爱国的污名。使用国货代乳品，只是把婴儿的健康，换取母亲爱国的美名以及华商的利润。

---

① 奥斯得奶粉广告，《申报》，1934年5月13日，版10。
② 葛凯著，黄振萍译：《制造中国》，第七章。

提倡国货重整了婴儿、牛乳和国族主义三者的关系。牛乳哺育的卖点之一是助长婴儿健康，牛乳亦被视为强国强儿的妙品。但在国货运动的影响下，选择牛乳哺育品的标准，由纯粹取决于营养成分、卫生标准和价格，变成是否中国制造。何况国货乳品的质量与舶来品有相当差别。使用国货代乳品或许会影响婴儿健康，但弃用国货又会被指不爱国。婴儿健康、代乳品质量以及国族主义三者的角力，令哺育婴儿渗入商业和政治计算，牛乳强儿的功效反而变得次要。

宣传活动

为了抢占代乳品市场，商户跳出了平面、单向的报章广告宣传，通过主办、赞助与婴儿健康相关的活动，直接向家长推销牛乳哺育，婴儿健康比赛便是一例。不论中外，婴儿健康比赛也是二十世纪才出现的新型活动。为减低婴儿夭折率及同化欧洲移民，美国在1910年代初便出现了婴儿健康比赛。[①]1910年

---

① 有关美国婴儿健康比赛的由来，参见 Alisa Klaus, *Every Child a Lion;* Annette K. Vance Dorey, *Better Baby Contests: The Scientific Quest for Perfect Childhood Health in the Early Twentieth Century* (Jefferson, North Carolina; London: McFarland & Company, Inc., Publishers, 1999); Lynne Elizabeth Curry, *Modern Mothers in Heartland: Gender, Health, and Progress in Illinois, 1900—1930* (Columbus. Ohio State University Press, 1999); Steven Selden, "Transforming Better Babies into Fitter Families: Archival Resources and the History of the American Eugenics Movement, 1908—1930," *Proceedings of the American Philosophical Society,* Vol. 149, No. 2(June 2005): 199-225。

代末，基督教女青年会把类似的比赛引入中国。[①]主办单位借比赛向家长尤其母亲推广科学育儿资讯，发展出比赛、教育与展览并重的模式。[②]

到1920年代，婴儿健康比赛渐渗入商业元素。1920年8月，大昌烟公司为其下的婴孩牌香烟举办群婴大会，选出共十二名优异的婴儿，奖品包括爱兰百利代乳粉、麦精饼、婴孩香皂等等，到场人士也可获赠爱兰百利公司出版的《育儿宝鉴》。[③]1924年杭州举行第五届保婴大会，英瑞炼乳公司送出德国制的儿童影戏器和藕粉作奖品，[④]而非该公司的招牌货品——飞鹰牌炼乳或勒吐精代乳粉。从上述报道可知，奶粉商已经意识到比赛的宣传效用，遂成就1926年由奶粉商主办的婴儿健康比赛。

宝华干牛奶举办的婴儿竞赛会，可谓中国史上首个全国性

① 基督教女青年会于1855年在英国伦敦创立，而中国的基督教女青年会是由美南长老会（Presbyterian Church in the United States）传教士 Mary Louisa Horton 于1890年在浙江杭州弘道女校发轫。自1908年起，该会先后在上海、广州、天津、成都、北京、南京、武汉、厦门、西安和香港等地设立市会。到1923年，基督教女青年会全国协会在杭州成立。有关中国基督教女青年会历史，参见 Elizabeth A. Littell-Lamb, "Going Public: The YWCA, 'New' Women, and Social Feminism in Republican China." Ph. D. Dissertation, Carnegie Mellon University, 2002。

② 有关近代中国婴儿健康比赛的由来与发展，见拙文：《科学、健康与母职：民国时期的儿童健康比赛（1919—1937）》，《华南师范大学学报（社会科学版）》，199期（2012年10月），页31—38。

③ 其他奖品包括金链、金锁片、雪花粉。《大昌烟公司举行群婴大会纪》，《申报》，1920年8月30日，版10。

④ 《杭州第五届保婴大会》，《民国日报》，1924年7月18日，版8。

的婴儿健康比赛。婴儿竞赛会的前身是苏州的婴儿检查活动。据悉苏州宫巷乐群社属下的婴儿卫生讲习社，每逢周三下午会举办卫生演讲，介绍婴儿卫生问题，并指导母亲育婴技巧，之后又有身体检查活动，凡被评为敏慧、活泼的婴儿，均给予奖品。[1]例如，1926年6月2日的群婴赛会，大会在卫生演说后，请来宓受华（宓爱华）、许珍珪、张卜熊等医生担任评判，宝华公司驻沪华人经理李元信则负责颁奖。[2]

"强民强国"是婴儿竞赛会的主题。宝华干牛奶强调，通过不断比拼，父母方知子女的弱点，加以改进。[3]不过，是次比赛只是选美游戏，与基督教女青年会的截然不同。比赛方法是，先由家长把未满两岁婴儿的照片寄到赛会，经大会分批在《良友》刊登，再由公众投票选出三甲。由于比赛是见相不见人，而照片又未必可如实反映婴儿的健康实况，加上每位投票者对婴儿健康的标准各有不同，所以有学者形容竞赛会只是对美国选美活动的回应。[4]

婴儿竞赛会创造了商业化婴儿健康比赛的先河，为品牌制造话题，以及使比赛转化成推销的平台。这个中国历史上首次

---

[1] 晓：《群婴赛会说姑苏》，《申报》，1926年6月9日，版15；《苏州之婴儿比赛会》，《良友》，6期（1926年7月15日），页24。

[2] 首两名优胜者均可获赠大号银制玩具一件，其余的小奖是小号银制玩具。晓：《群婴赛会说姑苏》，《申报》，1926年6月9日，版15。

[3] 《看〈良友〉有四百元大奖的希望：婴儿竞赛会》，《良友》，8期（1926年9月15日），页8。

[4] Lee, *Shanghai Modern*, p. 71.

全国性的婴儿健康比赛，仅凭照片判断婴儿的健康状况。1920
年代，代乳品广告中间会刊登婴儿照片，让消费者亲眼目睹产
品的功效，但毕竟数目有限，更绝少大量刊载。宝华干牛奶在
比赛期间（1926年8月15日至1927年3月15日）共发放四百张婴
儿照片，在旁还不时刊登该公司的广告，既可吸引读者特别是
家长的注意，又能营造出吃宝华干牛奶可育成健康肥硕婴儿的
效果，强化产品的健康和强国强种形象，增加消费者对品牌的
信心（图3-17）。

　　比赛结合了现代传播媒体的优点，达至全国参与的效果。
借着《申报》和《良友》等印刷媒体的流通，①让全国的读者
得知比赛事宜，虽不及今日互联网无远弗届，但在二十世纪

---

① 《申报》由英商美查（Ernest Major）于1872年4月30日在上海创刊，到
　1909年，史量才（1879—1934）购入该报。《申报》直至1949年上海解放
　才停刊，共七十八年历史，是清末民国最具影响力的报章之一。作为一份商
　业的报刊，广告是《申报》的主要收入来源。《良友》是中国第一本大型图
　片集，刊行于1926年2月至1945年10月。历任主编包括伍联德（1900—
　1972）、周瘦鹃（1895—1968）、梁得所（1905—1938）、马国亮（1908—
　2002）、张沅桓。《良友》以八开本印刷，主要针对年轻人市场，以城市气象
　和生活为杂志的主线，内容除政治、国内外时事，还有经济、社会、生活、
　艺术文化、科学知识、电影、体育、家庭、妇女等题材。有关《申报》的
　研究，见 Barbara Milter, *A Newspaper for China? Power, Identity and Changes
　in Shanghai's News Media* (Cambridge, Mass.: Harvard University Asia Center,
　2004)；王儒年：《欲望的想像：1920—1930年代《申报》广告的文化史研究》
　（上海：上海人民出版社，2007）。《良友》研究，见马国亮：《良友旧忆：
　一家画报与一个时代》（北京：生活·读书·新知三联书店，2002）；Wong
　Yeuk Mui, "Wide-angle Lens and Kaleidoscope: A Case Study of *'The Young
　Companion Pictorial Magazine' (1926—1945),"* Ph. D. Dissertation, The Chinese
　University of Hong Kong, 2007.

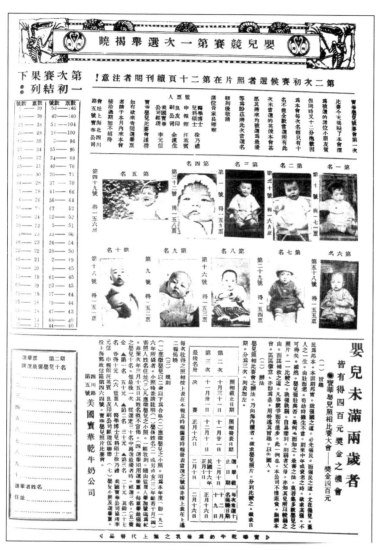

图3-17　宝华干牛奶婴儿竞赛会消息

资料来源：《良友》，10期（1926年11月15日），页2。

初，报章的流通可营造"共时"感，让全国各地民众一同经历相同的事件。何况《申报》及《良友》销售网庞大，当中《良友》更跳至境外，在香港、新加坡也有分销处，令上海举行的比赛也可吸引全国以至东南亚读者的注意和参与。其次，赛会活用照片和邮递，免除各地参赛者长途跋涉亲临上海，理论上可让全国的婴儿参加比赛，再通过报纸杂志刊登照片，让公众投票选出健康婴儿。大会公布的最后四十强当中，虽然大部分来自上海（共27位，包括三甲人选），[①]但也有住在青岛（共两人）、汉口、无锡、香港、合肥、苏州、北京、天津、云南、杭州、长沙和扬州的婴儿参加。大江南北的婴儿均可参加比赛，印证报刊杂志的流通有助产品宣传，令宝华干牛奶的影响力跨越上海等沿海大城市。

自从宝华干牛奶举办婴儿健康比赛后，各大奶粉商也争相仿效。例如，勒吐精代乳粉就在福建莆田圣路加医院举办婴儿健康比赛；[②]标榜英国皇室选用的牛栏牌肥儿代乳粉，也在1936年举办类似的婴儿照片大赛。[③]其他婴儿食品或儿童用品也纷纷举办类似的比赛。[④]婴儿健康比赛日趋普遍，证明这类比赛确实

① 是次比赛的三甲分别是16个月的顾若冰（得票355张）、两岁的马小珠（348张），以及16个月的林洁常（322张）。
② 勒吐精代乳粉：《育婴指南》（企公牛奶公司，出版地及年份缺）。
③ 《婴儿照片竞赛》，《快乐家庭》，1卷3期（1936年5月），页72。
④ 例如，1936年宏兴大药房为旗下的鹪鸽菜举办全国儿童健康照片比赛，并声称接获超过十万张照片。至于当时中国最具影响力的出版社商务印书馆，也在1934年举办儿童体力竞赛。《鹪鸽菜全国儿童健康照片比赛入选者》，《良友》，114号（1936年2月），页11；《商务印书馆主办儿童体力赛结果》，《申报》，1934年4月21日，版16。

可吸引公众的注意，令品牌成为全城热话，创造商机。

　　除自行举办活动，奶粉商又会积极参与其他以婴儿或儿童健康为主题的活动，借此向家长宣传产品。1920年代末各地陆续举办大型婴儿或儿童健康大会，不少乳品商获邀参与或赞助活动，有奶粉商更派出医护人员到场提供咨询服务，乘机宣传产品。例如，由美国长老会成立的上海普益社，在1928年举办婴儿卫生运动大会，惠民奶粉和勒吐精代乳粉均派出女护士到场。南京掌管全国儿童事务的中华慈幼协会，[①]自1929年起举办了多次婴儿健康比赛或卫生大会，代乳品商也会派护士到场介绍产品。代乳品商又不时派专人到销售处或百货公司，向消费者推销牛乳哺育品。[②]

---

① 中华慈幼协济会（后改名"中华慈幼协会"）在1928年4月4日成立，由孔祥熙（1880—1967）、高凤池（1864—1950）、邝富灼（1896—1931）、郭秉文夫人联合发起，孔氏同时出任该会会长。除郭秉文夫人的生平不详外，孔、高、邝三人同样是基督教徒和曾入读教会学校，其中孔祥熙及邝富灼更留学美国。该会虽然是非官方组织，却由国民政府授权策划及统筹全国的儿童福利工作，而且自1935年起，国民政府行政院决议每年拨款八万元资助该协会。从成立到抗战不到十年间，中华慈幼协会策划多项儿童工作，首先是举办慈幼运动大会、卫生大会，又出版杂志《慈幼月刊》和《现代父母》。该会更设立儿童诊所，举行公众展览，救济灾童、难童、浪童及雏妓，开办托儿所、教养院、小学，设立慈幼实验区等。至于全国性儿童工作，则包括向国民政府呈请订立中国的儿童节、儿童年和童工法例等，带动民国时期重视儿童的风气。参见许建屏：《中华慈幼协会一览》，上海：中华慈幼协济会，1934；黄莉莉：《中华慈幼协会研究（1928—1938）》，华中师范大学硕士论文，2008。

② 参见徐明杰：《婴儿卫生运动大会珍闻》，《申报》，1928年6月19日，版19；《同兴号陈列克宁牛奶粉》，《申报》，1924年9月30日，（本埠增刊）版1；杜也牧：《新新公司主办育儿用品世界巡礼》，《家庭星期》，2卷29期（1937年7月4日），页454。

除却筹办大型活动，奶粉商也有针对个人的育婴支援服务，地点由公众地方转为潜在顾客的居所。1922年底，英瑞炼乳公司为旗下的勒吐精代乳粉和雀巢牌牛奶粉率先提供医学指导。且看当时的新闻报道：

现该公司为谋用户便利起见，特聘请中西女医生各一，中医为王程志贤女士，系石美玉女医士之门生，如用户中有觉婴孩用代乳粉有疑问时，则可使女医士赴用户家，讲解代乳粉之用法，或诊治之，不另取费云。[①]

英瑞炼乳公司请来的医护人员并非寂寂无名之辈，而是石美玉（1873—1954）医生的学生。石美玉是中国首批出洋留学女生，就读于美国密歇根大学医学院，1896年回到家乡江西九江，为美以美会传教之余，也在当地创办但福德医院。[②]英瑞炼乳公司特设中西医医生，既可让不谙西医的家长有多一种选择，同时可借此表明传统中医也认同西方的牛乳哺育法。

1924年，勒吐精代乳粉开创女护士上门提供育婴指导服务之先河。该品牌奶粉在《申报》的广告注明：

义务

敝公司聘有著名中西护士数位，对于喂养婴孩之事极有心得。各界如需指导，请咨照敝公司，即命其到　府详告，概不受酬。如系远道，当专函详覆。[①]

有别于母公司英瑞炼乳公司的做法，勒吐精代乳粉派遣女护士而不是医生，她们的专长是"喂养婴孩之事"，说白了即奶粉哺育。女护士只会造访上海的家庭，沪上以外地区则以书面回复。值得留意的是，奶粉公司称这种服务是"义务"，免费之余更带出奶粉商有责任协助母亲解决育婴问题。这种语调给予母亲贴心的感觉、无限的支持，让她们知道在育儿路上并非孤单一人，还有其他人愿意提供协助。对缺乏女性亲属支援下的城市小家庭母亲来说，这种精神上的支持，比起实际的帮助更为重要。

眼见劲敌使出奇招吸引顾客，宝华干牛奶在1926年也推出类似的育婴支援服务如下：

优待

本公司鉴于沪上雇用奶妈，每感困难而多危险，是以特请女护士，均系已受专门训练者，对于育婴事宜，哺乳方法，十分精擅，确能获得无上安全。

凡本埠阅报诸君，对于乳哺发生困难者，请迳函本公司，并开示详细地点，本公司所有之女护士，当即趋前，使君满意且可以保证而并不取费也。

---

① 勒吐精代乳粉广告，《申报》，1926年8月21日，版11。

外埠诸君，如以育婴事宜见询者，当即详细奉告，并不取费。[1]

请留意宝华干牛奶服务的定位：奶粉商强调雇乳问题多多，安全成疑，最好转用牛乳哺儿。然而，奶粉只可代替乳母作为供乳者的角色，还有许多大大小小的育婴问题需要母亲面对。同样是劝吁母亲使用奶粉哺儿，但宝华干牛奶的育婴服务明显是冲着乳母而来。

除却上述两个奶粉品牌，陆续有华资及外资代乳品商以育婴支援作招徕。例如，在1930年代，纳他乐奶粉在广告中列明，有兴趣者可去信上海德商汇康洋行，公司定当即派女护士前往府上提供免费指导。[2]而且不限于奶粉商，鲜牛奶棚也提供类此的服务。自由农场把育婴支援服务转化为健康检查，只要是该公司儿童饮奶会的会员，自由农场的护士便会每月登门造访，为儿童检查身体，更会安排医生作年度健康检查。[3]相比育婴支援服务，自由农场的做法更加高明，以免费医疗服务作为牛乳哺育的后盾，强调牛乳哺育没有问题，即使出现事故也有专门的医护人员跟进，既可释除家长对牛乳哺育有损健康的疑虑，又可吸引更多人加入儿童饮奶会。

不论是驻场讲解还是上门家访，这类育婴支援服务绝大多

---

① 宝华干牛奶广告，《申报》1926年9月26日，版18。
② 纳他乐奶粉广告，《申报》，1932年4月3日，版9；1932年4月10日，版8。
③ 自由农场广告，《家庭星期》，1卷1期（1935年11月24日），无页码。

数是由女护士负责。她们到底是何许人也？工作性质为何？自称奶粉公司推销员的G女士，曾出席由《妇女生活》举办的座谈会，分享职业妇女的工作心得和困难。声称受过专业护理训练的G女士，原本在医院工作，因管理和人事等问题，离开原来的工作岗位来到上海。她对奶粉公司的工作有以下描述：

> 名义上是担任卫生组的护士，实际上却是一个推销员，就是经医生的介绍，到有小孩的人家，去劝诱并指导人们用奶粉育婴。[①]

假如G女士所言属实，奶粉商明显是借助护理专业，提高奶粉的形象和认受性，令消费者产生奶粉哺育卫生、安全可靠的感觉。再细看G女士的日常工作：

> 我的工作时间，上午九至十二，下午二至五……
> 我每天要跑六七家人家，并要到公司作一次报告……
> 我每天在外有两件事要做，一是拜访医生，请他们帮我介绍有婴孩的人家，二是到这些人家去宣传。[②]

拜访医生介绍新生婴儿的家庭，然后登门造访，劝诱及指导母亲以奶粉哺儿，就是奶粉公司女护士的日常工作，也是奶粉商

① 茜记：《活跃在实业界上的女战士》，《妇女生活》，1卷2期（1935年8月1日），页133。
② 同上。

所谓育婴支援服务的真面目。除却请医生提供新生婴儿资料，奶粉商也会向政府有关部门索取资料。1936年，英瑞炼乳公司曾去信工部局卫生处处长，请求索取在租界内出生并已向政府登记的婴儿的资料，工部局最后以"不切实际"为由拒绝。[①]再结合G女士的自述，可推断英瑞炼乳公司欲取得新生婴儿的资料，然后派护士上门推销奶粉。同样道理，1920、1930年代奶粉商经常在报刊广告印上赠券，欢迎家长来信索取样品试饮，表面上是以赠饮作招徕，实际是收集婴儿的资料，方便日后派员上门跟进及推销（图3-5、图3-6）。

如果婴儿本来就是吃奶粉的，家人也会欢迎这些奶粉公司的女护士家访。女护士亦会为长得健康的婴儿拍照，交回公司。[②]由此说明为何民国时期的奶粉广告以及奶粉商出版的育婴指南，总有刊之不尽的婴儿照片。[③]不过，当G女士到访聘用雇

---

① Letter from the Nestle & Anglo-Swiss Condensed Milk Co. to the Public Health Dept., Vital Statistics Division, The Shanghai Municipal Council dated February 3, 1936,《儿童福利会的儿童福利及召开健康婴儿比赛会等事由（1934—39年）》，上海市档案馆，全宗号：U1-16-996，页3；Letter from the Commissioner of Public Health to the Manager of Nestle & Anglo-Swiss Condensed Milk Co. dated February 14, 1936,《儿童福利会的儿童福利及召开健康婴儿比赛会等事由（1934—39年）》，上海市档案馆，全宗号：U1-16-996，页4。

② 茜记：《活跃在实业界上的女战士》，页133。

③ 以勒吐精代乳粉为例，经常在《申报》及自行出版的《育婴指南》，刊登声称服用该品牌奶粉的婴儿的照片。惠民奶粉也喜用同样的广告宣传策略。勒吐精代乳粉广告，参见《申报》，1924年8月12日，版19；1924年12月21日，（本埠增刊）版4；1933年3月25日，版11；勒吐精代乳粉：《育婴指南》，英瑞炼乳公司，出版地及年份缺。惠民奶粉广告，参见《申报》，1928年11月17日，版13；1929年1月5日，版8。

乳的家庭，却受到不礼貌的对待。乳母老远见到她便会赶快挡着门，回复东家不在，企图阻止双方接触，以免失掉工作。[①]

奶粉商的医护人员上门提供一对一、度身订造的推销策略是否奏效？虽然笔者没有相关的数据，但以下的勒吐精代乳粉广告说明，部分女护士不辱使命，成功游说母亲转用牛乳哺育。1928年4月，勒吐精代乳粉的广告指出，上海北站邮局局长童文藻去信英瑞炼乳公司，信中提到童妻因忽患奶疖，不能哺乳，幸得英瑞炼乳公司刘女士介绍并相赠勒吐精代乳粉，其妻依法调制奶粉哺婴，婴儿现已七月，精神活泼，体重增加，并附上儿子的照片一张作证。广告注明，有兴趣或怀疑者，可向英瑞炼乳公司索取来函及婴儿照片的真本。[②]虽然这是广告宣传，但扬言有信件和照片为证，欢迎索取原件查阅，相信广告内容也有一定的可信性。广告中的刘女士，是该公司的推销员刘志芳。我们无法得知是童妻先去信寻求育婴支援，还是刘女士取得婴儿资料后不请自来，反正刘女士最终完成任务，也显示这种向家长尤其母亲直接推销的手法有一定效用。

类似的成功个案，在奶粉商出版的刊物上屡见不鲜。勒吐精代乳粉的《育婴指南》就刊载了不少女护士协助的个案。居于哈尔滨的张仲莘，在1931年3月20日去信英瑞炼乳公司，赞扬该公司驻哈尔滨的看护妇（女护士）"对于养育儿童之法，甚有经验，时常到寓加以指导，尤为难得"。他的儿子乔治经

① 茜记：《活跃在实业界上的女战士》，页133。
② 勒吐精代乳粉广告，《申报》1928年4月3日，版12。

饮用勒吐精代乳粉和接受育儿指导后，体重渐增，身体愈加强健，面色红润。[①]另有住在上海法租界白尔部路（今天上海的重庆中路）的童爱娟女士，由于乳水不足，未能令儿子饱食，遂改用奶粉哺育，但其他牌子奶粉令儿童身体形萎不振。经友人介绍下，向勒吐精代乳粉索取样品试用，并获派陆女士（陆霞君）从旁详细指导。经过一段时日，岁半的儿子变得"筋骨强壮，不类病夫之效果"，因此致函称许奶粉的功效之余，也"深感陆女士指导之周"。[②]

这种以支援母亲育儿为名、推销奶粉为实的营销手法，到上世纪后半期仍然流行。1960、1970年代的东南亚和非洲地区，奶粉公司聘请的护士，长期驻扎在妇产科医院及诊所，美其名为母亲解答育儿问题，实则向她们推销奶粉。[③]由此印证了医学权威是奶粉商推广牛乳哺育的重要依凭。奶粉商聘请医护人员向母亲提供育婴支援服务，是要借助他们的专业改善奶粉的形象，使家长相信奶粉哺育安全可靠、有益健康，甚至认为医护人员也赞同使用牛乳哺育。

更重要的是，育婴支援服务的出现，揭示了民国时期上海等大城市家庭制度的转变。清末士大夫已倡议革新中国的家庭制度。康有为在《大同书》提到，家是自私的源头，各家只教养自己的儿子，而不理会他人的孩子，有碍天下太平、世界大

---

① 勒吐精代乳粉：《育婴指南》，英瑞炼乳公司，出版地及年份缺，无页码。
② 勒吐精代乳粉：《育婴指南》，英瑞炼乳公司，出版地及年份缺，无页码。
③ 恩迪·切特利著，周兆祥译：《奶粉丑闻》，香港：山边社，1983。

同，于是提出"去家界为天民"，建议废除家庭制度，改由政府设立各种公共机构，照顾个人的生老病死。[①]

五四时期，家庭制度在学界遭受猛烈抨击。以"只手打倒孔家店"闻名的吴虞（1872—1949），在《新青年》发表文章，抨击中国的家庭伦理与皇朝国家制度环环相扣，令中国在法律上不能与西方现代国家看齐。[②]当时就读于北京大学的易家钺（1898—1972）和罗敦伟（1897—1964）成立了家庭研究会，埋首钻研中国的家庭问题，批评中国家庭有三大陋弊：同居、共产、祭先（祭祖）。此三大特点令家中长辈得以掌控权力，压制子孙，于是中国社会只知有家而不知有国，假如没有家庭，中国人就像一盘散沙。[③]

民国初年知识分子与年轻人对中国家庭制度确实诸多不满，但他们到底是反对大家庭模式、反父权还是旨在争取个人自由？学者葛素珊认为，追求婚姻自由、反对大家庭制度只是把家庭革命浪漫化，这场运动的本质涉及社会和经济问题，年轻人反对传统家庭结构和权威，目的是从长辈手中重夺经济利益与控制权。[④]不论是经济原因、反权威主义还是争取婚姻自由，小家庭陆续在沿海城市出现。

―――――――――――――

[①]　这些机构包括人本院、育婴院、小学院、中学院、大学院、恤贫院、医疾院、养老院、考终院。康有为：《大同书》，己部，上海：中华书局，1935。

[②]　吴虞：《家族制度为专制主义根源论》，《新青年》，2卷6号（1917年2月1日），页1—4。

[③]　易家钺、罗敦伟：《中国家庭问题》，上海：泰东图书局，民11（1922），页1—4。

[④]　Glosser, *Chinese Visions of Family and State,* p.27.

对新任母亲而言，小家庭制度打断了姑嫂妯娌的育儿支援网络。尽管传统中国的家庭和宗族不一定能做到同居共财合爨，但有血缘关系的家庭或宗族成员倾向一起聚居，互相照应。每逢大时大节，固然会聚首一堂，遇有事故，亲属间也可互相帮忙。女性亲属的育婴支援网络并非只限于乡村宗族社会，城市的扩张家庭也可找到类似的育儿后盾。笔名苏青的女作家冯和仪（1914—1982），[①]在1934年结婚，并先后诞下四女一男。婚后她与翁姑同住，所以在她生产首个女儿时，家姑便可从旁协助。冯和仪在自传体小说《结婚十年》中忆述，产房外的家姑遥控房内的老工人黄大妈，协助她为女儿"开口"，吸吮第一口奶。[②]即使身处产房之外，冯和仪的家姑仍可传授哺

---

① 冯和仪，字允庄，1914 年生于浙江宁波鄞县山乡的农家，父亲是美国哥伦比亚大学的留学生，母亲在女子师范学习。由于冯氏出生时父母尚在求学阶段，她自小由外婆抚养，1921 年才跟随父母到上海生活。但好景不长，冯和仪父亲任职的银行倒闭，不久更病逝，母女三人之后返回外婆家生活。冯氏先后在上海的弄堂小学、鄞县的县立女子师范学校和县立女子中学，以及南京国立中央大学外文系就读。1934 年她与李钦后结婚，不久更怀有身孕，被逼退学，并于同年 9 月 17 日诞下长女。当上母亲后，冯和仪开始埋首写作，作品先后在《论语》、《宇宙风》、《古今》等杂志发表。1937 年，她在《宇宙风》发表《算学》，首次用上"苏青"的笔名。1940 年代，冯和仪的《结婚十年》、《浣锦集》的销量及受欢迎程度，比张爱玲的《传奇》、《流言》有过之而无不及，她俩亦成为了惺惺相惜的文坛女作家。王一心：《苏青传》，上海：学林出版社，1999。

② 《结婚十年》自 1943 年 4 月起在《风雨谈》杂志刊载，1944 年，天地出版社以小说出版单行本。所谓自传体小说，即以作者的生平经历作为故事的蓝本。《结婚十年》中的女主角怀青，便是冯和仪的化身，她的丈夫李钦后则化名"贤"，至于长女的名字就沿用她的乳名"薇薇"。苏青：《结婚十年》，桂林：漓江出版社，1987，页 46。

育方法。由此可见，在城市的扩张或主干家庭，女性亲属支援
网络仍可发挥功效。

　　但当小家庭制度在城市蔚成风气，女性亲属的影响力日渐
褪色，令新任母亲愈来愈倚重乳母和佣人。《妇女杂志》读者
谢宏徒曾在杂志分享他初为人父的感受，这位接受新式教育的
父亲，开宗明义说"小家庭没有一个年老的人足以托靠"，惟
有自行从书本学习有关妊娠的知识，然后不厌其烦地逐一告诉
妻子；待妻子临盆在即，再通知岳母。[①]小家庭没有父母依靠，
谢氏夫妇惟有靠书本摸索，完成生儿育女的创举。

　　如要得到家人的协助，小家庭夫妇须把老父母请来城市帮
忙，也可选择回老家生产。从事教育工作的绿萍就选择回娘家
南昌生产：[②]

　　　　岐又来信说：下年他要我放弃此地职务携带真儿回到上海
　　去住，我以为这样小的婴儿，由我一个没有经验的母亲，在外
　　抚育，诸感困难，所以今年春间，我毅然决然地把上海的职务
　　辞去，回到此间，原是为了在家生产，各事有人照顾。[③]

绿萍是个没有生育经验的妇女，只能靠产科和育儿书刊获取相

①　谢宏徒：《随笔·作了父亲》（四），《妇女杂志》，17 卷 1 号（1931 年 1 月 1
　　日），页 44—48。
②　有关绿萍的哺育经验将于第四章详细讨论。
③　绿萍：《母亲日记》，上海：上海女子书店，1935，页 29。

关资讯，所以她决定回到南昌的老家找母亲和嫂子帮忙，至少"各事有人照顾"。她在日记里也记载，母亲特地吩咐大嫂为其女儿长真洗澡过端阳节。[1]到绿萍的幼女长颐出生后，因为她要回到工作岗位，加上聘请乳母时屡次碰壁，害了女婴的健康，外祖母与舅母（绿萍的母亲和嫂子）也不放心，于是把女婴留在娘家多加照顾。[2]绿萍的经验说明，小家庭尤其首次生产的妇女其实相当无助。像绿萍这般丈夫既不在家，[3]而自己母亲尚在又有嫂子帮忙的妇女，可选择回老家生产，让有经验的女性亲属帮忙照料初生婴儿。绿萍的故事也说明，女性亲属支援网络不限于夫家的姑嫂妯娌，也包括娘家的母亲和嫂嫂。

　　奶粉商的育婴支援服务正好切合这类缺乏亲属帮忙的小家庭母亲的需要。正如绿萍的例子，城市小家庭的母亲其实可选择回到夫家或娘家生产，或把这些女性亲属接到城市暂住帮忙，但两种做法也有一定的难处，除却考虑家人的意愿，也视乎两口子是否愿意小家庭被"外人入侵"。奶粉商的育婴支援服务正好为城市小家庭母亲提供多一种选择。这类服务虽以育婴为名，诱导母亲使用牛乳哺育为实，但却为彷徨无助的母亲提供了专业育儿资讯，如居住在上海，更有护士登门造访。奶粉商提供的资讯和支援，揭示了城市地区家庭制度的转变对婴

① 绿萍：《母亲日记》，上海：上海女子书店，1935，页 20。
② 同上，页 65。
③ 绿萍首次生产时，她的丈夫不在身边，到女儿出生后，其夫才由浙江的老家回到上海。绿萍：《母亲日记》，页 14。

儿哺育方式所造成的影响。

1920年代标志着中国婴儿哺育踏入奶粉时代。对选用牛乳哺育的母亲而言，有多一种哺育的选择；但对于炼乳、小儿粉、鲜牛乳等商户而言，奶粉的出现意味着市场竞争愈趋激烈。相对于炼乳和鲜牛乳，奶粉被指更适合婴儿哺育，在卫生和营养方面又较前两者优胜，而且乳球体既细且软，较鲜牛奶容易消化，逐渐改变牛乳哺育不卫生、难消化等负面形象。加上商户层出不穷的宣传技巧，使奶粉甫进入中国市场，已打垮了小儿粉，继而剑指雇乳哺育，利用广告批评乳母不卫生、不可靠、有损婴儿健康，同时又通过育婴指导或支援服务，劝诱母亲以奶粉代替乳母。尽管到抗战前，牛乳哺育仍未能淘汰乳母，更莫说取代母乳哺育，但奶粉商的宣传攻势，已奠定了牛乳哺育科学、卫生的形象，造就民国时期母乳、雇乳和牛乳哺育并存的现象。

民国时期代乳品市场的竞争也显露出华人掮客或代理人的重要性。高家龙表示，不论是西方由上而下的同质化宣传，令洋货打入中国市场，还是华商由下而上的本地化广告策略，把货品推向世界，都需要掮客或代理人从中周旋、协调，[1]李元信正是担当此重要角色的例证。作为美国宝华药厂的华人经理，李氏把该品牌奶粉带到中国，再配合当时中国强国强种的诉求，举办婴儿竞赛会，既宣传奶粉的功效，又能为品牌制造

[1]　Sherwan Cochran, *Chinese Medicine Men: Consumer Culture in Chine and Southeasf Asia* (Caubridge, Mass.: Harvard University Press, 2006), chapter 3.

全城热话，收宣传之效。加上李氏在中国的社交网络，瞬间令这个洋货品牌人所共知。到1927年李元信自组公司生产国货奶粉，利用当时流行的国族主义，打造产品救国、对抗洋货的鲜明形象，力求在洋货林立的奶粉市场冲出重围。由此可见，像李元信这类贯通中西文化的掮客，是推进时人接受西方物质文化以至现代性的重要人物。

商户以西方科学知识营造牛乳哺育安全、有益健康的形象。而为了加强牛乳哺育是西化、"现代母亲"的习惯，商户甚少糅合东西方医药概念，阐述牛乳哺育的功效。不过，消费者的想法并非如此。下一节将会从用家的角度，分析时人如何理解和诠释牛乳的功效，他们又怎样应用牛乳哺育。

第三节　诠释与应用

1936年的《女子月刊》提到，时人认为牛乳等同人乳，又可补身，吃牛乳的婴儿更像牛只般又快又高长大。[1]为什么时人相信牛乳哺育有益健康？代乳品商利用科学、营养、卫生等流行话语宣传产品，是否意味消费者也认同这套理念？有指牛乳价格昂贵，所以吃牛乳的都是富裕家庭的婴儿。[2]到底此话是否属实？以下将会以个案形式，讨论牛乳哺育的诠释与应用。

传统中医指牛乳有进补的疗效。李时珍在《本草纲目》提到，牛乳"补虚羸"、"养心肺"，[3]所以老幼病弱皆可饮用牛乳补身。自幼体弱多病的吴宓（1894—1978），七岁开始喝牛乳补身。[4]壮年的上海畜植牛奶公司东主马应彪，以及生生牧场创办人沈九成（1884—1963），均声称以牛乳治病。牛乳可补身和治病的观念，乃时人混合既有的中医概念和西方医学知识

---

[1]　谢天民：《为什么要自己哺乳？》，页73。

[2]　周春燕：《乳哺与瓶哺》，页45。

[3]　李时珍：《本草纲目》卷50下，《兽之一畜类二十四种》，页5。

[4]　吴宓：《吴宓自编年谱》，北京：生活·读书·新知三联书店，1995，页42。

的结果。

1913年，仍在家乡成都生活的吴虞（1872—1949）已开始饮用牛乳。他与妻子经常订购鲜牛乳饮用；1919年，其妾诞下女儿吴樱，他也会购买鲜牛乳喂哺初生的女儿。吴虞甚至成为了友侪间牛乳哺育知识的来源。虽然吴虞把女儿送到教会学校读书，又悔恨成都没有西医院救助病逝的儿子阿迁，但终其一生吴虞却未接受过西医诊治。故此，与其说吴虞信任西方科学而喝牛奶及奉行牛乳哺育，[①]倒不如说他特别注重身体健康，但凡有益的东西他也乐于尝试。

生于民国元年的作家端木蕻良（1912—1996），由于年幼时家中遭逢土匪劫掠，其母受惊因而缺乳，遂改用老鹰牌炼乳喂哺。所以，端木的母亲认为他从小身上便有火气。[②]端木蕻良母亲是以传统中医学概念诠释牛乳的特性。《本草纲目》指牛乳性质"微寒"，[③]本书第一章已经讨论过。至于火气即南方人俗称的热气。传统医学认为，食物分为四性五味，使用不同的烹调、储存方法，或配搭不同用料，均可改变食物本身的属性。譬如，炖、烤、烩、炸、烧、煨等方法，可使凉性食物变得温热，减低寒气。[④]所以，经长时间蒸煮的炼乳被指火气重，

---

① 冉云飞：《吴虞和他生活的民国时代》，济南：山东人民出版社，2009，页67—70。

② 端木蕻良：《忆妈妈片断》，载李渔村、彭国梁编：《中国文化名人忆母亲》，长沙：湖南文艺出版社，1995，页711—713。

③ 李时珍：《本草纲目》卷50下，《兽之一畜类二十四种》，页5。

④ 徐文苑：《中国饮食文化概论》，北京：清华大学出版社、北京交通大学出版社，2005，页90。

婴儿不宜多吃。[①]从端木蕻良母亲对牛乳的理解可见，二十世纪初当西方科学或医学理论尚未普及之际，时人会利用他们耳熟能详的传统医学观念，理解陌生的舶来代乳品，遂出现炼乳有火气等说法。

并非只有乡间妇女或市井之徒才会以中国传统观念诠释舶来的牛乳哺育品，接受新式教育者也不例外。妇女界翘楚刘王立明（1896—1970）曾记载，[②]一个尚未落脐带的初生女婴，被送到她创办的中国妇女节制协会附设的慈善机关，由于乳母难觅，于是把勒叶精代乳粉，混合从药店买回来的金银花水汁，喂哺婴儿。女婴的身体及智力日渐发达，而且“比普通的婴孩还要强健可爱”。[③]虽然刘王立明没有提到为何以金银花汁冲调奶粉，但估计与奶粉火气重有关。《本草纲目》列明金银花可

---

① 邢大安：《常识：饮食物（四）》，《晨报副镌》，76号（1927年5月8日），页7；《乳汁减少是否为了受孕？》，《玲珑》，6卷16期／234号（1936年4月29日），页1207—1208。

② 刘王立明是安徽太湖人，先后入读福音小学、九江儒励书院，1916年考取留美奖学金，入读美国西北大学生物系。毕业后回国从事妇女运动，领导中华妇女节制协会，推动妇女职业教育，又办《节制》月刊。她先后在上海、香港、重庆、成都、广元等地创办妇女职业学校、妇女文化补习学校、妇女工艺生产社等，又在上海创办女子公寓，以及在江湾设妇孺教养所。抗日战争期间，刘王立明发动上海妇女募集寒衣支援前线，救护伤病人员，并主持梅园难民救济所。1938年4月，丈夫刘湛恩（1886—1938）在上海遇刺身亡，于是她携同子女到四川，继续妇幼工作之余亦踏足政坛，先后出任国民参政会参政员、中国民主同盟中央执行委员、中国人权保护委员会委员。1949年初赴北京，9月出任政协代表，并且参与统筹中华人民共和国的妇女工作。徐友春主编：《民国人物大辞典》，石家庄：河北人民出版社，1991，页47—48。

③ 刘王立明：《快乐家庭》，上海：商务印书馆，民20（1931），页39。

解热毒，[①]以其汁冲调奶粉，相信可中和奶粉的火气，保护初生婴儿幼嫩的肠胃，情况如同今天以开奶茶混和奶粉相似。[②]上述两个例子说明，在二十世纪前期，市民大众未必明白牛乳哺育背后的科学知识和原理；他们更乐于使用熟悉的传统医学常识，理解、判断甚至想象牛乳哺育品的特性，遂衍生出各种新奇的牛乳哺育法。

由此引申民国时期市民大众认识西方新事物的过程。五四新文化运动否定中国传统文化，年轻人及知识分子极力主张全盘西化。科学、卫生等西方知识成为一时之显学，想必受青年学子和市民大众吹捧。但上述诸位对牛乳哺育的诠释，均倾向以他们耳熟能详的传统中医药概念，分析牛乳哺育品的性质，而且当中亦有不少谬误。牛乳本是"微寒"之物，到二十世纪却变得"火气重"。从时人对牛乳的诠释，体现文化不兼容但

---

① 金银花即忍冬，又名金银藤、鸳鸯藤、鹭鸶藤、老翁须、左缠藤、金钗股或通灵草。据《本草纲目》记载，忍冬"气味甘温无毒，主治寒热身肿"，可治疗腹胀和因热毒引致的血痢水痢。李时珍《本草纲目》卷 18 下《草之七》，页 47a—47b，载《四库全书》，第 773 册，页 374。

② 开奶茶是中国南方的传统婴幼儿凉茶，常用于乳食内积等情况，成分包括薏米、小麦、淡竹叶、粟米芯、熟薏仁、麦芽、谷芽、灯芯球等等。香港特别行政区卫生署家庭健康服务，http://www.fhs.gov.hk/tc_chi/health_info/faq/child_health/GN1_2_1_4.html（浏览日期：2016 年 6 月 26 日）；余仁生，http://www.euyansang.com.hk/zh_HK/products-infant-health-tea-series/%E9%96%8B%E5%A5%B6%E8%8C%B6-4891872743203.html（浏览日期：2016 年 6 月 26 日）。

可稍作更改的适应现象（inculturation）。[1]

奶粉商施展浑身解数，旨在增加销量，他们的努力可有回报？且看图1—5有关1923至1937年中国进口代乳粉数值。资料显示，自有记录以来，进口代乳粉的净值不断上升，由最初1923年的十九万五千多两，增加到1931年的一百四十万两，升幅达七倍有余。受到九一八事变和1932年一·二八事变的影响，加上大萧条的余波渐蔓延至中国，1932年代乳粉的入口净值大减，只有一百万两左右。之后数年，进口净数继续下跌至八十二至八十五万关平两，到1936年进一步下泻，跌至五十一万八千多两，估计是日本在东北成立"满洲国"，导致中国政局不稳，加上1935年国货奶粉加入市场竞争，以及中国币制改革引致通货膨胀，影响奶粉的销量。

1930年代不仅进口奶粉销量下降，国货奶粉的需求也下跌。惠民奶粉主要销售点包括上海、江浙内地以及长江各处，即中国经济发展最繁盛的区域。惟公司经营不善，历年亏蚀，九一八事变之前，惠民奶粉每年的营业额约十七八万，但仍入不敷开支。加上自九一八事变后，东三省一带生意停滞，令惠民的经营雪上加霜。[2]直至1936、1937年以及开战后，生意才好

---

[1] 冯客指出，民国时期传入的西洋器物没有强迫中国人生吞活剥地接受，所以并没有出现同化（acculturation）的现象。相反，中国人会灵活地因应其文化及需要，改变甚至创造西洋器物的新用途，充分发挥物质文化不兼容但可因地制宜的适应（inculturation）策略。Dikotter, *Things Modern,* pp. 6–8.

[2] 第419号：惠民奶粉公司第一次调查，《上海商业储蓄银行调查研究类：牛奶奶粉调查资料》，第2册，上海市档案馆，全宗号：Q275-1-2007-2。

转，平均每年营业额达一万元，每月盈利一千元。[①]

尽管惠民奶粉生意惨淡，但不代表抗战前使用牛乳哺育者寥寥可数。正如前文分析，代乳粉在1930年代销量下跌是受到外在政治和经济因素影响。又，当时在市面流通的奶粉十居其九都是洋货，惠民奶粉不敌洋货，也是其生意不济的原因之一。1935年，西湖炼乳公司推出燕牌奶粉，成为中国首个真正国产的奶粉品牌。挽回利权只是冠冕堂皇的理由，更重要是，市民大众对代乳品有相当的需求，所以生产奶粉有利可图，否则该公司创办人萧家干（1900—1972）也不会花时间研发奶粉制造机，并向国民政府实业部申请十年专利。[②]由此可见，虽然在民国时期可负担牛乳哺育的家庭只占小部分，但代乳品业有相当的发展潜力，遂令本地生产者想尽办法在市场占一席位。

报刊舆论也揭示了1930年代牛乳哺育的受欢迎程度。正如本书开首引述《女子月刊》的一段话，1936年不少人以为牛乳跟母乳无异，更对"牛乳补身"、"牛乳比人乳好"等广告口号深信不疑。同时，第二章亦讨论过多篇批评摩登妇女以牛乳代母乳的文章。以上种种资料均显示，抗战前中国已有一定

[①] 第 13239、18047 号：惠民奶粉公司第三、四次调查，《上海商业储蓄银行调查研究类：牛奶奶粉调查资料》，第 2 册，上海市档案馆，全宗号：Q275-1-2007-2。

[②] 萧家干与许祖康共同研制中国首台炼乳真空机，萧氏之后再发明滚筒真空并用式奶粉机。第 8763、9981 号："西湖炼乳公司"，《上海商业储蓄银行调查研究类：牛奶奶粉调查资料》第 2 册，上海市档案馆，全宗号：Q275-1-2007-2；《发明炼乳真空机》，《申报》，1932 年 1 月 24 日，版 15；《国人发明新式炼乳机》，《申报》，1934 年 4 月 12 日，版 16。

数量的母亲采用牛乳哺育，当中有部分更是有乳不哺、弃母乳而用牛奶。也许她们只是一小部分人，但已触动了卫道之士的神经，于是在报刊杂志上对不自乳母亲肆意批评，试图拨乱反正，情况一如李木兰有关规训摩登女性的研究，基于男性知识分子对政治和社会的影响力大不如前，于是通过批评和管束摩登妇女的行为，彰显他们的重要性。[①]

使用牛乳哺育并不限于有闲阶级的女性，部分寻常百姓家的母亲也是牛乳哺育的支持者。1933年出版的《儿童公育研究》提到，有点钱的工厂女工会买些乳粉，在上班之前预先调制好，然后放在婴儿身旁。[②]先莫问婴儿能否自行拿起乳瓶吸吮或有否兄姊帮忙喂哺，劳动阶层家庭能否负担代乳品的开支才是首要回答的问题。本书第一章详述了各类牛乳制品的价格，民国时期代乳品价格昂贵是事实，劳动阶层家庭看似无法负担。然而，1920、1930年代的社会调查告诉我们，工人家庭以独特的方式实践牛乳哺育。

1927年11月，北平社会调查所展开了为期一年的上海工人阶级生活调查，主要针对上海最重要的工业——棉纺业。调查锁定居住在西区曹家渡的棉纺工人，调查员每天上门记账，分析棉纺工人的生活水平。参与是次调查有230户共1 097人，平均每户有4.76人，五岁以下的家庭成员合共有

---

① 参见 Edwards, "Policing Modern Women in Republican China."
② 谢一鸣编著：《儿童公育研究》，上海：世界书局，民22（1933），页22—23。

104名，每户的平均月入是33元。从食品开支所见，这230户全年合共消耗了211公斤牛奶粉，1044公斤牛奶，以及1026公斤代奶糕（一种米糕、奶子糕等用米粉加水及糖造成的婴儿食物）。由于调查报告记录了各户所购买的家庭物品，当中包括牛奶瓶和牛奶头（哺乳瓶橡皮乳头），因此可肯定部分牛奶和牛奶粉是用作喂哺婴儿。[①]不过，是次调查把牛乳和鸡蛋合并为一项，无法分开计算，故此以下只能集中分析牛奶粉及代奶糕的数据。调查显示每户平均每年吃牛奶粉0.26罐，平均值0.34元；而代奶糕平均每户每年消耗1.75公斤，平均值0.4元。如此看来，1920年代末的棉纺工人也会买奶粉哺儿，但数目远少于价格廉宜的代奶糕。上述数据的另一问题是，整个调查共有230户1097人，而五岁以下的儿童只有104名，即平均每两户育有一名五岁以下的小孩。然而，上述有关奶粉及代奶糕的平均值都是以230户计算，所以得出的数值偏低，未能反映实际的情况。[②]

1934年上海市社会局发表的工人阶级生活调查报告，同样发现牛乳哺儿的资料。是次受访家庭来自各行各业，包括缫丝、棉纺、丝织、棉织、针织、火柴、化学、机器、建筑、食物、烟草、水电、印刷业，码头工人、人力车夫、小贩、服役

---

① 牛乳瓶六个共值2.04元；牛乳头八件，总值0.7元。

② 杨西孟：《上海工人生活程度的一个研究》，北平：北平社会调查所，1930，载李文海主编：《民国时期社会调查丛编：城市（劳工）生活卷（上）》，福州：福建教育出版社，2005，页248、251、256—257、263、266、307、310、320、325—327。

及其他。受访者共有1041人，分别来自305个家庭，每户平均每年的收入416.51元，即平均月入34.71元，至于每户平均人口是4.62人，当中以三至六人家庭最普遍。在超过三百个受访家庭当中，共育有226名四岁以下的儿童，占总受访人数的16.03%。社会局也是每日派员到各个家庭记账，记录他们由1929年4月到1930年3月期间的生活情况。[1]这次同样发现牛奶瓶和奶嘴的消费，表示部分牛乳是用作喂哺婴儿。在这305户当中，有74户购买奶糕，平均每户每年消费1.07元；28户购买牛奶，平均消费3.437元；29户购买奶粉，平均消费5.239元。假如以当时鲜牛奶和奶粉的价格推算，则平均每户每年消耗15瓶华资奶棚出产的鲜牛奶，以及两罐两磅半的惠民奶粉。[2]以鲜牛奶作为婴儿的主要食物，每日最少也要一瓶；至于吃奶粉为主的婴儿，每月更

---

[1]　《上海市工人生活程度》，上海：上海市社会局，1934，载李文海主编：《民国时期社会调查丛编：城市（劳工）生活卷（上）》，页344—353。

[2]　上述消耗量，均以笔者已知的产品价格最低廉者推算。据《上海公共租界工部局年报》所载，1929及1930年华商奶棚每瓶牛奶的价格分别是0.2元及0.21元。而《上海货价季刊》所列出最廉宜的奶粉品牌是惠民奶粉，1929及1930年该品牌两磅半装的批发价是每罐2.121元至2.134元。*Shanghai Muncipal Council Report for the Year 1929-1930 and the Budget for the Year 1930—1931* (Shanghai: Kelly and Walsh, Ltd., 1930-1931)；《上海货价季刊》，第24—25册。

用上五六罐重一磅的奶粉。[①]换言之，不论鲜牛乳或奶粉，工人家庭的消费远少于正常婴儿哺育所需。另一方面，数字显示消费奶糕的家庭，比消费牛奶及奶粉的高出一倍以上，而奶糕的平均消费就较牛奶及奶粉低最少三至五倍。由于我们既不知奶糕的售价，又不知这74户人家平均每年消费了多少公斤奶糕，所以根本无法与奶粉及鲜牛乳的用量作比较。虽然如此，从采用不同代乳食品的户数而言，购买奶糕的家庭比牛奶及奶粉的多出约2.6倍，反映奶糕是上海工人家庭较常用的代乳品（表3-6）。

表3-6　上海工人有关婴儿哺育的全年消费（1929—1930）

	户数	占总调查户(%)	平均每户消费	
			(元)	(数量)
奶糕	74	24.26	1.070	/
牛奶	28	9.18	3.437	/

① 本书第一章讲述牛乳消费时，提到1936年《家庭星期》刊登了一篇名为《饮奶有感》的文章，记载了有关婴儿每月食用奶粉及鲜牛乳的开支。文中提到婴儿吃美国大力果牛乳粉，第一个月就用了14元，第二个月更增加至17余元。由于笔者没有大力果牛奶粉的价格资料，所以只可用手上仅有的其他牌子资料估计。1935年一磅装的勒吐精代乳粉每打批发价是23.05元，即每罐批发价是1.9元。假设零售商赚取一至三成利润，每罐奶粉的售价约2.1至2.5元。由此推算，以奶粉哺育为主的婴儿，大概每月需要五六罐重一磅的奶粉。另外，克宁奶粉的广告曾指出一磅奶粉可冲调一瓜特（quart）牛乳，而大罐重五磅的克宁奶粉则可足够婴儿一个月的食用。此广告的说法，大致与笔者估计婴儿每月的奶粉用量相若。周蔚亭：《饮奶有感》，《家庭星期》，1卷18期（1936年3月29日），页6；《华洋月报》，2卷1期（1935年10月10日），页26；克宁奶粉广告，《申报》，1934年12月4日，版6。

（续表）

	户数	占总调查户(%)	平均每户消费	
			(元)	(数量)
奶粉	29	9.51	5.239	/
婴孩寄养	15	4.92	15.167	/
牛奶瓶	19	6.23	0.325	1.211
奶嘴	4	1.31	0.102	1

资料来源：《上海市工人生活程度》，上海：上海市社会局，1934，载李文海主编：《民国时期社会调查丛编：城市（劳工）生活卷（上）》，福州：福建教育出版社，2005，页366、371、420、442。

综合上述两个调查报告，上海工人家庭也会使用牛乳哺育，印证《儿童公育研究》一书所指，母亲上班前调好奶粉放在婴儿身旁的做法有一定的可信性。然而，母亲只能偶尔让婴儿吃一点点牛乳，不能当作主要食粮。

下层妇女以牛乳哺儿也是民国时期的电影桥段。1934年上映的电影《神女》，讲述由阮玲玉饰演的妓女的悲惨人生。影片开始时，导演以镜头交代她的家庭背景，木柜上可清楚看见一个玻璃制的雀巢哺乳瓶，而且还隐约见到一罐勒吐精代乳粉，继而镜头转移到不远处的婴儿摇篮。导演借此交代妓女已为人母，而且有一个嗷嗷待哺的儿子。晚上八时三刻，妓女外出工作，于是拜托邻居照顾婴儿，影片的字幕写着："水瓶已经灌好了，请你当心他醒来的时候。"其后有一幕是婴儿啼哭，邻居妇人走进妓女家中喂哺婴儿。[1]影片表达了妓女的儿子

---

[1]　吴永刚导演：《神女》，电影，上海：联华影业公司，1934。

是吃奶粉的，这与妓女工作的性质不无关系。妓女以身体取悦嫖客，授乳妨碍她的工作，而且舆论普遍认为，妇女在授乳期行房会影响母乳的质量。[①]何况一双哺育的乳房又是恩客的玩物，不论从道德或卫生标准也说不过。所以，影片中的妓女使用牛乳哺育是出于现实的需要。

概言之，抗战前中国已有一定数量的母亲使用牛乳哺育。即使没有确实的数字，但从奶粉进口的净数，舆论对不自乳而用牛乳哺育的母亲的批评，以及使用者的阶层特征等，可见牛乳哺育在城市地区已蔚成风气，甚至到达卫道之士的容忍极限。当时的社会调查亦印证了牛乳哺育并非中上阶层家庭的专利，即使工人家庭不能承担以牛乳哺育的费用，但作为父母的仍会设法弄点牛乳给宝宝，可见牛乳哺育在沿海城市地区已成为一种风气，而且正向社会各阶层蔓延。

消费与母职

虽然部分母亲以为牛乳哺育可卸除母职，重获时间、空间与自由，但新式的科学育儿法实未能减轻母亲的负担，反而增加其工作。本章提及的大部分奶粉广告，无不以科学、卫生为

---

① 有指性行为会令授乳母亲体内的血气产生变化，影响乳汁的质量；假使在性行为后直接授乳，更会令婴儿害病。泳流：《带乳的母亲能生气吗？》，《家庭周刊》，乙种 112 期（1936 年 10 月 4 日），页 11—12。

卖点，例如，以崭新方法制造，包含婴儿所需要的各种营养，只要依足指示冲调和喂哺，婴儿便可快高长大，白胖肥硕。这类奶粉广告的前设是，母亲必须依照指示冲调和喂哺。换言之，稍有差池便不能达至预期的效果。此外，并非所有使用牛乳哺育的母亲都有足够的知识，明白婴儿成长所需，以及有能力判断各种代乳品的优劣。应否为牛乳哺育的婴儿额外加添果汁便是一例。有报道指，不论使用哪种牛乳制品哺儿，也要多吃水果，如橘子汁、苹果汁、香蕉或菠菜汁等，而且每天上、下午各一次，因为牛乳缺少维他命丙和丁，令婴儿较易患上坏血病、紫斑病等，[1]更有论者建议用橘子汁冲调牛乳。[2]然而，奶粉广告对应否额外加添果汁众说纷纭，皆因没有商户会承认自家产品营养不足。宝华干牛奶的广告批评"普通奶粉，以古法制，乳油过多，火热太重，且生活素（维他命）毁尽，是故服后便秘，甚至皮肤生疮，故须佐以果汁，以助消化"。[3]该品牌奶粉坚称使用崭新方法制造，令牛乳的营养不会流失，故毋须额外加添果汁。至于勒吐精代乳粉一则名为"对于做父母的一点小贡献：果汁之效力"的广告则反驳，橘子汁和果汁含丰富矿物质，有助强健筋骨，所以婴儿不论以母乳还是牛乳哺育，

---

① 程瀚章：《牛乳育儿法》，页 97；郑贞文：《营养化学》，上海：商务印书馆，民 18（1929），页 72；上官悟尘：《食物常识》，页 41；宓爱华：《婴儿的饲养法》，页 72。

② 陆伯羽：《怎么教育儿童》，页 99—100；鲁德馨：《家庭卫生》，汉口、上海：中国基督圣教书会，民 24（1934），页 19。

③ 宝华干牛奶广告，《申报》，1926 年 9 月 26 日，版 18。

果汁也是必不可少。[1]该品牌奶粉虽主张婴儿要服用果汁，但表明母乳和牛乳哺育的婴儿也同样需要，基于母乳是最佳的婴儿食品，吃母乳的婴儿也需要加添橘子汁，间接反驳了牛乳哺育没有营养的说法。面对两种完全不同的意见，母亲需要花时间了解清楚。

冲调牛乳也有一定的程序，从准备哺乳瓶、冲调牛乳的分量及工序、哺育的方法、时限，到喂哺完毕后清洗乳瓶等都有详细的指引。相比母乳哺育，直接把婴儿抱入怀中吸吮，牛乳哺育的事前和事后功夫又多又复杂。假如没有另聘佣人照顾婴儿，消费代乳品不能减轻母亲的工作。更甚者，牛乳哺育要求母亲具备相关科学和医学知识，才能分辨不同类型和品牌代乳品的优劣。即使有佣人照顾婴儿，消费代乳品也不能为母亲节省时间，而是把时间转移至学习科学育儿法。换言之，消费代乳品并未为母亲带来方便，更不能减省母亲的工作。牛乳哺育极其量只能解放母亲的一双乳房。

虽然代乳品未能为母亲节省时间，却扩大了她们的活动空间。从上文讨论过的奶粉广告可见，选用牛乳哺育母亲的活动范围甚广，在家中照料婴儿之余，也可上街购物尤其婴儿哺育品（图3-13），到朋友家中做客（图3-15），甚至出门旅行。[2]言下之意，以牛乳哺儿的母亲毋须时刻守候在婴儿身旁，增加母亲的活动能力，扩大她们的生活空间，因此可进出属于公领

---

[1]　勒吐精代乳粉广告，《申报》，1926年11月22日，版16。
[2]　克宁乳粉广告，《申报》，1931年5月20日，版7。

域的商店、百货公司或甚离家远游。由是观之，消费代乳品模糊了家庭私领域与公领域之间的界线。纵使身负哺育之职，因代乳品可免除在大庭广众授乳的不便与尴尬，母亲与其嗷嗷待哺的婴儿也可在公领域游走。

消费强化了科学知识对母亲的规训。民国时期的代乳品广告，每以科学话语合理化产品的功效和价值，既突显科学育儿法的重要性，也促使母亲多加学习这类知识。尤其牛乳哺育标榜科学方法，不论喂哺前的准备工作、定时定量的哺育方式，以及餐后清洁乳瓶等，均有特定的程序和步骤。不论科学化母性说曾否在民国时期出现，消费代乳品也使母亲堕入另一个规训其角色与职责的框框。

小结

综观清末民国时期，在强种救国的氛围下，母亲授乳被视为理所当然，纵有西方科学、营养学等理论，塑造出牛乳功同人乳甚至可改良民族的神奇功效，但在抗战前，社会舆论对牛乳哺育的意见仍然好坏参半。为拓展客源，代乳品商运用科学、文明等流行话语，彰显牛乳的优点，借此形塑牛乳哺育可育出健康婴儿。如要强国强种，除了倚仗母亲的身体，还要多饮牛奶。因此，站在商户的立场，母亲是否称职不在于亲自授乳，而是她们能否运用科学知识，为婴孩选择合适的代乳品；使用国货、国产代乳品的妇女更被冠以爱国的美名。对于"现代母亲"不自乳而用牛奶，乳品商与贤妻良母论述的分歧更为显著。由此可见，1920、1930年代的母亲角色论述夹杂了不少商业元素。

民国时期代乳品商精挑细选了时下流行的科学话语，把牛乳哺育最美好的一面呈现在母亲眼前。但纵然牛乳被喻为功同人乳，却未能一下子改变母乳为主的现象，更莫说为母亲解除哺育的束缚，不过牛乳哺育的科学形象却威胁乳母的生存空间，究其原因，是代乳品商精通包装和宣传的结果。下一章母亲的抉择，将揭示母亲的哺育经验，选择牛乳哺育者到底如何审视自己的母亲角色与职责。

第四章
母亲的抉择

本章从母亲的角度，分析她们为何选择牛乳哺育。除缺乳或患病外，使用牛乳哺育的母亲是否贪图逸乐？她们认为怎样才算是好母亲？牛乳哺育对她们有何意义？婴儿哺育方式的转变又反映怎样的社会变化？本章第一节先讨论1920、1930年代民众对婴儿哺育的态度，纵然母亲遇上牛乳，也不表示她们会立刻转用牛乳哺育。第二节以个案形式，讨论使用各种哺育方式的母亲经验，探索民国时期的母亲角色的诠释与演绎。第三节女性视角下的婴儿哺育，从母亲的角度出发，透视哺育方式的转变反映出清末民国的社会变迁，对母亲的生活又造成什么影响。

第一节　有关牛乳哺育的社会调查

在清末民国时期，不论社会舆论还是医学意见，无不推崇母乳哺育。与此同时，代乳品商铺天盖地的宣传攻势，不断向民众灌输牛乳功同人乳、有益健康的讯息，母亲遇上牛乳在所难免。但不是所有母亲会即时转用牛乳哺育，到底原因何在？以下从两个在不同年代所做的问卷调查，透视1920、1930年代民众对母亲哺育职责的观感。

1927年社会学家潘光旦（1898—1967）发起了家庭问题研究。他先后三次在《时事新报》副刊"学灯"刊登问卷，征询读者对家庭问题的意见。[①]调查最后收到317份回复，其中273份来自男性受访者，44份属女性受访者。他们来自中国各省，年龄由14至53岁不等，不少接受过中学及大学教育，未婚者占一半以上。[②]问卷第三部分是子女的教养，[③]其中第54至56条问题

---

① 这三次刊登日期分别是 1927 年 6 月 2 日、9 日和 16 日。潘光旦 :《中国之家庭问题》，页 3、12。

② 潘光旦 :《中国之家庭问题》，页 1—38。

③ 问卷分为三部分共六十四条问题，除子女的教养，其余两部分分别是祖宗与父母以及婚姻。

是关于婴儿哺育的，如下：

54. 婴儿由母亲自乳，非万不得已，不用代乳食品，不雇用乳媪。

55. 婴儿宜雇用乳媪或保姆，使母亲得营他事。

56. 儿童宜用公育法，使大部分之妇女，不因生育关系，而失其个人发展与为社会生利之机会。[①]

大部分受访者赞成母亲自乳、反对雇用乳母，但又赞成儿童公育，[②] 让母亲可以外出工作、发展个人事业及生利（表4–1）。这个矛盾的结果令潘光旦大惑不解。[③]

---

① 潘光旦：《中国之家庭问题》，页 97—98。

② 儿童公育源于柏拉图，强调儿童并非家庭的私产，应由公共抚养。他的建议得到后世哲学家如尼采、萧伯纳等人认同。二十世纪初的中国，愈来愈多妇女出外工作，母职与职业之间的矛盾日渐加剧。加上受共产主义苏俄推行儿童公育所影响，社会舆论开始关注此问题，到 1920 年代初更在报刊掀起论争。论者在《新青年》、《时事新报》副刊"学灯"、上海《民国日报》的副刊"觉悟"等报刊杂志各抒己见。有关民国初年儿童公育的讨论，参见梅生编：《中国妇女问题讨论集》下，第 6 册，载《民国丛书》第一编第 18 册，上海：上海书局，1989，据新文化书社 1923 年影印版；（邵）力子：《儿童公育问题释疑》，《民国日报·觉悟》，1920 年 3 月 2 日，版 13；（邵）力子：《儿童公育的实例》，《民国日报·觉悟》，1920 年 3 月 28 日，版 13；（邵）力子：《儿童公育问题的注意点》，《民国日报·觉悟》，1920 年 8 月 4 日，版 1。

③ 潘光旦：《中国之家庭问题》，页 103。

表4-1　潘光旦有关子女教养的问卷调查结果（1927）

	赞成			不赞成			未详		
	男	女	合共(%)	男	女	合共(%)	男	女	合共
婴儿由母亲自乳，非万不得已，不用代乳食品，不雇用乳媪	215	32	247(75%)	58	11	69(25%)	0	1	1
婴儿宜雇用乳媪或保姆，使母亲得营他事	77	20	97(30.9%)	193	23	216(60.1%)	3	1	4
儿童宜用公育法，使大部分之妇女，不因生育关系，而失其个人发展与为社会生利之机会	157	25	182(57.8%)	114	19	133(42.2%)	2	0	2

资料来源：潘光旦：《中国之家庭问题》，上海：新月书店，民18（1929），页97—98。

　　1930年，两名燕京大学的学生把潘光旦设计的问卷再做一次，而这次的调查对象是燕大的学生。[①]他们发出了三百份问卷，收回二百多份，经检验后可用的有188份，当中143份由男生回答，占全校男生25%，女生的有45份，占全校女生总数24%。而受访学生占全校学生总数25%（表4-2）。

---

① 此调查由周叔昭和黄忆莹负责，他们修读了由吴文藻执教的家庭班，而这份调查报告就是他们的学季论文，后来更在燕京大学的《社会问题》发表。周叔昭：《家庭问题的调查 —— 与潘光旦先生的调查比较》，《社会问题》，北平燕京大学社会学会，1卷1期（1931年1月），载李文海主编：《民国时期社会调查丛编：婚姻家庭卷》，福州：福建教育出版社，2005，页360。

表4-2　燕京大学有关子女的教养问卷调查结果（1930）

	赞成		不赞成		未详	
	男	女	男	女	男	女
婴儿由母亲自乳，非万不得已，不用代乳食品，不雇用乳媪。	101 (70.63%)	31 (68.89%)	31 (21.68%)	11 (24.44%)	11 (7.69%)	3 (6.67%)
婴儿宜雇用乳媪或保姆，使母亲得营他事。	39 (27.27%)	7 (15.56%)	85 (59.44%)	36 (80.00%)	19 (13.29%)	2 (4.44%)
儿童宜用公育法，使大部分之妇女，不因生育关系，而失其个人发展与为社会生利之机会。	61 (42.66%)	13 (28.89%)	67 (46.85%)	29 (64.44%)	15 (10.49%)	3 (6.67%)

资料来源：周叔昭：《家庭问题的调查—与潘光旦先生的调查比较》，《社会问题》，北平燕京大学社会学会，1卷1期（1931年1月），载李文海主编：《民国时期社会调查丛编：婚姻家庭卷》，福州：福建教育出版社，2005，页379。

以上两个调查报告均赞成母乳哺育和反对聘用乳母。假如集中分析不同性别受访者的反应，情况就有点不同。表4-3比较两次调查中女性受访者的回应，对于母亲应否自行授乳，1927年的调查结果显示，赞成的女性受访者有72.73%，不赞成的有25%。到1930年，赞成及不赞成的人数均有轻微下降，分别是68.89%及24.4%，未回应者的数量则上升。但整体而言，不同年代的女性受访者还是赞成母乳哺育。

表4-3　女性对子女的教养的调查结果比较（1927及1930）

	赞成		不赞成		未详	
	1927	1930	1927	1930	1927	1930
婴儿由母亲自乳，非万不得已，不用代乳食品，不雇用乳媪。	32 (72.73%)	31 (68.89%)	11 (25.00%)	11 (24.44%)	1 (2.27%)	3 (6.67%)
婴儿宜雇用乳媪或保姆，使母亲得营他事。	20 (45.45%)	7 (15.56%)	23 (52.27%)	36 (80.00%)	1 (2.27%)	2 (4.44%)
儿童宜用公育法，使大部分之妇女，不因生育关系，而失其个人发展与为社会生利之机会。	25 (56.82%)	13 (28.89%)	19 (43.18%)	29 (64.44%)	0	3 (6.67%)

有关雇用乳母照顾婴孩一事，1927年的调查当中，不赞成的妇女略多于赞成，两者相差6.82%。但到1930年，不赞同聘用雇乳者大幅升至80%。抗拒乳母的比率增加，与1920、1930年代报章舆论的批评以及代乳品商不断抹黑乳母不无关系。

至于儿童公育，潘光旦调查的年代正值女权高涨，不少论者认为儿童公育是解放妇女的灵丹妙药，所以，不论男女，赞成公育者均比不赞成的多。但到了1930年，反对儿童公育者增加不少，其中女性不赞成的百分比（64.44%）又比男性的多（46.83%）。简言之，在这几年间，女性受访者对儿童公育的态度是先欢迎、后反对。到底反对的原因是公育制度不利儿童发展，还是受访者倾向已生育的妇女应留在家中育儿，值得深思。同时，民国时期掀起重视儿童的风气，[①]也可能导致女性对儿童公育的态度改变。

男性受访者对母亲应否自乳，两次调查结果分别不大，但在聘用乳母和儿童公育问题上，意见分歧较显著。纵使赞成雇用乳母的男士徘徊在27%至28%，但不赞成的就由1927年的70.7%大幅下降全59.44%，与此同时，态度未详者有13.29%。可见在1930年，男性对聘用乳母的抗拒程度减少，以及对是否采用乳母的态度模棱两可，所以"未详"的数字增加。从上述的结果引申出一个有趣的问题：虽然社会舆论以及代乳品广告不断攻击乳母，但并未影响到这群大学男生对乳母的印象；相反，反对乳母的人数大幅减少。其次，1930年男性对儿童公育的赞成比率，较早年的调查少接近15%，而态度未详者就有10.49%。如此看来，男性受访者赞成母亲自乳，也倾向容许母

---

① 第一次世界大战造成欧洲各国死伤无数，儿童成为主宰国家未来的关键。国际联盟在 1921 年成立国际儿童幸福促进会，目的是沟通各国关于儿童幸福之意见，并通过立法保护儿童。1925 年，全球 54 个国家共同签署《日内瓦保障儿童宣言》，条文列明儿童必须受到适当的保护、教导及对待，享有各种物质上与精神上的权利。中国作为缔约国之一，国民政府本着对慈幼事业的承担，遂由工商部长孔祥熙等人牵头，在 1929 年成立中华慈幼协济会。参见许建屏:《中华慈幼协会一览》；黄莉莉:《中华慈幼协会研究（1928—1938）》。

亲雇用乳母或代乳品，以减轻她们的育儿之苦（表4-4）。

表4-4　男性对子女的教养的调查结果比较（1927及1930）

	赞成		不赞成		未详	
	1927	1930	1927	1930	1927	1930
婴儿由母亲自乳，非万不得已，不用代乳食品，不雇用乳媪。	215 (78.75%)	101 (70.63%)	58 (21.25%)	31 (21.68%)	0	11 (7.69%)
婴儿宜雇用乳媪或保姆，使母亲得营他事。	77 (28.21%)	39 (27.27%)	193 (70.70%)	85 (59.44%)	3 (1.1%)	19 (13.29%)
儿童宜用公育法，使大部分之妇女，不因生育关系，而失其个人发展与为社会生利之机会。	157 (57.51%)	61 (42.66%)	114 (41.76%)	67 (46.83%)	2 (0.73%)	15 (10.49%)

综合以上问卷调查的结果，1920、1930年代受教育的妇女大多数倾向自行授乳，不赞成使用代乳品及雇用乳母；至于对儿童公育的态度则是先赞成、后反对，但1930年不赞成与赞成的比率只相差5%，原因与公育制度不利儿童发展或重视儿童的风气不无关系。同样，受教育的男性受访者也赞成妇女自行授

乳，但反对聘用乳母的声音却明显减少，盖因1930年代初尚未发生妇女回家论争，所以对妇女就业的态度仍比较正面；至于他们对儿童公育的态度则是好坏参半。

　　这两个调查只粗略地反映了知识阶层男女对婴儿哺育的意见，难以确定他们到底反对母亲不履行母职，还是对乳母、代乳品或儿童公育存有戒心。唯一可以肯定的是，即使牛乳哺育的知识和物质条件已经齐备，也不代表母亲会使用牛乳哺儿。如要进一步了解妇女的哺育经验，必须以个案方式深入研究。

第二节　当母亲遇上牛乳

自从签订《马关条约》，列强得以在中国兴建工厂，制造更多就业机会。晚清改革，赋予女性入学读书的机会。以上两种改变的结果是，不论是目不识丁的妇女还是女学生都开始投身职场。妇女就业令有偿工作愈来愈受重视，而无偿的家务则被视为次等的工作。社会舆论对妇女就业及母职的态度各有所持，而母亲如何选取哺育方式，则透视母亲角色与实质母亲经验的矛盾与张力。

这一节将会以个案形式，剖析民国时期母亲的哺育选择和母职之实践。民国时期懂得书写的妇女数量有限，会留下片言只字者就更少，因此本研究似乎偏重于知识阶层，而她们的记录又绝非真确无误。有见及此，笔者尽量搜罗其他资料，包括图像、社会调查报告，务求呈现较全面的母亲哺育经验。至于妇女书写材料的可信性，清末士大夫的日记，当中有不少是为了出版而书写；至于以子女成长为题的日记或记录，背后同样有其写作动机，^①但并不代表这类材料不足信、不可取。正如小说、散文等文艺作品也绝非真实的故事，但亦不至于是完全凭空想象，在一定程度上能反映出当时的社会情况，所以笔者也会引用这类资料，探讨清末民国的妇女如何审视其母亲的角色与职责。

人职与母职的挣扎

妇女就业并非清末民初的新现象。不论是全汉升的研究、明清时期的契约义书，还是有关三姑六婆的讨论，均显示从宋朝到清中叶，已有妇女从事经济活动，意味着妇女跨越家庭私领域在公共空间游走。这批妇女主要是妓女、为口奔驰的中下层妇女，以及家中缺乏男性处事而需要抛头露面的女性；^②不过，也有家境不济的士人家庭女眷当上官、商、富裕或大户人

---

① 1920 年代，瑞士心理学家让·皮亚杰（Jean Piaget，1896—1980）为研究儿童认知，于是细心观察自己三个子女的日常生活，并且把细节记录下来作为研究材料。1930 年代的中国也开展了儿童心理学的研究，由于缺乏相关的研究资料，所以有知识阶层的父母仿效皮亚杰，把自家孩子成长过程逐一记录，既为兴趣，也是为了跟其他父母亲分享育儿心得，并且为儿童心理学提供研究材料。一如下文引用的《母亲日记》，序言就列明此书正好为儿童心理学研究提供珍贵的资料。Jean Piaget, *The Child and Reality: Problems of Genetic Psychology*, Arnold Rosin trans., (New York: Penguin Books, 1976)；骐附诚：《母亲日记小序》，载绿萍：《母亲日记》，无页码。

② 全汉升：《宋代女子职业与生计》，载鲍家麟编著：《中国妇女史论集》，台北：牧童出版社，1979，页 193—204；陈瑛珣：《明清契约文书中的妇女经济活动》，台北：台明文化事业有限公司，2001；衣若兰：《"三姑六婆"：明代妇女与社会的探索》，台北：稻乡出版社，2002。

家女儿的闺塾师，甚至开办"女家塾"，但为数甚少。[①]古代妇女职业有两大特点：其一，女性职业类别和数目相当有限；其二，由于在职妇女必须抛头露面、穿门过市，在讲求男女之防的传统中国社会，职业妇女只落得负面的批评。清末民初因工业化和教育改革，导致就业妇女人数大幅增加。生产方式以至生产关系的改变，令妇女需要长时间离家出外工作，婴儿哺育方式也需调整。

在欧洲，工业化是婴儿哺育由母乳或雇乳转为牛乳哺育的重要原因，[②]相似的历史过程也曾在中国出现。自十九世纪末的工业化，造就了大批工厂女工。上海是民国时期全国聘请最多女工的地方。早在十九世纪中后期，因官督商办而在上海兴建的工厂数目不断增加，到甲午战争前，上海已有工厂77家。《马关条约》签订后，外资在上海投资设厂激增，从1895至1913年间，外资已在上海开设了43家工厂，整体工人数目多达十四五万。[③]在1920年，全市女性人口有75万，当中约有30万是学生、教师、医生、看护、编译、宣教者、音乐家、画家、商

---

①   Ko, *Teachers of the Inner Chambers,* pp. 125–129.

②   Golden, *Social History of Wet Nursing in America;* George D Sussman, *Selling Motehr's Milk: The Wet-Nursing Business in France, 1715—1914* (Chicago: University of Illinois Press, 1982); Valerie A. Fildes, *Wet Nursing: A History from Antiquity to the Present* (Oxford: Basil Blackwell, 1988), chapter 12.

③   宋钻友、张秀莉、张生：《上海工人生活研究》，页29—34。

人、船家、渔民、农民、工人、伶人等。[①]然而，大部分妇女都是参与劳动工作包括织袜、缝纫等家庭手工业，又或当工厂女工。根据1932年上海市社会局的调查，全市有工厂1887间，共有工人212000名，其中女工有116872人，占整体工人数目五成半。[②]只有极少数知识水平高的妇女当上医生、教师、产婆、看护等。[③]

不论是从事专业职系、文职还是出卖劳力，在职母亲都需要长时间在外工作，意味着她们不能长伴在婴儿身旁。有报道指上海女工每天的工作九至十二小时，纱厂、丝厂、绒布、织布、车服、印染及橡胶厂的女工每日工作十二小时，有些更长达十八小时。[④]早期上海的工厂准许女工带同婴儿上班；当母亲工作时，婴儿则放在她们的脚下，母亲便会一边工作，一边乳哺婴孩。[⑤]惟恐婴儿妨碍工作，甚至有母亲以鸦片喂哺婴儿，

---

① 曙梅:《上海妇女的生活》,《新妇女》, 1卷1号（1920年1月1日）, 引自陈雁:《近代上海女性就业与职业妇女群体形成》, 载王政、陈雁编:《百年中国女权思潮研究》, 上海: 复旦大学出版社, 2005, 页348—349。

② 郭箴一:《中国妇女问题》, 上海: 商务印书馆, 民26（1937）, 页93。

③ 罗谿:《女子职业问题》,《民国日报·觉悟》, 梅生编:《中国妇女问题讨论集》上, 第2册, 1923年版, 页27—32, 载《民国丛书》, 第一编第18册, 上海: 上海书店, 1989。

④ 菊子:《上海职业妇女生活概况（上）》,《女声》, 3卷12期（1935年4月30日）, 页6—7。

⑤ "Report of the Shanghai Child Labour Commission," in H.G.H. Woodhand, ed., *China Year Book, 1925* (Shanghai: North-China Daily News & Herald, 1925), p. 548; Fang Fun-An, *Chinese Labour* (Shanghai: Kelly & Walsh, Limited, 1931), p. 38.

令他们昏睡。[1]自民国起，大型纱厂陆续禁止女工携同婴儿上班。及至1923年，只余下5%的上海丝茧厂容许女工带同婴孩上班。[2]由荣宗敬（1873—1938）、荣德生（1875—1952）创立的申新纺织公司，在1931年接办原来的三新纱厂，改为申新九厂，之后订立不少新制度。例如，以往工人可带同子女上班，但自改革后，工人不得带小孩入车间，如需喂哺则由家人带到工厂门口。[3]

尽管工人不断要求设置托儿所和哺乳室，但直至抗战前夕仍未实现。自1920年起，上海的缫丝厂女工争取在工厂设哺乳室，湖南、汉口、广州等地的女工也相继向资方争取设置哺乳室、儿童寄养室，把哺乳时间纳入工时等等。虽然资方最后在工时问题上作出让步，但有关设置哺乳室的要求仍是不了了之。[4]

1935年8月到翌年7月是中国的儿童年，[5]全国儿童年实施委

---

① M.O. Bulle, *Chinese Toiling Women,* (Moscow: n.p., 1933), p. 11, cited from Emily Honig, *Sisters and Strangers: Women in the Shanghai Cotton Mills, 1919—1949* (Stanford, Calif.: Stanford University Press, 1986), pp. 146–147.

② 《丝茧女工团紧急会议》，《民国日报》，1923 年 11 月 21 日，版 10。

③ 上海社会科学院经济研究所编：《荣家企业史料：茂新、福新、申新系统》上册，上海：上海人民出版社，1980，页 590。

④ 刘秀红：《社会性别视域下的民国女工生育保障问题（1912—1937）》，《妇女研究论丛》，2015 年 6 期／总 132 期（2015 年 11 月），页 33—40。

⑤ 早在 1920 年代，西方各国已确立了儿童年。中华慈幼协会认为儿童年可唤起民众对慈幼事业的关注及责任，同时使儿童了解自己身处的地位而奋力向上，于是准许上海的儿童幸福会向国民政府呈请，把 1934 年定为儿童年。建议虽然在 1934 年 2 月获通过，但到 1935 年才实行，从 1935 年 8 月 1 日到翌年 7 月 31 日，是为中国首个儿童年。许建屏：《中华慈幼协会一览》，页 4—5、25—29。

员会呈请实业部立法规定工厂设置哺乳室及托儿所，并在1936
年4月22日公布实行。条例规定聘用一百名以上已婚女工的工
厂，须设哺乳室一间；未满一百人者，可联合附近的工厂共同
设置。而雇用已婚女工三百人以上的工厂除设置哺乳室外，更
要设立托儿所；同样，不足三百人的工厂，可联同附近其他工
厂合办。凡女工的亲生子女，年龄介乎六星期至十八个月，可
在上班时把婴儿寄托于哺乳室。六个月以下的婴儿而又寄托在
哺乳室者，须每三小时哺乳一次，六个月以上者，每四小时一
次。每次哺乳不得超过二十分钟。女工也可付钱请哺乳室或托
儿所代办子女的衣食。[①]不过，有关法例没有列明女工可否在工
作时间内到哺乳室授乳。而且法例只规范上海华界内的工厂，
华界以外或由洋人开设的工厂会否遵循规例成疑，当时亦只有
南洋兄弟烟草公司有相关的设施。[②]加上1937年7月日本全面
侵华，即使法例生效，一年后上海华界沦陷，有关法例亦无法
实行。

　　在职母亲如要继续工作，务必先解决婴儿哺儿问题。1933
年出版的《儿童公育研究》提到，有点钱的女工会买些乳粉，
在上班之前预先调制好，放在婴儿身旁。[③]第三章有关上海工人
阶级的社会调查也显示，少数家庭有购买牛乳哺儿，但用量绝

---

① 《关于工厂设置哺乳室及托儿所办法大纲》，上海市档案馆，全宗号：Q235-
　 1-355。
② 刘秀红：《社会性别视域下的民国女工生育保障问题（1912—1937）》，页
　 38。
③ 谢一鸣编著：《儿童公育研究》，页22—23。

不足以作为婴儿的主要食粮。更普遍的情况是，家人按时抱婴儿到母亲工作的地方喂哺，情况一如《中国的大门》记载1910年代女工哺儿的情形：

> 有些家属，她可能是祖母，在上午九时和下午三时分两次地把小孩带给母亲喂奶。做夜班的母亲常常要在离开家上工之前挤出足够的奶水，使婴儿能够维持到第二天早晨她们回家的时候。[1]

1935年的《美术生活》，刊登了一张工厂女工赶紧在午饭时间哺乳的照片，可谓上述文字记录的真实写照：亲属赶紧在午饭时间把婴儿带到工厂，好让母亲喂奶（图4-1）。

除却劳动阶层妇女，民国时期还有女学生投身职场。自从晚清改革提出兴女学，女子教育日渐普遍。不少女学生不甘于在家做贤妻良母，期望出外就业；何况梁启超兴女学的原意之一，是要女子投入经济生产。五四时期提倡的妇女解放，要求女子做个独立的人。社会风气和经济环境改变，造就女学生踏足职场。惟她们结婚产子后，同样面对母职和职业的抉择，而且比劳动阶层的母亲承受更大的舆论压力和心理挣扎。以下将讨论几位母亲的哺育经验，通过解读她们所写的日记、著作、文章或第三者对她们的记述，了解她们如何面对工作、个人理

---

[1] 《中国的大门》，页225，转载自汪敬虞编：《中国近代工业史料》第2辑，《1894—1914》下册，北京：中华书局，1962，页1206。

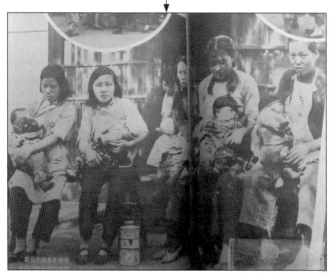

图4-1　上海的女工生活

　　资料来源：《上海的女工生活——趁着午餐时的余暇，便与娘们的孩子进食》，《美术生活》，31期（1936年10月1日），无页码。

想和母职的矛盾，从而窥探牛乳哺育对她们的意义。

母亲角色的觉醒：覃英

从"错误"中醒觉，最能切合覃英（1906—1993）的哺育经验。覃英是湖南省宁乡县人，曾就读于长沙女子第一师范学校和南京中央大学，毕生致力于教学工作。她与中国著名乡土作家鲁彦（原名王衡，1901—1944）在1929年结婚，两人共育有四子一女，[1]大儿子恩哥就是以牛乳哺育。

生育对原本从事教学工作的覃英造成极大的阻碍。据夫妇两人合著的《婴儿日记》记载，[2]诞下大儿子恩哥后，覃英选择忠于自己的兴趣和事业。正如日记所写，当时她完全只为自己着想，讨厌孩子缠累，刚巧在儿子三四月大左右她便缺乳，于是把儿子交给女工抚养，转用奶粉哺育，而她自己乐得从事喜

---

[1] 鲁彦共有七名子女，他与首任太太谭昭育有二女，两人离婚后女儿随母亲改姓。刘增人、陈子善：《鲁彦夫人覃英同志访问记》，《新文学史料》，1980年02期（1980年5月），页221—228。

[2] 根据《婴儿日记》的序言，鲁彦夫妇喜爱孩子，在生产大儿子恩哥时，夫妇曾经计划记下儿子的成长点滴，但因为缺乏时间和精力，加上当时不懂科学育儿法，自认不配与人分享育儿经验，所以把计划搁置。直到女儿丽莎快将出生，他们才决定落实写日记的计划。日记最初在《东方杂志》发表，但只刊登了丽莎首五个月的成长经历，即由1933年10月31日至1934年3月31日。1935年，日记被辑录成书，除了已发表的部分，还新增了丽莎从六个月到周岁的逸事。首两个月的日记由鲁彦负责，之后由谷兰即覃英撰写。有关丽莎首五个月的资料，本书将引用《东方杂志》刊载的版本。

爱的工作。本书第二章提到，在二十世纪初，教养子女是"妇人之要务"，[①]授乳更是妇女的天职。[②]除非母亲生病、缺乳、身体虚弱、神经过敏、再度怀孕或其乳汁质量变差，否则不可轻用雇乳或牛奶。[③]覃英因缺乳才转用牛乳哺儿，其实无可厚非，也是促成她日后到外地教书的契机，说明牛乳哺育在某程度上可帮助缺乳的母亲，以及增加母亲的自由，扩大其活动空间。

覃英的经历反映了1930年代部分在职女性，不愿因为生儿育女而断送事业的现象。受五四时期妇女解放思潮的影响，女性纷纷争取经济独立和平等的就业机会，有偿工作备受尊重；相反，哺育婴孩等家内工作渐渐被妇女所轻视，甚至讥之为"贱职"。[④]在职母亲追求个人理想或外出工作，无暇分身喂哺婴儿，需要调整哺育方式，聘用乳母或使用牛乳哺育是常见的解决办法。覃英正是这类母亲，因为忠于自己的事业，刚好又缺乳，所以乐得使用牛乳，再聘用佣人照顾儿子，好让她可以继续发展事业。

[①] 服部繁子：《家政学》，页24。

[②] 下田歌子著，吴汝纶译：《新编家政学》，页12；君实：《自医学观之良妻贤母主义》，《妇女杂志》，5卷7号（1919年7月1日），"社说"页1—6；君实：《自医学观之良妻贤母主义（续）》，《妇女杂志》，5卷8号（1919年8月1日），"社说"页1—10。

[③] 服部繁子：《家政学》，页29；万青选：《男女婚姻卫生宝鉴》，页128—129。

[④] 张焕沈：《婴儿营养法》，《女子月刊》，3卷3期（1935年3月10日），页3973；麦惠庭：《中国家庭之改造问题》，上海：商务印书馆，民24（1935），页391。

　　但自从覃英的女儿丽莎出生后，她的态度却彻底转变。首先她坚持使用母乳哺育，只有因病、外出或母乳不足时，才用牛乳代替。后来女儿也发挥了辨别乳香的本能，即使吃过牛乳，还是要吸吮母亲的乳房找回点安慰。[①]这位在职母亲甘愿回家育儿，全因她自觉从前对大儿子恩哥照顾不周。日记不时提及恩哥是个暴躁、倔强的小男孩，覃英认为是奶粉哺育之祸害。由于她当时没有注意调节，所以令儿子经常消化不良，无法安睡；[②]加上佣人疏忽照顾，导致恩哥营养失衡，害了身体，最终酿成他暴躁的性格。[③]因此之故，覃英坚持以母乳喂哺女儿，只有当母乳不足时，才加添牛奶或奶粉补充。[④]

　　牛乳哺育的害处，固然是覃英转换哺育方式的原因，但若细心阅读日记，便会发现长辈的压力也是她放弃牛乳哺育的原因之一。据1934年1月5日的日记，当天下午覃英与家姑谈起长子恩哥小时候的情形，当中包括他八个月便断奶和佣人照顾

①　鲁彦、谷兰 :《婴儿日记（续）》,《东方杂志》, 31 卷 7 期（1934 年 4 月 1 日）,"妇" 页 38。

②　鲁彦、谷兰 :《婴儿日记（续）》,《东方杂志》, 31 卷 15 期（1934 年 8 月 1 日）,"妇" 页 17。

③　鲁彦、谷兰 :《婴儿日记（续）》,《东方杂志》, 31 卷 7 期（1934 年 4 月 1 日）,"妇" 页 38。

④　鲁彦、谷兰 :《婴儿日记（续）》,《东方杂志》, 31 卷 5 期（1934 年 3 月 1 日）,"妇" 页 15 ;鲁彦、谷兰 :《婴儿日记（续）》,《东方杂志》, 31 卷 7 期（1934 年 4 月 1 日）,"妇" 页 31、37、38 ;鲁彦、谷兰 :《婴儿日记（续）》,《东方杂志》, 31 卷 9 期（1934 年 5 月 1 日）,"妇" 页 19 ;鲁彦、谷兰 :《婴儿日记》, 上海 : 生活书店, 民 24（1935）, 页 152、189、207、217。

不周而害了身体等往事，家姑即时声泪俱下，扬言假使当日知情，"决不许可我（覃英）离开孩子去作事的"。①虽然日记没有详细说明，但不排除覃英因为之前疏忽照顾儿子，所以家姑自孙女丽莎出生后，便经常来回宁波、上海两地照顾女婴。②由此推断，覃英极有可能在家姑的压力下放弃牛乳哺育甚至工作，回家乳哺女儿。

覃英对两性之于家庭和育儿角色的理解，也促使她回归家庭。日记提到覃英离家到别县教书时，幸得喜欢孩子的丈夫鲁彦支持，既没有反对她出外工作，又花上不少心力照顾孩子。覃英得悉后，顿时醒觉过去的所作所为是错误的，对孩子表示歉意之余，更开始思索如何做个母亲。③覃英的反应揭示了1930年代的中国社会，仍普遍认为母亲应以孩子为重的观念。无可否认，覃英的反应是因为她疼爱孩子，所以才会放弃工作回家育儿，但上述日记却又隐约呈现她是基于自己对性别分工的认同：照顾家中幼小是妻子的责任，丈夫帮忙照顾孩子是违反常理的。所以她才会认定以往出外工作是错误的，并作出反省，以及在女儿丽莎出生后回归家庭。

男主外、女主内是传统中国社会的性别分工概念，而且

---

① 鲁彦、谷兰：《婴儿日记（续）》，《东方杂志》，31卷7期（1934年4月1日），"妇"页38—39。
② 鲁彦夫妇原先住在上海郊区江湾。1934年5月，即丽莎七个月时，他们搬迁到上海市区；同年8月，即丽莎十个月的时候，再迁往西安。鲁彦、谷兰：《婴儿日记》，页116—117、202。
③ 鲁彦、谷兰：《婴儿日记（续）》，《东方杂志》，31卷7期（1934年4月1日），"妇"页38。

根深蒂固。晚清推行女子教育，无助改变此观念，反而进一步强化女性治家兴国的角色。作为女学教材之一，家政学强调大自然法则使女性比男性更适宜处理家事，所谓"男务于外，女治于内。妇之治内，实天赋也"。[①]重申生物特征是厘订男女工作的准则。假使妇女"反天职之良性"，"为外本内末之事"，便会导致"冠履倒置，阴阳失常，亡身覆家"。[②]故此，妇女治家被视为"母仪"、"天职"。[③]为国家民族孕育强健的小国民，成为了清末妇女的社会角色。尽管五四时期曾泛起妇女解放思潮，但及至1930年代，当世界性经济衰退的余波蔓延至中国，而国内经济又受到金本位政策冲击，造成严重的通货膨胀；加上长江连年水灾，令城市和农村经济同样遭受严重打击，失业人数飙升，最终演变成"妇女回家"论争，主张职业妇女回归家庭，把工作机会让给男性。妇女留在家中做其贤妻良母，治家安国，相夫教子，养育强健小国民，成为民国时期妇女的使命，尽管拥有大学学历又从事教育工作如覃英，依然受这种性别分工观念所影响。

概言之，覃英是因为缺乳才转用牛乳哺育。无可否认，牛乳哺育赋予这位热忱工作的母亲行动自由，可以远离家门及婴儿到别县教书。虽然她选择牛乳哺育，但不等于她拒绝承担母

---

① 下田歌子著，吴汝纶译：《新编家政学》，页3—4。

② 下田歌子著，钱单士厘译述：《家政学》，页3。

③ 服部繁子：《家政学》，页2；清水文之辅译，冯霈译：《家政学》第一种，上海：广智书局，【清】宣统二年（1910），"序言"页1。

亲的责任。眼见儿子因饮食失调而害坏身体，加上连累丈夫照顾儿子，覃英顿时感到内疚，可见这位在职母亲并未忘掉为人母亲的责任。何况她骨子里仍深受传统男外女内的性别角色影响。至于儿子恩哥因牛乳失调而病倒，印证牛乳有益健康只是商人的宣传口号。

追寻自主：丁玲

第二个例子是近代中国著名女作家丁玲（1904—1986）。她原名蒋伟，字冰之，[①]1904年生于湖南常德外婆家中，1918年入读桃源第二女子师范学校预科，次年转往长沙周南女子中学。1922年初，丁玲赴上海，入读由陈独秀（1879—1942）、李达（1890—1966）等创办的平民女子学校。受五四运动影响，经瞿秋白（1899—1935）等人介绍，她在1923年入读上海大学中国文学系，次年夏转赴北京，曾在北京大学旁听文学课程。1925年她与胡也频（1904—1931）结婚，之后开始小说创作生涯，《梦珂》、《莎菲女士的日记》等作品，好评如潮。1930年11月8日，他俩的儿子在上海出生，随母姓蒋，取名祖麟，乳名小频或小平。[②]由于夫妇二人在1930年已加入左翼

[①] 丁玲只是蒋伟其中一个笔名，还有括毛毛、曼伽、T.L.、彬芷、从喧、晓菡、耀高等。王周生：《丁玲年谱》，上海：上海社会科学院出版社，1997，页1。

[②] 王周生：《丁玲年谱》，页33。

作家联盟（以下简称"左联"），其左倾的文学创作路线触动了国民党政府的反共神经，加上胡也频将代表左联出席苏维埃第一次代表大会，更令他俩受国民党的严密监视。1931年1月，胡也频在上海被捕，不久便被处决。丁玲在好友兼同乡沈从文（1902—1988）陪同下，携同稚子回乡，交由母亲照顾，自己继续文学创作和革命事业。1933年5月，她在上海被国民党特务绑架，后转送南京幽禁三年。到1936年9月才被营救到共产党控制的陕北地区。[1]

从以上的生平简介，大概得知丁玲不仅是位受过新式教育的女性，更是个新文学和共产革命的支持者。儿子蒋祖麟的诞生，严重影响她的日常生活，更令拮据的家庭经济百上加斤。丁玲忆述出院时身无分文，丈夫只好典当两件大衣缴付医药费及聘请乳母。[2]沈从文的散文也提到："这奶妈因为嫌主人太穷，不能吃一顿好点的饭，即刻又走了。"[3]自此，夫妇二人只好亲自照顾儿子，忙得不可开交：

小孩子日夜的尿布，皆得作母亲的洗换，小孩子每日六顿奶粉，皆轮到了作爸爸的调和。夜里有时哭醒了，两人之中总得有一个起来抱抱孩子。这一来，连写一封信也不行了。两人

---

① 有关丁玲与二十世纪中国女性问题研究，见 Tani E. Barlow, *The Question of Women in Chinese Feminism* (Durham: Duke University Press, 2004)。

② 丁玲：《一个真实人的一生——记胡也频》，载张炯主编：《丁玲全集》卷 9，（石家庄：河北人民出版社，2001，页 72。

③ 沈从文：《记胡也频》，《沈从文文集》卷 9，香港：三联书店香港分店，1984，页 93。

只想把小孩子暂时送到什么医院去，好好的来睡几天，再好好的来做点事，生活才能有一点头绪。可是上海地方就找不出这样一种医院。到后似乎又听人说可以这样办，一问到钱，一进去就得一百以上，这个钱一时自然筹不出，又只好作罢了。[①]

在没有乳母的日子，惟有用牛乳哺育，但儿子食量惊人，大人还来不及洗刷奶瓶，他又饿了并且放声大哭，夫妇两人只有忙到不吃饭、不睡觉：

> 半年来两人（丁玲与胡也频）文章皆在无办法安排情形中，支持日子的艰难，也就可以想象得出。为了小孩的出世，母亲不得不过医院去躺下，父亲不得不过各处去借钱。母子虽安全出了医院，家中凭空多了一个消费者，一面哭着要吃，一面还哭着要换脏肮尿布。且因为习惯不好，小孩子似乎明白将来的忧患，得赶快把身体发育长大，方能应付未来的命运，故半夜深更也总得吃奶两次。不理会吧，哭嚷得怪惨，起来安排一下吧，两人应分的睡眠时间可缩短了。而且奶粉的消耗，也真够作爸爸妈妈的踌躇，小豹子似的食量，吃了又吃，还总觉得不够。正像有意同父母为难，有意用这种事情来嘲笑两个不应该生育居然生育小孩的父母。[②]

---

① 沈从文 :《记胡也频》,《沈从文文集》卷 9, 香港 · 三联书店香港分店, 1984, 页 93—94。

② 沈从文 :《记丁玲（续集）》, 上海 : 上海良友复兴图书印刷公司, 1939, 页 6—7。

为了夫妇两人也可做点事，他们向熟人借钱，重新聘用一个来自苏北的娘姨（女佣）照顾小孩。然而，娘姨是个生手，不在行照顾小孩，也疏于他的饮食。[①]

由于夫妇两人也要干活，加上丁玲自问不会做母亲，所以在胡也频尚未遇害前，两夫妇已计划把小孩送回丁玲在湖南的娘家寄养。[②]到胡也频被杀后，婴儿便匆匆送回娘家，继续以奶粉哺育：

> ……到家中（丁玲湖南的娘家）之后，老太太（丁玲母亲）便无论如何不许旁人再来动手，一切皆得由她排调。冲洗瓶子，舀取奶粉，测验温度，莫不自己争着来作。[③]

笔者暂无法确定丁玲选择牛乳哺育的真正原因。如前文所述，二十世纪初的家政学书刊只建议缺乳、生病、工作频繁或因病而使乳汁变坏的母亲，改用乳母或牛乳哺育。但正如第二章提及，不少妇女为着自由、身材、容貌、安逸而拒绝授乳。[④]虽然丁玲的著作里并无提及她产后的身体状况，但她热爱写作和追求理想却是个不争的事实，她极有可能因此放弃授乳，改用牛乳哺儿。

---

① 沈从文：《记丁玲（续集）》，上海：上海良友复兴图书印刷公司，1939，页15、94；沈从文：《记胡也频》，页94。

② 沈从文：《记丁玲（续集）》，页10。

③ 同上，页132—133。

④ 徐讦：《论看女人》，页130；史济宏：《给母亲们》，页7；《台山保乳会》，页144；素贞：《给年轻的母亲们》，页30。

　　丁玲的经验进一步证明，牛乳哺儿并非有钱人家的专利。在抗日战争前，除鲜牛乳外，绝大部分炼乳和奶粉都是舶来品，价格并不廉宜。表4–5列出由1926至1931年间上海各类食米和代乳品的价格。不论是粳米或籼米，每石价格大致超过10元，当中又以1930年的米价最高（粳米每石14.77元，籼米每石13.605元）。把各类代乳品的价钱与同年的平均食米价格作比较，便可得悉一石食米相当于多少分量的代乳品。以1926年为例，一石食米的平均价钱可购买约5罐勒吐精代乳粉、44罐飞鹰牌炼乳或56瓶鲜牛奶。1930年，食米价格高企，但由于代乳品的价钱也同步上升，所以一石食米只可换来4罐奶粉、34罐炼乳或60瓶鲜牛乳。到1931年，两者的差距进一步扩大至一石食米等于两罐半奶粉、21罐炼乳或41瓶鲜牛乳。由此可见，在民国时期，代乳品尤其奶粉是价格高昂的婴儿食品。再从家庭收入看牛乳开支的比例，据第三章提及1929至1930年上海工人的家庭调查，当地工人家庭平均月入为34.71元。如果以牛乳哺育，单是牛奶的开销已占家庭总收入的23%至43.22%。

表4-5　上海市粳米、籼米及各式代乳品价格比较（1926—1931）

年份	粳米 （元/石）§	籼米 （元/石）§	奶粉 （元/罐）#	炼乳 （元/罐）*	鲜牛奶 （元/瓶）+
1926	13.342	11.988	2.542	0.286	0.225
1927	12.250	11.174	2.681	0.308	0.225
1928	9.372	9.171	2.736	0.313	0.225
1929	11.678	11.420	2.842	0.330	0.225
1930	14.770	13.605	3.468	0.414	0.235

（续表）

年份	粳米 (元/石)§	籼米 (元/石)§	奶粉 (元/罐)#	炼乳 (元/罐)*	鲜牛奶 (元/瓶)+
1931	11.310	10.962	4.389	0.528	0.270

§ 食米价钱取自《上海市工人生活费指数》，上海：上海市政府社会局，民21（1932），页33—35，表二。

数据属勒吐精代乳粉的价格，取自《上海货价季刊》（1923—1933），载《早期上海经济文献汇编》，第18—28册，北京：全国图书馆文献缩微复制中心，2005。

* 此乃飞鹰牌炼乳的价格，取自《上海货价季刊》（1923—1933），载《早期上海经济文献汇编》，第18—28册，北京：全国图书馆文献缩微复制中心，2005。

+ 数据来自 *Returns of Trade and Trade Reports for the Year 1926—1931* 每年有关鲜牛奶价格的平均值。

　　胡、丁夫妇虽然没有钱聘用乳母，但仍有能力购买奶粉哺儿。当工人家庭的婴儿只可间中进食牛乳，[①]丁玲的儿子却以奶粉作为主食。所以他们的家庭经济即使比上不足，但相对于众多低下层或工人家庭已是比下有余。

　　丁玲的经验也证明牛乳哺育的开支其实跟聘用雇乳不相伯仲。如前所述，1930年代在城市地区留宿的乳母月薪约六至十元，还要供给衣食住行。在各类牛乳制品中，以奶粉哺儿的花费最大，每月十五元或以上，至于购买炼乳或鲜牛乳，每月开

① 前文引述的上海市社会局工人生活程度的调查报告（见表3-6）中，有28户购买牛乳，平均消费3.437元；29户购买奶粉，平均消费5.239元。如以当时鲜牛乳和奶粉的价格推算，则平均每户每年消耗15瓶华资奶棚出产的鲜牛乳，与两罐两磅半装价格最廉宜的惠民奶粉，数量绝对不足以把牛乳作为婴儿的主要食物。

支则相差无几，大概十元左右。[①]如果只计算乳母的工资和牛乳的支出，无疑是牛乳哺育的开支稍人，但若把乳母的食宿和四时衣服费用计算在内，两者的花费其实相差无几。

当牛乳和雇乳哺育的开支相近，选用哪种方式的关键，则在于有否家人或佣人看顾婴儿。乳母集供乳者和佣人于一身，而牛乳哺育则需要人手调制和喂哺。假若没有家人或佣人帮忙，聘用雇乳更方便划算。丁玲夫妇二人均需做事，遂聘请乳母；不得要领后，也要找来娘姨或外婆，照顾婴孩的日常饮食。换言之，牛乳哺育不一定能卸下母亲的哺育责任。假如没有人帮忙照顾婴儿，选择牛乳哺育的母亲，充其量只能以乳瓶代替双乳。

表面上，丁玲不断逃避母亲的责任，既不授乳而用牛奶，又扬言自己不适合亦不愿意做女儿、做贤妻良母。[②]所以她把儿

---

① 1936 年，《家庭星期》刊登了一篇鳝稿，声称小孩吃美国大力果牛乳粉（Dryco Milk），首月就用了十四元，第二个月更超过十七元。后来，文章的作者经朋友介绍，转用鲜牛奶哺儿，每天订中、小瓶（一磅及半磅装）牛奶各一，每月的开支也不到十元。虽然上述只是宣传稿件，但所提供的资料，对了解牛乳哺育的消费却有一定帮助。至于炼乳的开支，由于资料所限，笔者只能作粗略的估计。以飞鹰牌炼乳为例，大罐十四英两（盎司）在 1934 年的批发价为每罐 $0.728，估计商人赚取一至三成利润，零售价约为 $0.8 至 $0.95。对三个月内的婴儿而言，一份炼乳须加水十二至十六份稀释，即一罐炼乳大约可调制出 196 盎司牛奶，按三个月内婴儿每日平均进食二十至四十盎司乳品计算，即足够四至五日食用。惟育儿专家强调，罐头牛奶开启后两三日便会变坏，所以估计以炼乳喂哺的婴儿，每月需要约十罐炼乳，开克约八至十元。周蔚亭：《饮奶有感》，页 6；格理著，朱润深译：《育儿新法》，国难后第二版，上海：商务印书馆，民 24（1935），页 47—48。

② 先：《丁玲访问记》，《妇女生活》，2 卷 1 期（1936 年 1 月 16 日），页 138。

子先后交由乳母、娘姨及老母亲照顾。但只要再仔细阅读丁玲的著作，便会发现她其实蛮着紧儿子：

> ……我在这时做了一个小婴儿的母亲。我们并不愿意有小孩，也不能有小孩，因为小孩太妨害我们了。不过，我们究竟是一个很平凡的人，我们没有超过这种爱，小的，乖的婴孩，显着天真的，红的嫩脸睡在摇篮里的时候，是给了做父母的人许多劳苦后的安慰的。[①]

再者，丁玲诞下儿子后不到三个月便守寡，又要为事业和革命奔走，所以卸下哺育职责，把儿子交由其母亲抚养未尝不是适当的决定。吊诡的是，舆论不断强调母乳哺育是强国之本、良母之职，不自乳而用牛奶的"现代母亲"被社会舆论口诛笔伐，却没有半句话指责丁玲疏于母职。相反，1934年的《良友》画报，更以她作为标准女性的典范之一。[②]贵为文坛新星与新寡，丁玲为理想、革命等宏大目标而放弃哺育，或许是社会舆论对她手下留情的原因，却反映出时人对母亲角色的双重标准。接下来本书会把焦点转到寻常百姓家，探讨其他母亲的故事。

① 丁玲：《莎菲日记第二部》（未完稿），载张炯主编：《丁玲全集》，卷4，页9。
② 《标准女性》，《良友》，99期（1934年12月1日），页22。

由热情到淡然：绿萍

1935年，女子书店出版的《母亲日记》，记载了作者绿萍及其两名女儿的生活。[①]日记分为上下两卷，上卷记载绿萍的大女儿长真的生活，她生于1932年5月21日。由于作者只有四十天产假，故此日记的上卷到1932年6月30日便结束。下卷由1934年6月5日开始，当时长真已是个两岁的小女孩，而且多了一个妹妹长颐，她生于1933年12月7日。作为在职母亲，绿萍是聘用乳母喂哺两个孩子，她的心理变化充分显露1930年代职业妇女在母职和事业之间取舍的矛盾。虽然绿萍没有注明她的职业，但字里行间却透露出她是位教育工作者，而且经常要四出视察，至于她的丈夫岐则是中学的英文教师。[②]

绿萍采用母乳哺育大女儿长真，而且从没缺乳，偶尔更会因为乳汁流得太快，令女儿来不及吞下而打噎。[③]这位在职母亲只有四十天产假，顷刻便要离开女儿，回到工作岗位，遂令她陷入职业和母职之间的矛盾：

[①]　日记最先在 1934 年于《女子月刊》连载，后来由女子书店结集成书出版。日记最初以"季贞"的名字发表，之后改为"绿萍"，单行本在 1935 年出版时，作者的名字也是"绿萍"，故本书统称日记的作者为"绿萍"。季贞：《母亲日记》，《女子月刊》，2 卷 6 期（1934 年 6 月 1 日），页 2483—2499；绿萍：《母亲日记》，《女子月刊》，2 卷 10 期（1934 年 10 月 1 日），页 2992—2997。

[②]　绿萍：《母亲日记》，页 48。

[③]　绿萍：《母亲日记》，页 24。

一般人论到女子的母性特长，莫不以为每个母亲都有各自抚育自己孩子的责任和兴趣。但是我的这份职务，却不能容许我把社会事业与抚育孩子的责任双方兼顾。我的职务，是需要我终日奔走视察，没有一个较长的时间，容我在家多坐一会的。所以真儿拟雇乳娘哺乳……[1]

绿萍最后选择了职业，于是为女儿雇用乳母，但经过多番折腾，仍找不到合意者。后来，有位二十六岁的乡村妇人应征，绿萍原本也打算雇用她。惟当她知道这位贫穷乳母正准备把其四月大的女儿送到育婴堂，或送给别人作童养媳，顿时激发她的母性，坚称"每个母亲，都有抚育自己孩子的义务"，不以自己的金钱蹂躏别人的孩子，所以拒绝聘用这位乳母。[2]两日后，乳母再度来访，重申她的孩子迟早要送人，加上乡间连年水淹无法维生，才逼不得已到城市当乳母。即使绿萍不聘请她，她仍会找别的东家去。假若绿萍以怜悯为由，更应该聘用她，使她不用再次逃荒。最终，绿萍聘用了这位乳母，但就违背了自己的原则而懊恼不已：

……我的每个孩子的母亲都有抚育自己孩子的义务的主张，却先自推翻了。惭愧，惭愧：自己的主张自己不能做到！[3]

---

① 绿萍：《母亲日记》，页 31。
② 同上，页 39。
③ 同上，页 41。

上述日记的资料显示，绿萍坚信哺乳是母亲的责任，甚至认为每个女子都应以抚育孩子为责任和兴趣。纵使母亲有育儿的责任，但会否视之为兴趣则因人而异。曾有一位经济困难甚至无米下锅的母亲控诉，儿女缠膝的感觉好比被毒蛇所咬。[①]初为人母的绿萍重视母职，源于她产后不到两个月便要和女儿分开，返回工作岗位，使她对女儿深表歉意。再者，当她发现乳母为喂哺长真而抛弃自己孩子，进一步加深了她的罪疚感。绿萍对母职的执着，反映出在职母亲并非如坊间舆论所指，不理孩子死活。

绿萍的经历引申出政府以至社会舆论是否支持妇女产后返回职场继续工作。在职母亲如要回到工作岗位，必先妥善处理婴儿哺育问题，这是民国时期社会舆论避而不谈但又确实存在的问题。纵然在职母亲坚持授乳，但工作环境不容许她们带同婴儿上班，上海市在1936年才要求工厂设置哺育室和托儿所，[②]而且法例只限于华界，租界内的工厂不在法律规管之列，显示当时的社会环境并不鼓励在职妇女生产后重回职场。

产假也反映了在职母亲面对的困难。首次生产时，绿萍有四十天产假，到二女儿出生时就只有二十天。根据教育部规

---

① 先：《参观高桥托儿所》，《妇女生活》，4卷？期（1937年2月1日），页47—49。
② 《关于工厂设置哺乳室及托儿所办法大纲》，上海市档案馆，全宗号：Q235-1-355。

定，中小学女教员有六星期产假。[①]惟女教员在产假期间的工作由谁替代？如聘请代理人由谁支薪？这些问题争议不断，最后国民政府下令"由学校呈请主管教育行政机关另行支给"。[②]由于笔者无法确定绿萍到底是教师还是上海市政府教育部人员，所以不清楚她可曾因为被扣减薪金以支付代理人的工资而缩短产假，惟一可以肯定的是，她生产小女儿时只有二十天产假，少于法律规定的四十天。从迟迟未设置托儿所和哺乳室，到扣除薪金和缩短产假，无不显露国民政府所谓"对于女子职业以及种种待遇，无不极力提倡赞助"的主张只是空谈。

到二女儿长颐出生，绿萍那份因未能履行哺育职责而产生的罪疚感已大大消减。由于只有二十天产假，于是绿萍赶紧为幼女聘请乳母，但却淘了不少气。日记提到小女儿在短短四个月内已换了三个乳母。第一个乳母的孩子已七个月大，本来已经奶水不足，加上她太想家，最终三个月后完全干枯。之后请来的乳母更糟糕，据日记所述，这妇人根本无心当乳母，只想来大城市"轧妍头，学摩登"，既受不了绿萍的家规，又天天吵着要回家，预支了三个月的薪金后便想离开，绿萍没有放

---

① 据 1931 年订立的《工厂法》，女工原本有产假八周，1934 年修订后缩减至六周，而且如在该厂工作不足一年，产假减半。不过，女教员自 1929 年却只有六周，可见在法例初定时，不同工种的产假也有不同。刘秀红：《社会性别视域下的民国女工生育保障问题》，页 37—38。

② 据国民政府在 1929 年 12 月 12 日规定，"女教员在生产假期内代理人薪资得由学校支给无庸由本人薪资项下扣除"。《教育部批：第六一〇五号（廿三年五月二十五日）：具呈人吴县县立草侨小学校教员章雪艳：呈一件为恳请确定女教员在生产假期内代理人薪资支给由》，《教育部公报》，6 卷 21—22 期（1934 年 6 月 3 日），页 13—14。

行，于是乳母展开报复行动，经常暗地里骂长颐，又对着她做鬼脸，结果令长颐病倒了，绿萍惟有把她辞退，另请他人。绿萍的母亲及嫂子不放心，所以把长颐留在娘家照顾。绿萍的反应是："你妈是个懒人，落得轻快些，所以便留你在外家住……"①相对于两年前大女儿长真出生时的情景，虽然绿萍仍当心女儿的哺育问题，但明显已不再拘泥于母亲必须亲自抚养子女的原则。

绿萍如何平衡工作及育儿责任，揭示1930年代的在职妇女怎样把母职分工。如前所述，选择牛乳或乳母需考虑经济负担之余，也要顾及谁人照料婴儿。绿萍需要可供乳及照顾婴儿起居的乳母，能帮忙打理家头细务更理想。由于小女儿长颐仍在襁褓中，同时恐防乳母会再次疏于照料，于是终日四处奔走的绿萍在聘请乳母之余，还把幼女交由娘家的母亲及嫂嫂托管；至于大女儿长真因为已懂得走路及说话，而她的乳母（那位因逃荒而哀求绿萍收留的乡妇）除了照顾长真起居饮食外，更可担当娘姨的工作，为绿萍一家烧饭洗衣，所以大女儿可留在父母身边。②换言之，绿萍把大部分母职摊分予四人代劳：两位乳母各自照顾少主人，大女儿的乳母还要负责日常家务，至于绿萍的母亲和嫂嫂则帮忙监督幼女的乳母，绿萍就担当总指挥的角色，监察各人的工作，间中也会照顾大女儿，责骂乳母纵容长真，又会以其枯乳慰藉大女儿。③

---

① 绿萍：《母亲日记》，页65。
② 同上。
③ 同上，页65—66。

绿萍的母亲经验体现了女性亲属网络的重要。生活在小家庭的绿萍，因为丈夫不在身边，故选择回娘家生产，万事也有母亲和嫂嫂照应。其后她把幼女留在娘家。可见女性亲属网络对初产以及在职母亲十分重要。而且，女性亲属网络不限于夫家的姑嫂妯娌，娘家的母亲、姐妹、嫂子也可支援小家庭的母亲。

回到家庭去：敩良

前文提到绿萍认为"每个母亲都有各自抚育自己孩子的责任和兴趣"，这种说法有点夸张，也许是要突显在职母亲同样重视母职。更普遍的情况是，在职母亲因为生活逼人，需要狠心放下仍在襁褓的婴儿返回工作岗位，敩良就是一例。

1936年，《申报妇女专刊》发表了一篇题为《我回到家庭去了》的文章，作者敩良是位拥有中学学历的银行职员。作为城市的在职妇女，敩良与任职电报局的丈夫在婚后组织了小家庭，翌年更诞下两人的爱情结晶。这个小家庭每月收入共九十元，丈夫月入六十元，而敩良则有三十元，无法养活一家三口和娘姨。所以几个月后，敩良只得回到银行工作。由于雇用乳母太费钱，婴儿惟有改吃奶粉。不过，作者的主观愿望最后还是落空。由于夫妇两人均出外做事，膳食洗烫均求诸外；加上娘姨管家又不知节省，令开支大增，最终敩良惟有辞工，回归家庭节省开支。[①]

经济压力既是敩良回到职场的原因，也是她后来回归家庭的理由。有别于追求事业成就的妇女，敩良是因为家庭经济问题才回到职场，为婴儿转用奶粉哺育。若家庭环境许可，她宁愿继续以母乳哺儿。这个为了养家而使用牛乳哺育的母亲，跟先前所述的劳动阶层妇女大同小异，彼此都是为了多赚点钱而弃母乳、用奶粉。两者的分别是敩良的经济环境较好，可以购买奶粉作为婴儿的主要食粮，再一次证明牛乳哺育并非富贵人家的专利。不过，敩良到头来也是为了经济原因放弃工作，回家肯儿。这短短八百多字的自述，既看不到敩良因为回家育儿而唏嘘，也感受不到她热忱工作多于照顾自己的孩子。在职母亲某程度上也不愿长时间离开孩子，这点在绿萍的《母亲日记》中已经清楚表达，敩良也不例外。

敩良的经历证明牛乳哺育确实可让母亲离开嗷嗷待哺的婴儿，但前提是要另有他人帮忙调奶、喂哺和照顾婴儿。即使敩良家庭经济紧绌，也得挤出一些工钱聘用娘姨。

做一个人：夏秀岚、友

更多妇女慨叹因抚育孩子断送了事业、学业或个人兴趣。

---

① 敩良：《我回到家庭去了》，《申报妇女专刊》，29 期，载《申报》，1936 年 8 月 8 日，页 20。

从民国时期的女性刊物里，可发现零星有关妇女在理想与母职之间挣扎的唏嘘和无力感。在1924年出版的《妇女杂志》中，夏秀岚发表了她对女儿断乳时的感想。夏氏自称从小饱读《女儿经》、女"四书"、《列女传》，但从不愿做个贤妻良母，并且自十二岁起便阅读《妇女杂志》。其实，这句只是客套话，借此褒扬该杂志在女界的地位。夏氏未足二十岁就在青岛结婚，之后跑到上海入读师范学校，成为文学专修科的走读生。惟恐恋爱会荒废学业，她要求迁往学校宿舍居住；然而，她最终也怀孕了，并在她二十岁那年的秋季诞下女儿。婴儿乳哺需人，夏氏本想雇用乳母，但抚心自问不能如此：

> 呱呱一块肉，乳哺需人，我能够舍了她再去做女学生么？但是我不原是一个志气很高的一个女学生么？难道就此无声无臭的在家里弄小孩子了事么？僱一个乳佣，将小孩子交给她，我仍我行我素罢；唉，抚心自问，如何可能？天赋的母职，我是不应放弃的；天性的慈爱，又教我不舍得委诸他人之手哪！[1]

到女儿长至十六个月，夏氏决定要摆脱育儿的束缚，于是为孩子断乳。可是断乳期间，女儿每夜哭个不停，虽然有佣妇代为照顾，但她反而因为夜间过于安静更觉心神不定，最终从佣人手中取回女儿自行照顾。

在母职与学业之间，夏秀岚选择了母职，为孩子牺牲学

---

[1] 夏秀岚：《爱儿断乳的时候（感想录）》，《妇女杂志》，10卷4号（1924年4月1日），页612。

业，亲自哺育女儿，因她认为妇女应该负起养育儿女的责任。惟她并不认同母职比学业重要，否则她也不会打算在女儿一岁多时来个了断。她原本计划在婴儿断乳后，凭着自己一点学识和毅力，在社会谋个职位，超出妻母的范围，做一个她所愿意做的人。不过，她最后因为不忍女儿因断乳带来的悲痛而放弃。她自认是个"意志薄弱者，进行失败者"，但仍会奋力振作，希望终有一天在社会做一个人，而不只是家庭里的妻子和母亲。[①]

夏秀岚的故事道出了二十世纪前期部分知识阶层妇女面对母职与理想的两难局面。她们不认同妇女应该留在家中做贤妻良母，更埋怨因为要哺育婴孩而被逼放弃理想。部分有经济能力的可雇用乳母或使用人工哺育，惟大前提是，她们能否狠心舍下嗷嗷待哺的婴儿，夏秀岚就是个失败的例子。

1935年《女子月刊》刊登了女作家友在医院生产时的所见所闻，当中包括贤妻良母在事业、母职与育儿之间的矛盾。友形容五床的产妇是位自愿做贤妻良母的大学毕业生，两人曾因妇女生育与职业等问题有过争拗，五床大学生产妇扬言：

> 女人到底是女人，一生了孩子便什么都完了，还能做什么？像我们读到大学毕业，还不是白读了？[②]

[①]　夏秀岚.《爱儿断乳的时候（感想录）》，《妇女杂志》，10 卷 4 号（1924 年 4 月 1 日），页 610—613。

[②]　友：《十三日的医院生活》，页 5118。

虽然作者即时批评对方心甘情愿做个贤母良妻，但大学生立刻反驳：

> 就说有了孩子也一样的做事，然而生孩子的期间，你总不能不停止工作，这总是女人的一个大缺点。[1]

五床产妇道出了母亲的无奈，不管产后是否回到工作岗位，生产期间也必须暂停工作，这是不争的事实。惟上司或工作机构是否容许女员工请假又是另一回事。假如二十一世纪的今天仍有雇主歧视怀孕和喂哺母乳的女员工，[2]一个世纪前雇主对已为人母员工的态度有多恶劣可想而知。

有妇女甚至投稿讲述母亲身份的悲哀。殷琪有个五岁的孩子，她慨叹五岁的小人儿也看透妇女做母亲应做的工作是天经地义的。她抱怨：

---

[1] 友：《十三日的医院生活》，页 5118。

[2] 2015 年，联合国儿童基金会及香港特区政府推行母乳喂哺友善措施，冀公众场所（如食肆、商场）和工作间腾出私密空间及设备，让母亲喂哺母乳或泵奶。香港中文大学亚太研究所，在 2015 年 8 月 25 日至 27 日以电话进行的民意调查显示，受访的 722 位十八岁以上的人士当中，有 67.7% 认为香港对女性在公众地方喂哺母乳的接受程度属于"低"或"非常低"，而有八成受访者赞成或非常赞成政府应立法保障授乳女性在工作及使用服务和设施时免受歧视。联合国儿童基金会母乳育婴齐和应，http://www.sayyestobreastfeeding.hk/（浏览日期：2016 年 8 月 20 日）；香港中文大学香港亚太研究所《中大香港亚太研究所民调：港人对在公众地方喂哺母乳接纳程度低建议加强宣传喂哺母乳所带来的长远裨益》，2015 年 9 月 9 日，http://www.cuhk.edu.hk/hkiaps/tellab/pdf/telepress/15/SP_Press_Release_20150909.pdf（浏览日期：2016 年 8 月 20 日）。

可是"母亲"真就是女人的终身头衔么？做了"母亲"，真的永远做不得别种人么？……试看职业界中固有不少的女子，但是很少做了母亲的人涉足；有之，只是新式产业下的女人，然而她们是被迫得不容不丢开了自己的孩子的。而她们的孩子所过的凄惨生活，才是人世的悲剧呢。①

殷琪慨叹母职和人职完全对立，不可两者兼得。何况职场根本容不下已为人母的女员工。至于文中所谓的新式产业女工应该是工厂女工，她们为生计迫不得已离开孩子，虽然得到"母亲"以外的身份、头衔，但却丢下孩子无人照料，其实得不偿失。

不仅女性对哺儿产生怨言，丈夫间或也会感慨妻子因为哺乳牺牲太多。谢宏徒慨叹哺乳令妻子吃了不少苦头，在十三个月的授乳期内，妻子日夜忙着喂哺婴孩。钢琴和英语是妻子从前在学时的专长，离开学校后也从没放弃，惟独孩子出生后，因为授乳实在太困身及劳累，使妻子不得不放弃。②谢宏徒的慨叹说明了授乳母亲不仅失去行动自由，就是自己的兴趣和理想也一并断送。

上述的例子均说明，不少贤妻良母并非心甘情愿留在家中哺育或照顾婴儿，她们也会埋怨因哺乳而牺牲个人兴趣、学业、事业或理想，部分有学识、有能力投身职场的女学生，更

① 殷琪:《随笔·作了母亲》(二)，《妇女杂志》，17卷1号（1931年1月1日），页36。
② 谢宏徒:《随笔·作了父亲》(四)，《妇女杂志》，17卷1号（1931年1月1日），页44—48。

暗示孩子阻碍了她们做一个人的理想。贤妻良母的怨言反映了她们的内心挣扎，哺乳也令她们身心疲累。相比之下，男性主导的社会舆论只着眼于妇女做好贤妻良母的角色，成就了家庭、国家、民族的富强，忽略母亲的个人意愿，无视她们的牺牲，甚至不认同这是牺牲。

虽然五四以来做一个人的风气，未能使所有母亲成功就业或实践理想，但已改变了妇女对哺育的态度。当妇女就业犹如凤毛麟角，有偿工作备受尊重，相反，家内工作包括哺育婴孩却逐渐被轻视，更有妇女讥之为"贱职"、"卑贱的工作"。[1]与此同时，妇女离家上班，不能终日留守在婴儿身旁，增加了雇用乳母或使用牛乳哺育的机会。职业妇女工余时，还需要处理家内工作，在职母亲更要承担事业、家务和育儿的责任。繁重的工作令经济能力许可的妇女，把母亲的工作包括料理家务、照顾长幼、教养儿童、哺育婴孩等事项，交由佣人、娘姨、乳母、姑嫂妯娌甚至托儿所分担。母职分工破坏了清末以来士大夫倡议良母必须生育、养育、教育并重的准则，同时挑战了哺育为妇女天职的理念。

慈爱与疼痛：恨天、冯和仪

除了母职和人职的心理挣扎，授乳更为母亲带来肉体上

---

[1] 张焕沈：《婴儿营养法》，页 3973；麦惠庭：《中国家庭之改造问题》，页 391。

的痛楚，因而部分母亲拒绝授乳；却一直被专家、学者，以至
男性主导的报刊舆论忽视或美化。授乳的痛楚可以分为精神和
肉体两种。精神上的折磨可来自妇女未能完成哺育的职责。上
一章讨论过的奥斯得奶粉广告，就提到母亲因为缺乳而产生罪
疚感，生怕乳量不足会使婴儿不能饱食，可见泌乳量少甚至缺
乳，确实对部分初产母亲造成心理和精神压力，需要为婴儿张
罗代乳品之余，也需要得到家人的谅解与支持（图3-12）。

　　授乳的劳累也为母亲加添不少压力。署名恨天的女士，是
四个孩子的母亲，她在《妇女共鸣》申诉育儿之苦。自从做了
母亲后，她没有吃过一顿安乐茶饭，也没有安稳地睡过一晚。
夜里总要起床喂奶两三次，每天只有五六个小时的睡眠时间。
加上她患有神经衰弱，经常失眠，生活更加痛苦，只要白天干
点思考的工作，晚上就严重失眠，惟有聘请乳母代劳。[①]恨天的
经验说明，授乳已令母亲身心疲累，还有日常大大小小的精神
压力，使部分妇女放弃母乳哺育。

　　肉体的痛楚更容易驱使母亲放弃授乳。十八世纪欧洲的
上流社会妇女，有部分因为皮肉之苦而拒绝授乳。婴儿吸吮位
置不正确，容易导致母亲乳头破裂、发炎甚至溃烂，最终需要
切除整个乳头；已长出乳齿的幼儿，更有机会把母亲的乳头咬
掉。于是，当时欧洲不少上流社会的妇女，假装缺乳或乳头凹

---

① 恨天：《母亲的酸辛泪》，《妇女共鸣》，6 期（1929 年 6 月 15 日），页 21—
　　26。

陷，另聘乳母喂哺婴儿。[①]

二十世纪之前，中国有关授乳的疼痛主要见之于医学典籍。陈自明的《妇人大全良方》记载了乳痈等痛症及治疗方法。[②]到二十世纪初，有关授乳痛楚开始从不同的途径表达出来。有妇女、家庭及育儿书报杂志，教导初产母亲如何强化乳头组织及乳房皮肤，减低哺乳时受伤的风险。例如，用水、火酒、硼酸水浸洗乳头，又或以小刷频频摩擦，令皮肤变得粗糙坚韧，避免日后因婴儿吸吮而破裂。[③]假如乳头已经破损，可在患处涂上鱼骸膏（Ichthyol）、凡士林（Vaseline）、氧化锌软膏（Zinc oxide ointment）等软膏治疗。授乳前谨记先用橄榄油拭去伤口上的药物，再用清水洗净。[④]如患处疼痛至极，可涂上麻醉液。至于乳房发炎的产母，可加贴冰袋，减轻痛楚。[⑤]妥善处理伤口之余，母亲也要避免婴儿只含吮乳尖，而是同时含吮乳头及乳晕，才能减低母亲乳头受伤的机会。妇女更不可让婴

[①] Stone, *The Family, Sex and Marriage in England,* pp. 426–427; Fildes, *Breast, Bottle and Babies,* p. 101.

[②] 陈自明：《妇人大全良方》卷 23，《乳痈方论第十五》，页 28a。

[③] 剑我女士：《孕妇应当怎样注意》，《家庭杂志》，8 期（1922 年 8 月 15 日），页 5；李九思：《保育婴孩的方法》，《妇女杂志》，13 卷 7 号（1927 年 7 月 1 日），页 39；蒋紫兰：《女子的乳房》，《玲珑》，25 期（1931 年 9 月 2 日），页 916—917；芳信：《授乳与断乳》，《玲珑》，4 卷 6 期／131 号（1934 年 2 月 21 日），页 371；源：《孕妇应注意的事》，《家庭周刊》，乙种 126 期（1937 年 1 月 10 日），页 27。

[④] 格理著，朱润深译：《育儿新法》，页 29。

[⑤] 姜振勋：《小儿营养法》，《妇女杂志》，9 卷 5 号（1923 年 5 月 1 日），页 111。

儿含乳而睡，此举不仅增加母亲乳头裂伤溃烂的机会，熟睡的母亲更有可能压伤婴儿。[1]综观上述有关授乳痛楚的文字记录，绝大部分是教导母亲如何纾缓授乳带来的痛楚，包括乳头破裂、溃烂式乳房炎等。而且，这些记录仅限于从医学角度，表达妇女授乳的痛苦，未有记载妇女的感受。

传记、回忆录和文艺作品，间或也会记述妇女授乳的经验。[2]贾永梁的《断乳》回忆他六岁时向母亲索乳的情形，其母把他的头轻轻地一摇说："慢慢地吸罢，咬得乳头儿怪疼的。"作者的叔叔看见他满口坚实牙齿仍向母亲索乳，不忍嫂子吃苦，」是用墨将一对乳房画成妖怪的眼睛恐吓作者，使他从此再不敢索乳。[3]《女子月刊》则记载了一名身体残缺的妇女，如何排除万难哺育婴儿。无锡十区港下镇妇人顾秀英，因少女时过度束乳，致令乳房扁平，乳汁稀少，而且乳头凹陷，无法授乳。红肿溃烂的乳房，不单令她疼痛不已，更使其婴孩无乳可吃，导致婴儿皮黄骨瘦，令顾氏母深感后悔。[4]至于沈家臻的小说《慈母的心》，讲述素筠天生没有乳头（可能是乳

[1] 姜振勋：《小儿营养法》，《妇女杂志》，9 卷 5 号（1923 年 5 月 1 日），页 111—112。

[2] 有关妇女的痛史，高彦颐以缠足之痛为例，说明一些女性的痛楚，需经过第三者代为向公众展示。高彦颐：《"痛史"与疼痛的历史》，载黄克武、张哲嘉主编：《公与私：近代中国个体与群体之重建》，台北：中研院，2000，页 180、198。

[3] 贾永梁：《断乳》，《妇女杂志》，10 卷 2 号（1924 年 2 月 1 日），页 324 325。

[4] 砚孚：《赶速解除小马甲》，《女子月刊》，1 卷 8 期（1933 年 10 月 15 日），页 36—37。

头凹陷），尽管她的丈夫聘请了雇乳减轻其痛楚，但素筠以乳娘没有一个会留心小孩为由拒绝，宁愿忍痛继续授乳。每当小孩吮乳时，她便簌簌地掉下泪来，授乳的痛楚更令她浑身不舒服。[①]

以上的例子说明，授乳为母亲带来肉体和精神上的痛楚。肉体的痛苦源于乳房胀痛、婴儿含吮甚至咬伤乳头的疼痛，至于缺乳或身体缺陷而不能授乳的妇女则承受巨大的精神压力。无论是哪一种痛楚，他者的叙述均着重呈现母亲含辛茹苦、排除万难也要履行哺育使命的决心，以授乳的痛楚颂扬母爱的无私与伟大，却未能如实地反映出授乳的痛楚。惟有通过亲身的记述，才能展现疼痛如何左右母亲选择哺育方式，敫良与冯和仪的经历是不可多得的材料。

不论授乳与否，母亲也要抵受乳房胀痛；产后不久便要复工的在职母亲，所承受的痛楚就更大。前文提及的敫良，原本打算婴儿日间吃奶粉，晚上由自己喂奶，但却无法实现，皆因"孩子日间不吃奶，自己的奶胀痛得难受，为了做事，只好让孩子完全吃奶粉"。[②]在职母亲在工作期间，乳腺会如常膨胀，如未能及时挤出乳汁，轻则因疼痛而无法集中精神工作，长期积乳更有机会引致乳腺炎。为求工作，敫良最终惟有放弃晚间授乳，好让乳房不再周而复始地胀痛。

---

① 沈家臻：《慈母的心》，《家庭》，6 期（1922 年 6 月 15 日），（小说）页 1—10。
② 敫良：《我回到家庭去了》，页 20。

　　冯和仪对授乳疼痛的书写更加细腻，痛楚曾一度令她犹疑应否继续授乳。她在1934年诞下长女薇薇。女儿生后第二天，冯氏在老佣人黄大妈的指导下，为女儿"开口"，吸吮第一口母乳。她形容首次哺乳"痛彻心肝"：

　　从来没有喂过奶的乳头，叫作"生乳头"，吮起来实在痛得很的。而且她（女儿）似乎愈吮愈紧，后来我真觉得痛彻心肝，赶紧把它扳出来，看看上面已有血了。[1]

于是黄大妈叫冯和仪改用另一边乳房喂哺："吃过几次，便不痛了。"痛楚令冯氏犹豫应否把乳头再塞进婴孩的小嘴里去，但当见到婴孩空吮着自己的下唇，啧啧有声的样子，她实在不忍，终于咬紧牙关把婴儿抱近身边。[2]虽然冯氏最后还是忍痛授乳，但明显吮乳的痛楚曾令她想过放弃哺育婴儿。

　　如同敩友的经验，冯和仪也受到乳房胀痛的折磨。她形容充满乳汁的乳房，感觉硬邦邦的。由于她首胎诞下女儿，渴望子嗣继后香灯的翁姑禁止冯氏授乳，务使她能早日再次怀孕。然而，冯氏泌乳量甚丰，不一会乳房就胀痛起来，需用冷毛巾敷在乳房上减轻痛楚。婴儿出生后第三天的晚上，冯氏的乳房痛得更厉害。虽然她不断拍床大骂，喝令乳母尽快把女儿送来吮乳，却不得要领。之后几天，她的乳房仍疼痛得很，但痛楚

---

[1]　苏青：《结婚十年》，页46。
[2]　同上。

已慢慢纾缓：

> 一大团硬面包似的东西渐渐变成果子蛋糕般，有硬粒有软块了。终于过了一星期左右，乳房不再分泌乳液……。[1]

冯和仪初次授乳的经历说明，授乳的疼痛源自婴儿紧吮乳头的一刻以及乳头的损伤；不过，平日一时三刻的乳房胀痛，更令母亲"痛得要死"。[2]

然而，媒体却是选择性地展现妇女授乳的疼痛，甚至刻意淡化。授乳产生的痛楚每一天都在不同阶层的母亲身上发作；即使二十一世纪医学昌明，授乳的母亲仍不时感染乳头炎和乳腺炎。[3]然而，在民国时期我们甚少看到相关的文字记录，冯和仪的剖白可谓相当难得。她的叙述让我们得知母亲授乳的温馨画面，其实由妇女的鲜血、疾病、呻吟和泪水交织而成。这些痛苦的经历，在第三者笔下通常只会轻描淡写，又或美化为母亲对子女的慈爱和无私奉献。涉及束胸、身体残障但仍强忍痛楚坚持授乳的故事，更被高度美化、歌颂。

授乳的痛楚带出了母亲对自我身体控制的两难。母亲既要承受婴儿吸吮甚至咬破乳头的风险，同时，母亲是否授乳也必

---

[1] 苏青：《结婚十年》，页48。
[2] 同上。
[3] 佛罗伦丝·威廉斯著，庄安琪译：《乳房：一段自然与不自然的历史》新北市：卫城出版，2014，页166—167。

然经历乳房胀痛，甚至有可能患上乳炎。授乳的疼痛令部分妇女放弃哺育，但放弃授乳却又换来精神困扰，责备自己未能完成哺育使命，影响婴儿的健康。

有乳不哺的"现代母亲"

自清末以降，母亲自乳婴孩不仅是天职也是道德责任，所以妇女有乳不哺而用雇乳或牛乳动辄遭社会舆论口诛笔伐。然而，1920、1930年代有关妇女个人和身体解放的论述，唤醒其自我价值，鼓励她们追求贤妻良母以外的角色，争取思想、身体和行动自由。同时，部分"现代母亲"忧虑哺乳会导致容颜易老、失掉乳峰线条美、妨碍交际，于是拒绝授乳。这一节主要引用第一、第三人称所写的记述，窥探这群"现代母亲"的内心世界，尝试从这群妇女的角度剖析其对母职的想法。这些"现代母亲"绝少公开回应外界的批评，依然故我地继续她们的生活，否则抗战前各种进口代乳品的数量不会持续上升，舆论对她们的批评也不会愈来愈尖酸刻薄。

社会舆论经常批评有乳不哺而用牛奶的"现代母亲"，但她们声音却又不见经传。她们的一言一行，主要是通过第三者的叙述跃然纸上，当中包含了不少记录者对她们的主观评价。女作家友撰写的产房日记，对"现代母亲"的举止言行有颇详细的形容。在她笔下，新来的三床有闲阶级阔太是位摩登女性，她的头发烫得卷曲，眉毛修得很细，所到之处总留下一阵令人陶醉的脂粉香、头油香。[①]由于阔太产后没有泌乳，她的孩子留院期间只能吃羊奶，她亦打算在出院后雇用乳母哺儿：

> 我有奶也不喂小孩，喂孩子的人容易显老，并且出去也太不方便，我在家是坐不惯的，不是看电影，就是听戏，再不然就得找人家打打牌，或是出去逛逛，家里事反正有老妈子，我也不会做，也用不着我管。[②]

阔太害怕容颜衰老和失去行动自由，看似是重视自己利益多于孩子的健康。她的言论，与本书第二章引述二十世纪前期舆论对"现代母亲"的批评相当吻合。其实阔太的生产过程早已显露她拒绝哺乳的端倪。友在日记里提到，阔太是剖腹产子的，而她在生产时从产房传出的悲鸣，更使远在病房的作者毛骨悚然。[③]生产时所受的痛楚，也许是三床阔太不想再受哺育缠绕，急于聘请乳母的原因。阔太的情况，刚巧与《玲珑》形容大家庭阔太的哺育态度相若：

> 有一班大家庭的阔主妇们，觉着本身已经千辛万苦的冒着危险生下孩子来，当然不能再进一步的牺牲，忙着为他哺乳，而把自己限制了；于是就强迫着丈夫，花钱雇来奶妈，替她尽

---

① 友：《十三日的医院生活》，页 5121。
② 友：《十三日的医院生活》，页 5123。
③ 同上，页 5122。

那哺养之责。奶妈的乳汁，是否良好？不去管她……主妇们嘴还会说呢，这是为着要保持自己"美的过程"，并且免除青春"早老"的遗憾。①

三床阔太正是这类母亲，生产的痛楚已教她死去活来，故此无论如何再不愿受育儿之苦。所以，母亲拒绝授乳不仅可视为自我身体控制的醒觉，更是为生产时承受十级痛楚取回一点补偿。

　　在上海出版的《玲珑》是少数刊载不自乳母亲心声的杂志。在作者邬耑章笔下，使用牛乳哺育的白夫人其实是一个贤妻良母。白夫人芳龄二十六，是位全职家庭主妇。她育有三名孩子，分别是七岁、五岁和四个月。她的日常工作就是照顾一家五口，而且将家事"治理得井井有条"。②表4-6顺时序列出白夫人一天的工作。她以牛乳喂哺小女儿，而哺乳时间分别是上午六时半、九时一刻、下午的十二时一刻、三时一刻、六时半和晚上十时，夜间不再喂哺。换言之，即每三小时哺乳一次。家政学书刊指出，根据科学分析婴儿消化乳汁需要一小时四十五分，故此每隔两小时哺乳一次最为合适。随着婴儿成长，哺乳次数可递减。例如，初生十四日内，维持每两小时哺乳

① 《哺养，保护，教育》，《玲珑》，6卷45期／262号（1936年11月18日），页3529—3530。
② 其实白夫人有女佣帮忙料理家务，她只需照顾婴儿的饮食和清洁，其余的母亲工作，包括准备膳食、照顾一家起居、打扫洗烫等，则多数由女佣负责。

一次，其后渐改为每三小时一次，晚间则五六小时不需喂哺。[①]
如此看来，白夫人绝对符合当时主张的定时和规律化哺育守则。

表4-6　白夫人一天的工作时间表

时间（上午）	工作	时间（下午）	工作
6：00	起床	12：15	喂牛乳
6：30	喂牛乳，然后哄婴儿睡觉	12：45	婴儿睡觉，与其余两个孩子午膳
7：00	婴儿睡醒	1：45	带婴孩外出约一小时
7：15	女佣准备早餐	3：15—3：30	婴儿回家饮牛乳
8：30	为婴儿洗澡	4：00	孩子放学回家吃茶点，如没有家课，孩子可逗婴孩玩
8：45	为婴儿准备牛乳	6：00	大人与小孩用膳，婴孩在旁边睡或活动
9：15	喂牛乳	6：30	喂牛乳，然后哄婴儿睡觉
9：45	洗涤婴儿的衣服	10：00	喂牛乳
10：20	开始预备午餐		
11：00	上街买东西		
12：00	准备牛乳		

资料来源：邬瑶章：《白夫人一天的工作》，《玲珑》，3卷34、35期合刊／114、115号（1933年10月10日），页1862、1865—1867。

值得留意的是，白夫人有别于舆论批评的不自乳母亲。虽

---

① 下田歌子著，吴汝纶译：《新编家政学》，页15—16；足立宽著，丁福保译：《育儿谈》，页18—19。

然文章没有交代白夫人为何选择牛乳哺育，也没有透露她的健康状况，但观乎她一天的工作，选用牛乳哺育的妇女不一定置家人、家务于不顾，只管吃喝玩乐。以白夫人为例，她的娱乐只是闲时上街购物，或带婴儿外出散步而已。如此看来，不自乳而用牛乳的白夫人，跟其他亲自授乳的贤妻良母其实大同小异。

第二份材料是《主妇日记》，记载1936年3月18日至6月24日期间，一位二十岁徐姓女子（以下称之为"徐女士"）的日常生活。[①]虽然徐女士并非选择牛乳哺育，而是聘用乳母，但她的经验可充分反映有乳不哺的母亲的心理状态。《主妇日记》没有交代徐女士的背景，只约略提到她闲时喜欢阅读《宇宙风》。这份散文半月刊由林语堂主编，1935年9月在上海创刊，由此推论徐女士曾接受新式教育。徐女士已结婚三年，丈夫文为报社撰文讨生活。夫妇两人育有一名女儿然嫣，日记开始时她快满十八个月，正值断乳之龄。家中尚有徐女士的父母和阿珍，[②]一家六口连同女儿的乳母、下人居于上海。

徐女士算是个摩登型的母亲。女儿然嫣自出娘胎到断乳，

① 日记首次发表时，作者的名字是"琪女士"。但第二次出版时，作者名字改为"德真女士"。之后的数期又用"淇女士"，最后从1936年4月29日再用回"琪"字。虽然如此，以上多个不同的名字所指的应该是同一个人。琪女士：《主妇日记（一）》，《玲珑》，6卷10期／228号，（1936年3月18日），页758；德真女士：《主妇日记（二）》，《玲珑》，6卷11期／229号（1936年3月25日），页831；淇女士：《主妇日记（三）》，《玲珑》，6卷12期／230号（1936年4月1日），页909；琪女士：《主妇日记》，《玲珑》，6卷16期／234号（1936年4月29日），页1238。

② 阿珍自七岁起就在文的家生活，与徐女士同龄，但她经常不修边幅，故徐女士形容阿珍是"低能女子"。

一直是由来自乡间的乳母照顾，徐女士毋须照顾女儿。但由于乳母约满离职，女儿的起居生活便需由她独力承担。4月6日的日记写道：

> 今天，然嫣已经满了十八个足月，奶娘是要九号才满工，文和我主张明天起就替她隔奶，由我自己试领……明天起，我要负起照领孩子的全部责任了。[1]

4月8日的日记更提到："自己领孩子睡，昨晚还是第一次……"[2]言下之意，在乳母未满工之前，徐女士不用费心孩子的起居饮食，她的母亲角色只是闲来为女儿做小鞋子、缝制衣服，[3]以及担心她的健康。[4]

除了闲来看管女儿以及为丈夫下厨，[5]徐女士几乎每天也

---

[1] 淇女士：《主妇日记（五）》，《玲珑》，6卷14期／232号（1936年4月15日），页1070。

[2] 淇女士：《主妇日记（六）》，《玲珑》，6卷15期／233号（1936年4月22日），页1151。

[3] 淇女士：《主妇日记（一）》，《玲珑》，6卷10期／228号（1936年3月18日），页755、758。

[4] 例如3月17日，然嫣的咳嗽才好一点，身上又发出了斑点的东西，她不时还用小手搔痒。徐女士原本打算带然嫣看医生，恰巧其母到来，建议给她喝点菊花茶，斑点自会慢慢消退。淇女士：《主妇日记（三）》，《玲珑》，6卷12期／230号（1936年4月1日），页909。

[5] 淇女士：《主妇日记（三）》，《玲珑》，6卷12期／230号（1936年4月1日），页909。

过着多姿多彩的生活。日记显示她花上不少时间跳舞、[①]打麻雀、[②]看电影、[③]游公园、[④]到回力球场耍乐、[⑤]与朋友相聚、[⑥]宴客、[⑦]旅行等等。[⑧]所以，笔者认为徐女士也算过着摩登生活的"现代母亲"。

　　徐女士口中的家庭生活总是平凡的。除了目睹女儿一天一天长大，心里感到欢喜外，似乎再没什么值得她记下。[⑨]在乳母离开前，日记有不少篇幅描述她吃喝玩乐的生活，关于女儿的就相当有限，大抵因为女儿仍是由乳母照顾。直到乳母快将离任，徐女士与女儿相处的时间增加，关于然嫣的篇幅才逐渐增加。4月9日至12日，即乳母离职前后，徐女士与女儿相处的资

---

① 淇女士：《主妇日记（四）》，《玲珑》，6 卷 13 期／231 号（1936 年 4 月 8 日），页 990；琪女士：《主妇日记》，《玲珑》，6 卷 22 期／240 号（1936 年 6 月 10 日），页 1706；琪女士：《主妇日记》，《玲珑》6 卷 23 期／241 号（1936 年 6 月 17 日），页 1791。

② 琪女士：《主妇日记（一）》，《玲珑》，6 卷 10 期／228 号（1936 年 3 月 18 日），页 757。

③ 同上。

④ 淇女士：《主妇日记（四）》，《玲珑》，6 卷 13 期／231 号（1936 年 4 月 8 日），页 987。

⑤ 同上，页 990。

⑥ 同上，页 988；琪女士：《主妇日记》，《玲珑》，6 卷 23 期／241 号（1936 年 6 月 17 日），页 1791。

⑦ 琪女士：《主妇日记（一）》，《玲珑》，6 卷 10 期／228 号（1936 年 3 月 18 日），页 756。

⑧ 淇女士：《主妇日记（五）》，《玲珑》，6 卷 14 期／232 号（1936 年 4 月 15 日），页 1070；琪女士：《主妇日记》，《玲珑》，6 卷 16 期／234 号（1936 年 4 月 29 日），页 1233。

⑨ 琪女士：《主妇日记》，《玲珑》，6 卷 22 期／240 号（1936 年 6 月 10 日），页 1705。

料异常丰富，当中包括徐女士首次领带孩子的经历，以及女儿在断乳期间与她的各种纠缠，例如，怎样使女儿避见乳母，女儿如何在她身上索乳、拒绝吃粥水而拉破喉咙嚎哭、四处张望寻找乳母等等。[1]

自从徐女士承担了育儿的全责后，她埋怨"孩子缠身，连记日记几乎也没有工夫，母亲真不容易做好"。[2]其实她只是前一天（4月11日）没有写日记而已。但再过几天，有关女儿的生活点滴又回复从前蜻蜓点水式的记载。譬如，4月18日然嫣为着要乳母而嚎哭；[3]4月19日到宝山游逛一整天，吃过夜饭后，心里挂念女儿，于是急忙坐车返沪回家；[4]5月4日，外祖父如何弄孙为乐；[5]5月7日徐女士病了，连抱孩子的力气也没有；[6]6月3日丈夫买了一套珐琅质的小餐具给女儿；[7]6月5日连续数晚被女儿吵醒；[8]6月6日然嫣俏皮不肯穿鞋子，赤脚在地板走动；[9]6

---

① 淇女士：《主妇日记（六）》，《玲珑》，6卷15期／233号（1936年4月22日），页1149—1151。
② 同上，页1149。
③ 琪女士：《主妇日记》，《玲珑》，6卷16期／234号（1936年4月29日），页1234。
④ 同上，页1233。
⑤ 琪女士：《主妇日记》，《玲珑》，6卷19期／237号（1936年5月20日），页1478。
⑥ 同上，页1474。
⑦ 琪女士：《主妇日记》，《玲珑》，6卷23期／241号（1936年6月17日），页1789。
⑧ 同上。
⑨ 同上，页1788。

月7日带女儿到兆丰公园；[①]6月10日女儿继续不肯穿鞋，赤脚四处走动；[②]6月13口给然嬷吃冰淇淋；[③]以及6月15日女儿吃了冰淇淋没有拉肚子，但夫妇两人却患上痢疾。[④]尽管徐女士说只有然嬷的东西才值得一一记下，但《主妇日记》内有关婴儿的篇幅，明显比较早前引述鲁彦、覃英撰写的《婴儿日记》少很多，毕竟徐女士才是日记的主角，而《主妇日记》的价值，亦在于摩登妇女面对育儿束缚时生活和心态上的变化。

自从要日夜看管小孩，徐女士的日记散发着一种无以名状的苦闷。6月9日徐女士写信给未婚的朋友惠，当她想到惠由教师转到国货工厂做事时，徐女士好不羡慕未婚女子"富于活动性"。结婚三载的她，与丈夫感情融洽而且从没争吵，本来应该安慰可喜，但正是这份安稳的感觉，令她产生苦闷的情绪："……日常生活的平凡呆板，没有一点波折，又不免感觉到机械旋转的无聊。"[⑤]她认为人是永远不会满足的，她甚至幻想生活若有多些波折或变化，也许为她带来多些满足感。但每当想到其生活境况为人所羡慕时，徐女士便会叫自己知足一点。[⑥]

---

① 琪女士:《主妇日记》,《玲珑》, 6 卷 23 期／241 号（1936 年 6 月 17 日）, 页 1787。

② 琪女士:《主妇日记》,《玲珑》, 6 卷 24 期／242 号（1936 年 6 月 24 日）, 页 1871。

③ 同上，页 1868。

④ 同上，页 1865。

⑤ 琪女士:《主妇日记》,《玲珑》, 6 卷 24 期／242 号（1936 年 6 月 24 日）, 页 1872。

⑥ 同上，页 1871—1872。

徐女士自觉生活苦闷的情况其实并不罕见。左派女性杂志《女声》在1933年刊登了一篇关于现代女性生活的文章，当中提到女学生嫁作人妇之后，因为生活百无聊赖，于是开始堕落，终日留连娱乐场所：

> 许多女性在跨出了学校或离开了职业而成为新家庭的主妇的时候，在初，还能感到青春之火的燃烧，柔情密（蜜）意的领略种种人生的蔷薇面。但在后来，就会对于这种管理柴米油盐，监督娘姨，招（照）顾小孩，看点无系统的书报之主妇的生活发生很大的反感和厌倦。因为有生活独立的能力或志愿而并未生活自立的女性，自然要感到这种依赖式的主妇生活是"拉娜式"的，而发生自觉"无聊"甚至"如坐针毡"的苦闷……因为厌倦家庭生活而无从解决，使许多家庭妇女在精神和生活上发生畸形或病态。意志薄弱一点的，就尽量浪费(打牌，沉溺于电影歌舞，赌回力球，跑狗等)以求神经之刹那间的麻醉；不愿堕落而办法少的，就走于消沉忧郁一途。结果，使家庭里的幸福和快乐完全之粉碎，两性的冲突由渐而深，终至酿成更不幸之结局。许多家庭纠纷，是从女性之厌倦家庭生活，无从解决的烦闷而发生的，然而这根本原因却往往被人所忽视。浅识而简单的男子，只知下出最不通的断语："现代女子根本就不是好相与！"①

---

① 绥玄：《现代女青年烦闷的解脱》，《女声》，1卷21期（1933年8月1日），
页2—3。

有学识、有能力的女学生，因婚姻而离开学校、职场，但婚后生活又百无聊赖，遂产生出像徐女士般埋怨生活平淡的情况。

　　不论是徐女士还是《女声》所指的堕落太太，大部分接受过新式教育甚至曾经在职场打滚，但因为结婚生子而被迫回归家庭。她们有学识、有谋生能力，又毋须忧柴忧米，却控诉生活平淡，苦闷无聊，情况有点像1950、1960年代美国中产家庭妇女的"女性迷思"。当时美国中产的家庭主妇也是既有学识，又生活无忧，而且还有她们所爱的丈夫及孩子；简言之，就是生活在幸福家庭的少奶奶。然而，这班少奶奶却自觉不能成为独立的人，甚至在社会上得不到像人一般的看待和尊重。于是有部分家庭主妇变得歇斯底里，或日夜留连街上吃喝玩乐，不愿回家。①徐女士的苦闷较美国的女性迷思更早出现，两者同属知识阶层妇女不甘受困于烦琐的家事，不能自已。加上徐女士本来就习惯外出交际，直至乳母离职才要负起育儿的全责。突如其来的生活变化，令徐女士一下子难以适应，加上孩子缠身，使她陷入仿如"女性迷思"的困局。

母亲自主vs男性父权

　　总括上述各人的经历，选择牛乳哺儿的理由因人而异，

---

① 贝蒂·傅瑞丹著，李令仪译：《女性迷思：女性自觉大跃进》，台北：月旦出版社股份有限公司，1995，第一章。

但母亲选择哺育方式的权利并非必然。缺乳的母亲别无他选，需要采用雇乳或人工哺育。贫穷的母亲亦然，为了糊口，她们只能放下嗷嗷待哺的婴儿，否则母婴只会一同捱饥忍饿。如家庭环境许可，尚可用牛乳喂哺婴儿。清贫的母亲就没有多少选择，或哺之以不用花钱的母乳，或进食廉价的奶糕，牛乳充其量只是偶尔浅尝的奢侈品。

就本章讨论过的个案所见，各人因应不同的原因，选择牛乳哺育。覃英因缺乳，故需要转用其他哺育方式，而她则选择了牛乳，把大儿子交由娘姨照顾，后来她亦受惠于此，离家到别县教书。敩良则因为工作而把婴儿交托娘姨用奶粉喂哺。不知如何做母亲的丁玲，更火速推掉哺育工作，即使遭乳母嫌弃，也要用奶粉代替。她的经验带出牛乳和乳母的花费其实不相伯仲，而且使用牛乳哺育不需忍受乳母的嘴脸。至于白夫人选用牛乳哺育的原因就不得而知，惟她仍然坚持负起照顾女儿的责任。要注意的是，几位母亲其实也有佣人或亲属帮忙调奶、喂哺和清洗乳瓶，所以牛乳哺育能赋予她们行动自由。对于有乳不哺的"现代母亲"，选择乳母还是牛乳并不重要，能尽快卸下哺育职责便可。

撇开缺乳的因素，母亲选择其他哺育方式，视乎她的个人资本。覃英是教师，因为生育才停止工作。孩子三个月时她已缺乳，改用牛乳哺育也无可厚非。丁玲不仅是位作家，也是革命分子。加上丈夫被处决，丁玲既要带孩子又要谋生，还要躲避国民党追捕，把婴儿送回娘家抚养，继续以牛乳哺育也合情合理。银行职员敩良因生计才放弃授乳，让她可返回工作岗位。上述三位母亲各自有其经济和社会资本，支持她们选用牛乳哺育。

　　经济和社会资本赋予几位在职母亲能动性，有能力负担牛乳哺育的开支，但仍需要其他家庭成员的配合。上述几位母亲均在城市过着小家庭式的生活，其中覃英与丈夫在上海郊区筑起爱巢，生产大儿子恩哥时，由于不是与家姑同住，所以覃英可在缺乳后立即转用牛乳哺育，有助日后离开儿子到别县教书。更重要是，她得到丈夫鲁彦的谅解与支持，在她离家在外工作期间父兼母职。丁玲的情况也十分相似，她与胡也频在上海建立了小家庭，没有长辈的帮助或管束，她可选择雇乳及牛乳哺育。由此可见，覃英和丁玲既不受制于大家庭的管束，也得到丈夫的支持，所以可随心所欲，以牛乳代替母乳，让自己继续追寻理想。相反，同样是大学生、家境不俗的冯和仪，婚后与翁姑同住，两老渴求男孙继后香灯的欲望，剥夺了她的哺育自主，即使乳房胀痛得要命，也不能喂哺初生女儿。换言之，父权家长制是母亲能否行使其个人资本、发挥主观能动性的重要关键。母亲如要突破社会建构的良母框架，自主哺育方式，大前提是要破除父权家长制的束缚，或得到同样代表父权的丈夫首肯或妥协。

　　从母亲能否选择婴儿哺育方式，揭示了清末民国时期母亲自主与男性父权的角力。二十世纪前期，母亲可选择亲自授乳、雇用乳母或使用人工哺育，即以牛乳、兽乳或其他非人乳的食品喂哺婴儿。本章讨论过的例子当中，有母亲为着理想、美貌、身材、交际或痛楚等理由拒绝授乳，反映出部分母亲有哺育的自主权。如前所述，经济、教育、社会等个人资本，赋予母亲主观能动性。于是，有闲阶级妇女如三床阔太，有经济能力聘请乳母、娘姨替她履行母职；绿萍、覃英、丁玲等职业妇女，宁可把婴儿交托乳母、佣人或娘家照顾，也不愿意放弃工作和理想。

然而，只有少数母亲享有哺育自主权。自清末以降，中国妇女经历了翻天覆地的社会改变，但她们仍然受制于男性父权。有学者指出，中国妇女普遍经历女儿、媳妇、家姑三个阶段，年龄和辈分决定了女性权力的轻重和消长。作为媳妇是妇女一生中最无权、无势、无地位的时期。初归新抱并未即时成为夫家的一分子，惟有诞下子嗣，为夫家留有血脉，才可确立她在新家庭的地位。[1]玛格丽·沃尔夫（Margery Wolf）的"子宫家庭"概念进一步说明，孤立无援的媳妇惟有通过生育，建立她在夫家的权力、地位和感情依靠。[2]所以，成为母亲是女性改变其身份和地位的契机，诞下子嗣更是个中的关键。换言之，母亲的权力来自男性父权。

五四以来的家庭革命挑战了家中年长妇女的权力。这场由城市掀起的变革，反对大家庭制度，有助新母亲摆脱翁姑、叔嫂、妯娌的掣肘。前文提到家姑埋怨覃英丢下儿子到别县教书，并扬言如果她当时知悉此事，决不容许媳妇离家，惟覃英

---

① Marion J. Jr., Levy, *The Family Revolution in Modern China* (Cambridge: Harvard University Press, 1949), pp.122–123.

② Margery Wolf, *Women and the Family in the Rural Taiwan* (Stanford, Calif.: Stanford University Press, 1972).

却不敢苟同：

> 我以为孩子从小就应该养成独立的能力，只要不太使孩子感到孤零就没有什么要紧。一个人缺乏果敢独断的毅力，也许就是姑息的溺爱所致的吧？[1]

覃英主张小孩要有独立的个性，又指家姑长期把丈夫鲁彦留在身边是错误的，即使他已成家立室仍不愿放手让他离开。[2]姑且不理婆媳两代育儿方法的对错，如非生活在远离翁姑控制的小家庭，覃英难以抛下儿子出外工作。相反，与翁姑同住的冯和仪就被迫放弃授乳。由此可见，小家庭模式是赋予城市母亲哺育自主的重要元素。

然而，父权对母亲哺育自主权的干预并非只限于翁姑，还有她们的丈夫，即孩子的父亲。丈夫有多种方法和理由介入妻子的哺育决定，以甜言蜜语劝阻妻子授乳是其一。冯和仪曾撰文谈论新式妇女的鞠养问题，当中提到"现代母亲"的丈夫利用花言巧语阻挠妻子授乳：

> ……你的丈夫也一定借口"不愿使你过劳"，以避免婴儿夜间吵闹，致阻碍夫妇间热情的拥抱。为求有后而结婚的观

---

[1]　鲁彦、谷兰：《婴儿日记（续）》，《东方杂志》，31卷7期（1934年4月1日），"妇"页38—39。
[2]　同上，页38。

念，只能到四十岁以上的男子的队伍里去找，年轻的丈夫决不
会想到妻子双乳的功用，除了被自己抚摸外尚有被孩子吮吸的
一途。[1]

丈夫因性欲而劝阻妻子授乳并非天下奇闻，前文已列举多个例
子。从丈夫的角度而言，妻子的乳房除哺育孩子以外，更要
满足他们的性需要。鉴于坊间普遍认为性行为会影响乳汁的
质素，为自己的欲望和孩子的健康着想，有丈夫干脆阻止妻子
授乳。

　　由男性书写的婴儿哺育叙述，往往有意无意嘲讽妻子无
知无识，带出丈夫有必要插手婴儿哺育事宜。笔名雪渔的男性
读者，曾在《妇女杂志》分享为人父的经验。当他第一次做父
亲时，参考了各种育儿书刊，相信新式育儿法比旧法好，于是
不厌其烦地逐一向"没有受过相当教育"的妻子解释，更特地
准备了闹钟实行定时哺育。然而，他的主张遭其母反对，还用
养大他的经验反驳。加上雪渔的父亲去世，母亲伤心不已，他
也不愿过分与母亲争拗，故首个孩子的养育完全依照母亲的指
导，其妻亦因此不肯用新法育儿。尤其当第二、三个孩子因西
医失救早夭，妻子对新法更加反感。[2]暂且不理会雪渔的妻子是
否无知妇人，从她惯性不肯采用新法，丈夫雪渔更加认定，妻

----

[1]　冯和仪：《现代母性》，页72。
[2]　雪渔：《随笔·作了父亲》（八），《妇女杂志》，17卷1号（1931年1月1
　　日），页55—56。

子需要教导才能把孩子养育成人，强化丈夫介入育儿事务的必
要。另一男性读者谢宏徒也有相似的经验。他慨叹家中没有老
人家帮忙，需要从书本学习育儿方法，然后告之妻子。有别于
雪渔的妻子，谢夫人接受过新式教育，而且是个钢琴高手，但
仍需听从丈夫的育儿指示。①上述两位父亲的剖白孰真孰假是
其次，最重要是，他们的叙述显示丈夫有权决定婴儿的哺育方
式。尽管婴儿哺育被视为母亲的责任，而且涉及母亲身体的自
主，但为母的仍需听从丈夫的指示，她们有多少自主哺育的空
间可想而知。

　　即使哺育涉及妇女的身体，而且自晚清以来已被视为母亲
的天职，但不等于孩子的父亲对此撒手不管又或无权过问。人
类学家瓦妮莎·马厄（Vanessa Maher）指出，哺育方式是两性
争夺婴儿拥有权的场域，由于男性没有授乳的本能，丈夫或会
坚持选择以人工哺育代替母乳，借此削弱母婴因哺乳而建立的
深厚关系，重申他对婴孩的拥有权。②马厄的理论或许过于偏
激，但在现实生活中又的确存在。1937年的《申报》刊载一则
争夺私生子的新闻，来自广东的花甲老翁钱甫生，隐瞒妻妾在
上海结识了二十七岁的邓琼珍，两人共处同居并育有一子。钱
翁既不准邓女亲自授乳，也不许雇用乳母，而是专购奶粉喂哺
婴儿，邓女初时不以为然，到婴儿周岁，钱翁委任律师领归婴

---

① 谢宏徒：《随笔·作了父亲》（四），页 44—48。

② Vanessa Maher, "Breast-Feeding in Cross-Cultural Perspective: Paradoxes and Proposals," in Vanessa Maher ed., *The Anthropology of Breast-Feeding: Natural Law or Social Construct* (Oxford: Berg, 1992) pp. 9–10.

儿抚养，她才恍然大悟，当日钱翁的所作所为，是为日后分开两母子作准备。[①] 由此可见，婴儿哺育并非母亲的个人决定，丈夫会给予意见，甚至强迫妻子接受，从而彰显其对婴儿的拥有权。

更甚者，妇女的母亲角色和育儿责任已内化在其思想当中，纵然选择卸除哺育之职，仍会因未能好好照顾婴儿而内疚。热忱工作的覃英，把大儿子恩哥交由娘姨照顾，然后离家到别县教书。惟当她知道丈夫要父兼母职，腾出时间照顾儿子而内疚不已。同样是教育工作者的绿萍，原本坚持"每个孩子的母亲都有抚育自己孩子的义务"，但为着工作的需要，惟有把出生只有四十天的女儿交由乳母喂养，并为自己违背原则感到万分惭愧、懊恼。[②] 她们的剖白均显示，纵使母亲有权选择雇乳或牛乳哺育，也不代表她们认同这是最好、最妥善的方法；相反，有母亲因未有好好履行母职或完成哺育责任而内疚。笔者不排除覃英和绿萍的歉意，只为宣示其对母职的重视，但从另一角度分析，她们的感受充分反映了男外女内、女性治家育儿等性别分工意识对妇女的影响，即使接受过新式教育甚至拥有大学学历的女性也不例外。由此可见，部分母亲虽有自主哺养婴儿的权力，但不等于她们由衷认同自己的抉择。根深蒂固的性别观念，使妇女不自觉地认同和默默承受哺育婴儿的重担。

---

① 《六旬老叟钱甫生认结识不认亲子》，《申报》，1937年3月14日，版12。
② 绿萍：《母亲日记》，页40—41。

赋予母亲能动性的家庭革命只限于沿海大城市，而且仅影响到接受过新思想洗礼的青年男女。因此，尽管妇女有教育、经济及社会资本使用牛乳哺育，仍要视乎个别妇女的家庭状况。始终婴儿哺育虽被认定是母亲的责任，但其他家庭成员，包括翁姑和婴儿的父亲，对此事绝不会不闻不问。

概言之，清末民国时期可选择自主哺育方式的母亲为数甚少。潜藏的性别分工概念，把治家育儿建构成妇女的社会角色、道德的责任，莫说已生育的妇女难以继续回到工作岗位，纵然有母亲可行使其自主权卸下哺育角色，她们也未必完全认同自己所作的决定。因此，在清末民国时期，牛乳哺育只可为母亲带来"量"的变化，在母乳和雇乳以外多加一种选择，却未能为母亲的自主带来实"质"的改变。清末民国婴儿哺育方式的转变，揭示了社会的急速变化，但传统家庭观念以至性别分工仍受男性父权的阴霾所影响，尚未发生根本性的变化。

由此引申男性主导的社会舆论对"现代母亲"的危机感。二十世纪前期中国的牛乳哺育风气是由一群有闲阶级的"现代母亲"带动。虽然她们只是一小部分人，但她们的行径已令卫道之士大为震怒，对她们罔顾哺育天职的行为口诛笔伐。对"现代母亲"的抨击和抹黑，反映时人对母亲有乳不哺而用牛奶的风气的忧虑，急欲以任何方法遏止这种"歪风"继续蔓延。情况一如民国的知识分子对摩登女性的规管，借以彰显其残存的政治影响力。[1]

---

[1]　Edwards, "Policing the Modern Women in Republican China."

　　舆论的反应也尽显社会性别对女性自由的打压。尽管婴儿哺育涉及母亲的身体和个人感受，但在男性父权仍然当道的二十世纪前期，母亲哺育自主的机会可谓微乎其微。守旧者惟恐妇女的个人自由会因牛乳哺育兴起而不断扩大，于是在牛乳哺儿尚在发轫之际已大力打压，务使妇女恪尽母职，力保贤妻良母这种社会建构的理想母亲形象。由此可见，在清末民国时期，男性父权是母亲争取哺育自主的一大阻力。

第三节　母亲视角下的社会变迁

　　自清末以降，授乳被建构成母亲不可推卸的责任。士大夫把亡国灭种的责任归咎于妇女，遂有兴女学之主张，从日本引进西洋家政学作为女学教材之一。家政学强调自然法则，以雌性动物生育、哺育的本能为由，标榜妇女治家育儿的角色，认定授乳是母亲必然的责任。母亲有乳不哺既违反自然，更会招致国家和种族衰亡。婴儿是否健康，国家民族是否强大，有赖妇女肩负母亲的责任，亲自授乳更是责无旁贷。有识之士偏重妇女生育、养育和教育的角色，看似跟传统中国社会衡量妇女的准则大同小异，但清末的妇女有入学读书的权利。尽管女子教育旨在训练贤妻良母，但不少女学生却期望跟男性一样出外工作，享有个人自由，经济独立。在此氛围下仍强调贤妻良母的重要性，突显出二十世纪初两性对妇女角色定位的落差。尤其1930年代的政治和经济危机，令妇女回家的主张甚嚣尘上，有乳不哺的母亲更是动辄得咎。社会舆论以亡国灭种、自然法则等为由，强化妇女作为贤妻良母的社会角色与责任，充分反映二十世纪前期主张授乳为母职甚至妇女的天职，只是种因应政治需要而产生的社会和文化建构。标榜母亲授乳可育成强健小国民的口号，看似是以儿童为本，说白了仍是以国家民族的利益为依归。

与此同时，民国社会正掀起妇女解放风潮，挑战贤妻良母作为女性的典范。五四时期要求妇女解放的声音，唤起了女性做一个人、独立自主的意欲。不少女学生希望如男性般就业，少数更当上教师、文员、医生、看护、店员等等。尽管妇女就业机会有限，却使贤妻良母的光环逐渐褪色，更有受过新式教育的妇女不屑处理家内工作。

对女性身体的讨论进一步唤醒其自主意识。1920年代中在上海掀起的性文化热潮，使妇女的身材尤其乳房的曲线，成为公众谈论的热门话题。根据性学博士张竞生等人的论述，女性乳房是男女性欲的泉源，母亲甚至可在授乳过程中获取性兴奋。对女性乳房的膜拜，使其超越了哺育的范围，进而成为健康、时尚、美感的女性标记。追求乳峰线条美，更成为"现代母亲"抗拒授乳的一大理由。

五四时期在城市地区掀起的家庭革命也逐渐为妇女松绑，助长她们自主哺育方式。受五四新思潮洗礼的青年男女，反对大家庭的管束，争取婚姻自由和财产控制权，其中不少人跑到上海等大城市组织小家庭。惟小家庭制度有利亦有弊。在欠缺女性亲属的支援下，小家庭的初产母亲即使博览群书，对初生婴儿仍然束手无策，加重对乳母或佣人的倚赖。何况1920、1930年代，大型代乳品商纷纷推出育婴支援服务，助长母亲选择牛乳哺育的风气。

　　清末民国时期规训母亲角色的社会建制随时间而不断变更，形成1930年代两极化的现象：一方面社会舆论对女性的要求不断变本加厉，由上而下规训女性身体以至社会角色，大力鼓吹妇女做贤妻良母，回家育儿；另一方面，从个人思想、身体以至家庭层面开展的妇女解放，着重母亲的个人感受，酝酿出以母亲为本的哺育方式，促使部分妇女有乳不哺而用牛乳或雇乳。

　　从物质文化层面而言，牛乳哺育打破了母乳哺育的神圣地位。传统中医虽赞同牛乳哺育，惟牛只的品种与用途，以至民众对食用牛乳的态度，均导致十九世纪前的中国，缺乏推行牛乳哺育的条件。牛乳哺育品以及科学化的牛乳哺儿法，随着西人来华经商而传入中国。及至1920年代初，中国沿海大城市已充斥鲜牛乳、炼乳、奶粉等牛乳哺育品。在报刊杂志等印刷媒体宣传下，牛乳有益健康、功同人乳的形象深入民心。以商业利益挂帅的奶粉商，借着广告以至各种宣传活动，暗示牛乳哺育既可保持母亲的美貌与身段，更赋予母亲身体和行动的自由。从操作层面而言，牛乳哺育品可代替母亲的乳房，至于调奶、喂哺、清洗乳瓶等工作，也可通过母职的分工，交由佣人、亲属甚至丈夫处理。换言之，有奶不是娘，母亲的哺育工作完全可被取代，既颠覆授乳为良母的标准，也削弱了母乳哺育的神圣光环。

　　母亲选择牛乳与其个人经历和资本有关。例如，覃英、丁玲和敦良，既有工作和经济能力，又拥有相当的教育水平。有闲阶级阔太的经济能力更是毋庸置疑，她们有足够金钱聘用乳母或购买牛乳哺育品。然而，清末民国时期婴儿哺育由母乳渐转牛乳，并非单纯是妇女就业、教育水平或经济能力上升的结果，宏观政治与社会环境的转变，也影响妇女如何诠释和演绎母亲角色。以下将会从论述层面回归到实际的日常生活，以母亲的视角探讨近代中国的社会变化。

经济与母亲角色

在职母亲不论是为人师表还是在工厂干活，如要继续工作，必先妥善处理婴儿的哺育问题，增加使用牛乳哺育的机会；不过，二十世纪前期牛乳哺育兴起却是由一群有闲阶级的"现代母亲"带动。经济资本赋予这群现代妇女主体能动性，可雇用下层妇女照顾婴儿，甚至夺取贫穷妇女的奶水，为自己开脱哺育责任。撇开经济资本对母亲自主性的影响，下文将会进一步剖析经济因素如何造就出想尽办法逃避哺育责任的母亲。

西方学者尝试从资本主义角度剖析母亲角色。芭芭拉·卡茨·罗斯曼（Barbara Katz Rothman）认为，私有财产是资本主义的重要元素，妇女的身体及其所生的婴儿可视为她的私有财产，而且拥有相当的市场价值。因此，母亲能否控制自我身体及婴儿，又或利用此获取更大的利益，成为资本主义之于母亲角色的考量。[①]本书在不同的章节提到，1920年代掀起了对女性乳房的膜拜，纵然讨论仍局限于男性对女体的凝视，却逐步唤起妇女对自我身体尤其乳房的关注。乳房的存在不仅只为婴儿哺育，也可以为她们带来美感和性的满足，这种观念为日后爱美的母亲拒绝哺育埋下伏笔。像三床阔太等有闲阶级妇女，冒着生命危险诞下婴儿后，再不愿为小人儿多吃半点苦或受到束缚，于是要求丈夫聘请乳母、佣人，为自己开脱育儿之责。假如套用罗斯曼的概念，婴儿是三床阔太跟丈夫讨价还价的本钱，借着牺牲婴儿的口腹之欲，代之以乳母或牛乳，可成就她的身体与行动自由。尽管身体和婴儿同属母亲的私有财产，而资本主义又以争取最多利益为原则，这位"现代母亲"选择以婴儿换取个人自由，放弃其哺育责任。不过，利用资本主义私有财产观念解释"现代母亲"的哺育行为，容易脱离时空与历史脉络，使理论放诸四海皆准。笔者认为应聚焦于清末民国的经济变化对妇女产生什么影响，改变她们对母亲角色的理解，使她们由亲自授乳转为使用牛乳或雇乳哺儿。

　　晚清的女子教育，制造了一批期望与男性享有同等社会地位和机会的女学生。梁启超认为女子教育的目标，不仅是训

---

① Barbara Katz Rothman, "Beyond Mothers and Fathers: Ideology in a Patriarchal Society, " in Evelyn Nakano Glenn, Grace Chang, and Linda Rennie Forcey, eds., *Mothering,* pp. 139–160; Barbara Katz Rothman, "Motherhood under Capitalism," in Janelle S. Taylor, Linda L. Layne, and Danielle F. Wozniak, eds., *Consuming Motherhood* (New Brunswick, N.J.: Rutgers University Press, 2004), pp. 19–30; Barbara Katz Rothman, *Recreating Motherhood* (New Brunswick, N.J.: Rutgers University Press, 2000), Part I.

练贤妻良母，更务使她们投入经济生产，由分利者转移为生利者。然而，女学生生利的期许未能完全实现，皆因社会对女性抛头露面讨生活的态度尚未改变，令女学生就业犹如凤毛麟角。所谓适合女学生的职业，不外乎教员、看护、记者、店员等带有强烈性别分工意味的工作。而且女学生即使有幸受聘，也经常被视作"花瓶"，事业发展空间有限。从女职员、女店员到女招待，无不标榜女性的样貌与身材，甚于其工作能力。更重要是，大部分在职妇女结婚产子后还是被迫回归家庭，事业就此告终。渴望就业的心态与就业机会渺茫的现实形成巨大落差，使妇女推崇有偿工作，而贱视无偿的家内工作包括照顾婴儿，结果造就三床阔太与徐女士等不愿哺儿的母亲，宁愿把哺育工作交托乳母、佣人。

撇除鄙视家内工作的心态，回家的妇女本可投入家庭经济生产，但随着工业化生产逐渐取代家庭手工业作坊，家中所需各种物品均可在市场购买，毋需妇女一针一线、捱更抵夜制造。虽然免除了妇女的"女工"，但同时剥夺了她们投入经济生产的机会，使部分妇女的生活百无聊赖。据《妇女杂志》分析，资本主义破坏中国的家庭经济，衍生出无所事事的摩登女性：

……资本主义的势力打破了家庭的一切。举凡家庭的日常用品，从前都由家中妇女自制的，现在都可以在商铺中买到。男子的衣履不消说，现在是即女子的衣履，都毋须自己动手了。女子在家庭中，因无所事事，自然要感到无聊。因此，为消遣时光计，抹牌看戏遂成为少奶奶们的日常功课。这些少奶奶们实在是因为无衣食之忧，闲居无事，太觉无聊了。加上现在小家庭组织，于是女子在家，孤单单的一人，遂更无聊。当此之时，哪位少奶奶的出身倘若不是女学生，则因意识上没有现代思想的感染，所以还能自安于其处境；若其不然，是由女学生出身的，这种奴隶的生活，她当然不能忍受，觉得非常难堪了。[①]

当工业化生产尚未侵袭中国，一家大小的衣服鞋履均由妇女一手包办。伊沛霞与白馥兰有关宋代以及明清时期的妇女研究指出，在笼统称为"男耕女织"的传统中国社会，尽管并非所有妇女都投入经济生产，但有不少女性是整天在织布机前干活。她们生产的布匹，既是家庭成员衣履的原材料，也是潜在的剩余价值生产，可用作支付赋税；出售纱线和绢等具市场价值的商品，更有望增加家庭收入。[②]即使到晚清，部分上层妇女仍然要自行制造日常生活的必需品。曾纪芬忆述小时候在父亲曾国藩督促下，家中女眷对衣、食、粗、细，无一不懂。[③]到民国初年，社会舆论仍要求女学生"履必自制，衣必自缝"。[④]工业

① 樊仲云：《从女学生到少奶奶》，《妇女杂志》，17卷1号（1931年1月1日），页20。

② Ebrey, *The Inner Quarters,* chapter 7; Bray, 15, pp. 184, 205.

③ 衣是指纺花或织麻；食是做小菜、点心、酒酱之类；粗即做男女鞋履或缝衣；细是指针黹刺绣之类。曾纪芬口述，瞿宣颖笔录：《崇德老人八十自订年谱》，页6a。

④ 飘萍女史：《理想之女学生》，《妇女杂志》，1卷3号（1915年3月5日），"论说"页3。

化引入机械生产，降低成本之余，也使产品质量标准化，令妇女的手作失去市场竞争力。当大部分日常用品和衫裤鞋袜均可在商店购买时，待业的家庭主妇纵有再高超的手艺也无用武之地。何况许多受过新式教育的妇女，根本不屑料理家务。加上小家庭的妇女乏人陪伴和管束，更使她们的生活百无聊赖，部分因此纵情声色。文章的作者又补充：

> ……资本主义的势力在实际生活上已冲毁了家庭的障壁，但是封建的男女不平等的道德，却仍在观念生活坚强的支配着。这实际生活与观念生活的矛盾，说一句，便是现代女子苦闷的根源。[①]

家庭经济的破坏，再加上固有的男尊女卑观念仍然牢不可破，使知识阶层妇女就业无期，待在家中又无所事事，结果造就出徐女士般抱怨生活平淡，又或三床阔太这种只顾玩乐的"现代母亲"。

拒绝授乳的有闲阶级妇女其实有多种哺育选择，可聘请乳母或使用牛乳哺育品，但为何选择牛乳？这问题可倒过来思考：为何她们不选择乳母而用牛乳？乳母未能符合现代科学标准是个中的关键。如第三章所述，二十世纪以来，社会舆论对乳母的批评愈见负面。乳母被讥讽为无知无识的乡村妇女，既无半点卫生常识，还染病、污秽甚至行为不检。

---

① 樊仲云：《从女学生到少奶奶》，页20。

　　民国时期在城市工作的乳母主要来自农村地区。据王书吟的研究，上海的乳母主要来自宁波、绍兴、无锡、苏州等周边地区，也有来自高桥、松江、崇明等极为接近上海的地区。来自江北的妇女，也会当上乳母，但绝少可在中产以上家庭工作。聘用江北乳母者，主要是下层、同属江北甚至更北方的移民家庭。[1]这些乳母没受过多少教育，更遑论具医学或科学常识。1930年代，日本侵华，加上天灾连年，导致农村经济崩塌，大批乡村妇女跑到城市工作，不少加入了乳母行业，令"愚蠢"乳母的数量激增。前文提及绿萍长女的乳母就是来自乡村，她因为家乡水灾连年，无以维生，所以跑到城市当乳母。[2]

　　近代中国对城乡观念的转变，是中国的农村乳母劣评如潮的原因之一。十九世纪以来城市急剧发展，改变了中国人的城乡观念。在帝制时期，城市集中了政府的行政机关、官衙、学宫，国家认可的神庙亦设于此。城市是交通枢纽，也是手工业和商业中心。自第一次鸦片战争起，列强陆续要求清政府开放沿海城市作为商埠，西方思想、科技、物质文化随之传入中国并在此扎根，逐渐改变中国的城市面貌，也扩大了城乡之间的差异。受西方元素影响，城市渐蜕变成工业、商业或金融中心。光、热、电等化学元素，加上新奇的物质文化，把城市提升为象征文明、进步和现代性的地方。[3]相反，土地兼并使大部

---

① 王书吟：《二十世纪二三十年代上海地区奶妈群体的历史考察》，页12—15。

② 绿萍：《母亲日记》，页38—41。

③ 有关近代中国城市研究，参见 Joseph W. Esherick, ed., *Remaking the Chinese City: Modernity and National Identity, 1900—1950* (Honolulu: University of Hawai'i Press, 2000)。

分农地集中在土豪、劣绅、地主手中，农民无地可耕。大规模机械化、分工细致的工业生产，打垮了传统的手工业。加上天灾和军阀、土匪以及日本侵华等人祸影响，导致1930年代中国农村经济破产，乡村的"生活落伍不生产分子"也愈来愈多，渐渐形成乡村保守、落伍、不合时宜的负面形象。[1]正值此时，大批乡村妇女为求生计涌到上海等城市工作，其中有不少当上乳母。由此可见，乡村乳母的负面形象，既因她们无知无识，对卫生常识一窍不通，但更重要是城乡差异加深了城市人对乡村乳母的歧视。

尽管来自乡村并非乳母的原罪，但她们却经常被指健康、行为、操守均有问题。绿萍的小女儿四个月内已更换了三个乳母，其中一个是为了来大城市"轧妍头，学摩登"才当乳母，所以她上工不久便天天吵着要回家，又加害少主人。[2]报章又不时刊载涉及乳母的罪案，包括偷窃、诈骗、通奸、掳劫、虐儿等等。[3]1935年上海市卫生局卫生试验所公布的奶妈健康检查报告，更发现四分之一（共59人）参与检验的乳母患有梅毒。[4]

---

① 有关近代中国城乡的社会变化，参见周谷城：《中国社会之变化》，载《民国丛书》第一编第 77 册，上海：上海书店，1989。

② 绿萍：《母亲日记》，页 64—65。

③ 《乳佣缺乳讼案》，《申报》，1935 年 11 月 20 日，版 10；《郭宝树家劫案系乳娘起意》，《申报》，1936 年 8 月 27 日，版 13；《夫妇别居已数年，妇在外为乳佣》，《申报》，1936 年 3 月 26 日，版 12；《乳娘绑小主案获犯供词一斑》，《申报》，1937 年 5 月 16 日，版 16；《乳佣谋害小孩判罪》，《申报》，1933 年 12 月 1 日，版 15。

④ 《卫生试验所检验乳妈梅毒统计》，《申报》，1935 年 1 月 18 日，版 12。

由此可见，当时在上海等城市打工的乳母确实有不少害群之马。

　　乳母不仅服侍中上层家庭，也受聘于育婴堂，但舆论对育婴堂乳母的评价却好坏参半。有论者狠批育婴堂是"出金钱雇乳媪，专以杀婴为事"的机构。[①]不过，乳母只是导致堂内婴儿死亡的其中一种因素，而且跟乳母的毒乳无甚关系。汪滔的《中国育婴所现状》就指出，1930年代育婴堂每位乳母平均负责哺育两个以上的婴孩，有些更带着四个以上。[②]试问一对乳房又怎能让三四个婴孩饱食？换言之，育婴堂政策失误或财政困难，才是导致堂内婴儿死亡的原因。另有论者提到，托儿所"有专门管理的人员，有科学的方法，注意小儿的健康与卫生，所以托儿所的育儿方法，既'合理'又'有效'"。因此，托儿所的乳母比家中的质优。[③]所谓科学方法，是指身体检查、哺乳守则和时间表，以及监察乳母饮食和行为等措施，与家政学提倡的哺育须知大同小异，两者的分别，在于前者是机构的政策，后者则是母亲的责任。部分母亲因工作、应酬或其他原因，疏于监督乳母，致令乳母的愚昧无知和行为不检，祸及婴孩。言下之意，纵使乳母有各种问题，为母的若未能尽力

① 褚铁华女士：《育婴堂急宜改设幼稚园议》，《妇女杂志》，2 卷 3 号（1916 年 3 月 5 日），"记述门"页 4。

② 汪滔：《中国育婴所现状》，载《民国时期社会调查丛编：社会保障卷》，福州：福建教育出版社，2005，页 318、320。

③ 陈丽云：《托儿所与乳母》，《玲珑》，3 卷 27 期／107 号（1933 年 8 月 23 日），页 1447。

把关导致婴儿健康受损，她们亦难辞其咎。对育婴堂内乳母两极化的意见，显示乳母绝非一无是处，专以杀婴为乐。如要乳母恰如其分好好哺养婴儿，注意她们的身体状况和品行之余，也视乎母亲及慈幼机构有否时刻监督乳母。

更讽刺的是，乳母不洁、带病毒的乳汁，也是其儿女赖以为生的食物。为了哺养富有人家的婴儿，乳母就如一头供奶的乳牛，必须通过各种疾病、操守和品质测试；然而，社会舆论仍对她们诸多批评。反之，乳母若喂哺自己的孩子，则毋须经过任何检查。对母乳的双重标准，带出了二十世纪初中国社会对母亲角色的重视。作为上天赋予婴孩的食物，母亲只可喂哺自己的婴儿，不可把乳汁当作商品出售。

综观二十世纪二三十年代舆论对乳母的负面批评，因为这种哺育方式未能与当时流行的科学话语接轨，不像母乳或牛乳哺育般，被重新包装为强国强种、卫生、营养丰富的哺育方式。再者，反对者的矛头虽然直指乳母，实际是借着抨击和丑化乳母，唤醒母亲履行哺育职责。言下之意，乳母成了拒绝授乳母亲的代罪羔羊。

总其言，由经济问题引发近代中国婴儿哺育方式的转变，并非指妇女就业率增加，在职母亲因工作而放弃授乳，而是生产模式改变使愈来愈多有经济能力的妇女弃用母乳而用牛乳或雇乳哺育。就业机会少固然令有偿工作受妇女吹捧，无偿的家内工作则渐为人所轻视，使部分接受过新式教育的妇女，不屑动手料理家务包括哺育婴儿。再者，清末以来生产模式的改变，大规模工厂生产取代家庭手工业，使待在家中的妇女更加百无聊赖，遂令部分有经济能力的妇女纵情交际享乐，有乳不哺而用牛奶。

经济问题也影响到出卖奶水的乳母。1930年代天灾连年、农村破产，令大批农村妇女跑到城市工作，不少更当上乳母。城乡之别助长了对农村乳母的歧视。加上1920年代科学观念和商品化的影响，对乳母奶水要求愈来愈高，因而衍生出各种科学化检测乳母及其乳汁的方法与准则，其严谨程度甚至可媲美牛乳检测制度。针对乳母的言论，既源于保障婴儿健康，也是乳母商品化的结果。舆论复借苛责、抹黑和丑化乳母，务求使拒绝授乳的母亲回头是岸，重拾哺育的母职。

由是观之，经济之于母亲角色并非单纯指资本主义带动女性就业增加，促使在职母亲以牛乳哺儿，而是女性就业求过于供，形成妇女对治家育儿工作的不屑甚至鄙视。与此同时，工业生产既淘汰传统的家庭手工业，也替代了妇女的女红，令有经济能力的新式母亲在家中如坐针毡。加上母乳被商品化，以往"有奶便是娘"的情况已不复存在，致使产母或乳母等哺育者的光环逐渐褪色。

科学知识的传播与影响

贬抑乳母的现象揭示了二十世纪初科学逐渐走进市民大众的日常生活。早在明末清初，西方传教士已把科学知识带到中国，但只在皇宫大臣间流传。自十九世纪中叶，洋人来华经商，同时再次引入基督教。传教士借医学和教育向华人宣教，科学知识渐渐在士大夫阶层传播。本书较早前提到，伦敦传道会的合信医生，以及专门介绍西洋科学知识的《格致汇编》，曾探讨牛乳的优劣和牛乳哺育的利弊。晚清兴女学引入的家政学，系统化地介绍牛乳哺育法。以科学为蓝本的牛乳哺育法，强调定时定量和渐进的原则，又利用各种理论和数据分析，比较母乳和牛乳的分别。这种科学化育儿守则，不仅规范牛乳哺育，更推广至母乳和雇乳哺育，造就"科学化母性"的要求。科学育儿法的普及，也突显报刊杂志、教科书等印刷媒体对建构和传播新式哺育法的重要性。

就本书引述的育儿经验所见，知识阶层父母对新式科学育儿法的反应尤其正面。前文提到覃英和白夫人均依循定时哺育原则，约三小时哺乳一次。不仅母亲，父亲对科学育儿法同样趋之若鹜。主动翻阅育儿书刊且兼购买时钟实行定时哺育的雪渔，以及把科学育儿心得逐一记下与人分享的作家鲁彦，都是科学育儿法的忠实支持者。纵然育儿被视为母亲的责任与工作，父亲对此并非一无所知，部分更会主动学习育儿新法，倒过来教导妻子。

然而，支持者未必完全明白新式育儿法背后的科学知识和理论。他们会尝试用自己熟悉的传统医学观念，再混合西方的新知识，理解牛乳哺育和育儿新法。牛乳补身在传统中医早有记载，遂有父母让体质孱弱儿女以牛乳补身，自小体弱多病的吴宓（1894—1978），七岁移居到上海后，其父母就以牛乳为他进补。[①]另有热衷于科学育儿法的母亲，对新法也是一知半解。冯和仪所写的《科学育儿经验谈》，正是嘲讽这类有学识但糊里糊涂、盲目追求科学育儿法的"现代母亲"。[②]文中的"我"，[③]在妊娠时已立志采用科学方法育儿，所以在产前参阅了多本新式育儿书刊，包括《育儿常识》、《妊娠与娩产》等。按照这些育儿书刊指示，婴儿由初生至十四日内，需每隔三小时哺乳一次。下午六时正是哺乳的时间，不过小女儿当时却睡得正甜，"我"便用尽一切方法弄醒她，结果只令她嚎啕大哭。育儿书本又强调不要在婴儿哭泣时授乳，"我"只好屈服，推迟到七时才授乳。然而，才六时三刻女婴已醒来哇哇大叫，哭着索乳，"我"于是喂哺女婴。直至七时一刻，当"我"把乳头从婴孩口中抽出时，再次惊动了女婴，只得继续授乳直至七时半，不过，授乳时限已超出育儿专家建议的二十分钟，而"我"所追求的科学化哺育计划也因此泡汤。[④]有论者批评，冯氏所谓的科学育儿只是"一点皮毛"，甚至违背科学原则，质疑她的目的是表扬旧式育儿方法。[⑤]冯氏复于《宇宙风》

[①]　吴宓：《吴宓自编年谱》，页 42。

[②]　继《科学育儿经验谈》后，冯和仪在 1935 年 10 月再于《宇宙风》发表《现代母性》，讽刺现代母性型的母亲生、养、教育儿女时，皆找来各种似是而非的理由假手于人。冯和仪：《现代母性》，页 72—73。

[③]　《科学育儿经验谈》中的"我"并非冯和仪本人。在现实世界中的冯氏，因未能一索得男，而被翁姑禁止授乳。

[④]　冯和仪·《科学育儿经验谈》，《宇宙风》，1 期（1935 年 9 月 16 日），页 46—47。

[⑤]　赵敏求：《关于科学育儿经验谈》，《宇宙风》，6 期（1935 年 12 月 1 日），页 309—310。

反驳，澄清文章旨在"攻击这批仅知'皮毛'的现代母性型女子"，又讽刺批评者所提的科学方法有违"事实"。[①]从这篇文章所引起的讨论可见，民国时期确实有不少知识界人士支持新式科学育儿法，但正如冯氏文中的"我"以及现实生活中的批评者所言，真正明白新法者甚少，更多是一知半解、得过且过、只懂皮毛就盲目吹捧新法的现代父母。

纵然对科学育儿法了解透彻，实践时也会遇上重重困难。主动学习新式育儿法的雪渔，便敌不过其母的育儿经验而放弃使用新法。鲁彦、覃英夫妇更揭示了科学育儿法的实践局限。在众多科学育儿法则当中，他俩只能做到定时哺育一项，[②]皆因此法不用花钱。若要额外付钱，即使他们对科学育儿法有多热忱也只能却步。简单如严冬为婴儿洗澡，体现了穷家父母实践科学育儿法的困难。由于鲁彦家中没有安装热水气管（暖气），容易着凉，于是只可用穷人的办法料理婴孩的卫生：每当更换尿布时为她洗涤下部，上身只能每次换衣服时抹净。结果，鲁彦夫妇的女儿丽莎自出院后二十多天也没有洗澡。[③]若根

---

① 冯和仪：《科学育儿经验谈之性质及命题》，《宇宙风》，6 期（1935 年 12 月 1 日），页 310—311。

② 当丽莎仍在医院时，每隔三小时便哺乳一次。回家后谷兰仍旧维持每隔三小时哺乳一次的习惯，到晚上可以相隔长一点时间才哺乳，譬如四小时一次。到丽莎五个月大时，她的哺乳时间已转为差不多四小时一次。鲁彦、谷兰：《婴儿日记（续）》，《东方杂志》，31 卷 5 期（1934 年 3 月 1 日），"妇"页 14；鲁彦、谷兰：《婴儿日记（续）》，《东方杂志》，31 卷 7 期（1934 年 4 月 1 日），"妇"页 32、36；鲁彦、谷兰：《婴儿日记（续）》，《东方杂志》，31 卷 15 期（1934 年 8 月 1 日），"妇"页 17。

③ 鲁彦、谷兰：《婴儿日记（续）》，《东方杂志》，31 卷 7 期（1934 年 4 月 1 日），"妇"页 30—33。

据科学育儿法的标准，此做法既不理想更不卫生，但因为经济困难，他俩也只能将就。冯和仪对此也有同感，普通人家既不能负担安装水汀电炉的费用，用炭盆取暖又不合卫生，只好放弃在严冬为婴儿洗澡。[①]鲁彦夫妇遂归结出"没有钱，即使有很好的医师、保姆，告诉了我们一切养育孩子的科学方法，也是无法做到"，[②]突显了科学育儿法在实践时的局限。

撇开金钱问题，科学本可改善人类生活，不过科学育儿法却为母亲角色带来诸多掣肘，规管她们的身体与母职。研究近代中国妇女史的学者关注科学观念对女性身体的规训，尤其对妇女生育能力的管束，务使她们孕育出强健的婴儿。例如，莎拉·史蒂文斯、柯小菁和周春燕探讨胎教、生育、月经等妇女卫生知识，揭示国家和知识界如何规训女性身体。[③]江勇振以1921至1925年的《妇女杂志》作材料，阐释公众对妇女生育功能包括优生学、节育、性道德的重视。[④]至于蒂娜·约翰逊（Tina Johnson）则通过由产婆转变到助产士的过程，剖析西方现代医学观念和系统，对民国时期妇女生育经验带来的影响。[⑤]婴儿哺育涉及母亲的身体与行为，所以科学育儿法也针对妇女

[①] 冯和仪：《科学育儿经验谈之性质及命题》，页311。

[②] 鲁彦、谷兰：《婴儿日记（续）》，《东方杂志》，31卷5期（1934年3月1日），"妇"页11。

[③] Stevens, "Making Female Sexuality in Republican China"；柯小菁：《塑造新母亲》，第一、二章；周春燕：《女体与国族》，第一至三章。

[④] Chiang, "Womanhood, Motherhood and Biology," pp. 531–540.

[⑤] Tina Phillips Johnson, *Childbirth in Republican China: Delivering Modernity* (Lanham Md.; Lexington Books, 2011).

身体和母职的管束。以束胸为例，专家、学者、官员以至知识分子无不反对女子束紧双乳，因为乳房发育不健全、乳头凹陷甚至溃烂，既伤害身体，更令婴儿无乳可吃。

然而，科学化哺育方式无助减轻母亲工作。从选择哺育方式和乳母的标准，判别各种代乳品的优劣，到定时定量的哺育原则、稀释与调制牛乳的方法、清洁哺育器皿的程序等，新式科学育儿法无所不包，虽保障了婴儿的健康，却增加了母亲的工作。以选择合适的代乳品为例，书刊杂志的论述以至商业广告，均引用大堆科学词汇和理论，评论各种代乳品的优劣，母亲需要对科学有基本的认识，才可作出正确的选择。又，假如没有佣人或亲属帮忙，母亲需要亲自动手冲调牛乳、喂哺和清洗奶瓶，不仅没有减轻母亲的工作，反而比母乳哺育更加繁复。正如刘王立明所言，牛乳哺育所花的金钱和时间，比自乳要耗费得多。[1]

这种称为科学化母性的学说，在清末民国时期闯进了中国妇女的日常生活。科学化母性说源于十九世纪末二十世纪初美国婴儿夭折问题严重。为解决此问题，科学家和医生取代女性亲友，成为母亲育儿知识的主要来源，及后更发展到母亲必须遵循科学及医学指示，方可育成强健婴儿的地步。[2]清末民初对强国强种的诉求使科学育儿法乘势而起，渐渐衍生出类似美国的科学化母性，要求妇女运用科学方法育儿，尽管程度与规模

---

[1] 刘王立明：《快乐家庭》，页 39。

[2] 参见 Apple, *Mothers and Medicine;* Apple, *Perfect Motherhood,* chapter 2。

跟美国有天壤之别，但已对中国母亲的身体和职责造成相当的影响。

牛乳哺育亦未能完全解放母亲的身体。科学育儿法严守定时定量原则，尤其牛乳哺育，若时间或分量失准，会引致婴儿消化不良或营养不足。因此，牛乳哺育令母婴的作息与生活节奏受制于一个又一个的程序和时间周期，不仅无助纾解母亲的工作或解放其躯体，反而对她们的生活造成诸多掣肘与不便。正如本书多次强调，如没有佣人、娘姨或家人的协助，使用牛乳哺育的母亲，充其量只能让一双乳房得到休息。

从科学育儿法的传播、认识到实践，揭示了二十世纪前期市民大众学习新知识的过程。科学是一门以数字、文字和符号表达和传递的专门知识，经由学校教育、报刊杂志等途径传播。讲求实践的科学育儿法则稍有不同，主要通过通俗的家庭和妇女刊物传播。图文并茂的商业广告，以至商业或慈善机构举办的儿童健康比赛及公众卫生活动，更是市民大众接触和认识牛乳哺育的途径。如此看来，科学育儿法以至牛乳哺育法的传播途径，印证了李欧梵的说法：新知识和概念不一定只在精英阶层流传，通过报纸杂志和商品宣传，市民大众对物质层面的现代性也有一定的认识与想象。①

---

① 李欧梵认为，报刊杂志广告也可达至启蒙的效果，把新知识传播、传递予市民大众。参见 Leo Ou-fan Lee, "The Cultural Construction of Modernity in Urban Shanghai: Some Preliminary Explorations," in Yeh Wen-hsin, ed., *Becoming Chinese: Passage to Modernity and Beyond* (Berkeley; Los Angeles; London: University of California Press, 2000), pp. 31–58。

小结

从社会舆论中的理想母亲形象和妇女作为母亲的主体经验的对比，反映清末民国从婴儿哺育问题衍生出社会各界对母亲角色意见的分歧，以及论述与现实生活情况间的落差。纵使舆论主张母乳哺育，部分女性刊物以至母亲自身的经验却不一定与之相符。社会舆论不仅把母乳哺育塑造成母亲的慈爱、良母的标准，更是妇女贡献国家的方法。因事未能履行哺育责任者，往往深感内疚。然而，现实生活中甘愿在家中育儿的良母只属少数。纵有能干如刘王立明者，既能妥善处理家务及教养小孩，同时又积极推动妇女权益，[①]但更多母亲希望走出家庭投身社会工作。本章引述有关妇女的哺育经验更进一步印证，有不少被冠以贤妻良母衔头的妇女，其实也渴望在社会工作，做一个独立的人。即使声称每个母亲都有哺育职责的绿萍，最后还是选择职业，把不到两个月大的女儿交由乳母抚养，而且随着时间消逝以及多生了一个孩子，从前她那种对未能亲自哺育

① 刘王立明：《我的母亲生活》，《女声》，2 卷 1、2 期（1933 年 10 月 25 日），页 29—32。

的内疚感也大大减退。

妇女拒绝授乳更呈现由男性主导的母亲角色论述与母亲主体经验的分野。专家、学者、官员以至社会舆论均认定，美貌、身材、疼痛对母亲而言是无关痛痒的事情，并且训斥以此为由拒绝授乳的母亲荒谬至极。但实际上，这些被指荒诞、微不足道的忧虑，往往困扰着追求独立、自主或享乐的妇女。男性和女性，以至女性之间对理想母亲形象的分歧，彰显了二十世纪前期中国性别问题的复杂性。

面对母亲角色与个人意愿之间的矛盾，部分妇女尚能够灵活地在有限的资源下，作出妥善的安排。例如，绿萍就充分利用其经济资本，以及娘家的女性亲属网络，妥善解决哺育及育儿问题，使她既可继续工作，又可完成母亲的责任。即使被乳母离弃的丁玲，也懂得把幼儿送回娘家抚养，由母亲继续以牛乳哺养。由此可见，为母的并非完全被动，她们也有能力在狭小的空间和有限的资源下，平衡母亲的角色及个人意愿。

由哺儿问题引申出社会舆论、女性论述以及母亲主体经验对国族主义话语的不同反应更值得深思。自十九世纪末，强儿强种是专家、学者、官员和知识分子共同关注的问题。社会舆论大多强调贤妻良母对治家兴国何等重要。惟1930年代的政治和经济危机，使部分保守人士理直气壮地以国家之名，窒碍妇女投身社会。与此同时，商人尤其国货代乳品商善用国族主义话语为产品宣传。不过，本章引述的母亲主体经验显示，婴儿哺育问题并不会引起母亲对国家的联想。像丁玲般政治立场鲜明的新女性，只会关心自身的行动自由，而不是如何强国强种。毕竟在母亲眼中，自家婴儿身体健康比强国强种更实际。由此令我们反思国族主义论述对市民大众日常生活的影响与意义。纵使家政论述是传递国家观念的平台，它能否引发普通妇女的国族主义思想却有待验证。

总　结

　　本书从三方面探讨牛乳哺育兴起与母亲角色以至近代中国社会的变迁。首先，牛乳哺育是二十世纪的新现象，在清末民国讲求强国强种的宏观环境下兴起。虽然社会舆论普遍强调母乳哺育，牛乳哺育仍可然凭借科学概念包装突围而出，从不得已的哺育选择，逐渐变成功同人乳，甚至改良民族不可或缺的婴儿哺育品。本书又尝试超越论述层面，窥探母亲的内心世界。第四章援引了多位母亲的哺育经验，从她们的角度揭示妇女在职业、母职和个人理想之间的矛盾与张力。为历史补白之余，更是要突显女性及母亲视角与宏观大历史视野的差别。最后，作为社会文化史研究，本书以牛乳哺育为例，剖析西方观念、知识及物质文化如何融入中国人的日常生活。

强国保种与科学育儿：牛乳哺育的兴起

　　强国保种、建构现代国家是近代中国婴儿哺育方式转变的导火线。自十八世纪洋商踏足中土，伴随他们来华的，除了各式各样的货物和一箱箱白银，还有乳牛。十九世纪后期，鲜牛乳、炼乳以至简单的牛乳哺育知识已经在上海流传。甲午战败，士大夫把国家积弱归咎于妇女不学、不事生产，遂提出兴女学，从日本引入西洋的家政学，借以教导妇女治家兴国。家政学标榜科学育儿，包括如何使用牛乳哺儿，并借着课本、报纸杂志等媒体传播。由此可见，清末士大夫亡国灭种的危机意识，使牛乳哺育在中土萌芽滋长。

妇女对个人、身体以至家庭制度的觉醒，为她们弃母乳、用牛奶埋下伏线。接受新式教育的女学生，不少怀有做一个人、贡献社会等鸿图大志。尤其五四时期鼓吹妇女解放和性别平等，纵使只有少数女学生可成功就业，但已动摇贤妻良母作为理想妇女形象的根本。加上结婚产子后，职业与母职之间的矛盾加剧，在职母亲不是被开除就是被逼放弃工作回家育儿。在儿童公育无从实践，托儿服务又尚待开发的二十世纪前期，不愿放弃事业的母亲，或聘请乳母，或改用牛乳哺儿，或甚把婴儿寄养在乡间亲人家中。有偿职业与无偿家务的鸿沟，使大部分曾受新式教育的妇女轻视家内工作包括哺育婴儿，母乳哺育作为理想良母的光环逐渐褪色。

民国时期妇女的身体解放，强调人体的线条美，玲珑浮凸的胸部更是审美的重点，促使部分爱美的母亲抗拒授乳。在性学博士张竞生等人鼓吹下，丰满的女性乳房不单是育儿的器官，更是吸引异性的焦点、性欲的泉源。对女性乳房的膜拜，使其超越了哺育的范围，成为健康、时尚、性感的新女性标记。追求乳峰线条美以及对乳房作为性征的风气，为日后摩登女性抗拒哺育而转用牛乳或雇乳埋下了种子。

五四以来的家庭革命，助长母亲自主哺育方式。在大城市流行的小家庭制度，把翁姑叔嫂妯娌摒除家外。夫妇虽可享受二人世界，然而，一旦孩子出生，母亲却缺乏姑嫂妯娌等女性亲属传授育儿心得或帮忙照顾婴儿，转而求助于育儿书刊、乳母、娘姨甚至奶粉公司提供的育婴支援服务，间接助长了雇乳和牛乳哺育的发展。

科学话语加上商业推广，是牛乳哺育逐渐植根中国的重要因素。二十世纪前期的中国，清洁、消毒的鲜牛乳难求，炼乳又营养不足。因此，牛乳哺育被视为不得已之选；然而，科学、卫生、营养、进化论等也是专家、学者、舆论提倡牛乳哺育的理由。尤其在第一次世界大战后，西方营养学说推举牛乳为人类进化过程中不可或缺的食物，商人乘机把牛乳塑造成文明的象征、强国强种的凭证。加上1920年代奶粉打入中国市场，水银泻地般的产品宣传攻势，从平面的报章广告、大型婴儿健康比赛及卫生大会，到上门、互动、度身订造的育婴支援服务，时刻提醒母亲牛乳功同人乳，而且更胜乳母的奶水。

反观雇乳哺育则欠缺科学包装，加上受商品化的影响，显得黯然失色。不论中外，乳母都是古老的行业。乳母虽靠出卖乳汁糊口，但部分会跟东家尤其少主建立深厚的感情。故此，以往不少大户人家的乳母会在东家工作一辈子，甚至终老。不过，这种现象在二十世纪已愈来愈少。究其原因，与牛乳商品化有莫大关系。自清末至民国，牛乳业在中国多个大城市逐渐滋长。以上海为例，自十九世纪中后期开始，牛乳场、牛乳哺育品的种类与数目也日渐增加，各方政府对鲜牛乳生产和售卖的监管也日趋严格。法例的背后虽隐含了租界政府对中国本土乳业的歧视和打压，但却提高了消费者对牛乳的卫生意识，甚至把衡量牛乳品质的标准套用在乳母身上，于是衍生出要求乳母验血、验乳汁、检查身体、翻查个人及家庭病历等聘用条件；乳母到东家后还要仔细观察其人品、性格和生活习惯，才决定是否聘用。总言之，选乳母就好比挑选乳牛，必须通过重重测试。当乳母的奶水成为商品，乳母跟东家只是金钱交易，致使乳母的地位下降，纵使部分乳母仍受到东家尊重。与此同时，乳母也把自己的身体视作生产工具，倘若约满后乳汁仍然丰盛，便会投靠另一东家继续工作。

母亲角色与经验的对比

母亲角色与母亲经验是两种截然不同的概念。前者是社会、文化的建构，而后者则是妇女作为母亲的实际经验。受强国保种、建构国家等国族主义影响，清末民国时期注重妇女的生育、养育、教育功能，国民之母的称谓由此而生。母亲哺育既是天职，也是良母必须履行的责任。到底怎样才算是一个称职的母亲甚至良母？专家、学者、知识分子、社会舆论、政府官员各有不同意见，亦使母亲角色全天候受到不同个体或组织的监察。情况一如艾德里安娜·里奇所说，妇女无从决定做个怎样的母亲。[1]

　　综观抗战前中国的母亲大概可分为贤妻良母、在职母亲和"现代母亲"三种。这些母亲形象的对照，尽显二十世纪前期妇女角色与母亲角色的分合。母亲角色与妇女角色本来互相重叠。在传统中国，妇女大多只有为人女儿、妻子和母亲的角色，而母亲角色又附属于妻子的身份之下。及至十九世纪末二十世纪初期，母亲角色与妇女角色开始分离。所指的不仅是妇女可借着母职分工，把工作交托他人完成，更标志着妇女拥有家庭以外的身份，例如，机构的职员、学生的老师、某人的同事等等。二十世纪三十年代，左派妇女杂志更呼吁立志全身投入社会的妇女不婚不育。换言之，女子教育和就业问题，导致妇女角色与母亲角色的分离，意味着女性可享有更大的发展空间，这种发展加速了哺儿方式的改变。惟大多数士大夫以至后来的知识分子未能接受女性角色的急剧转变，加上强国保种的风气尤盛，仍把妇女角色和母职紧扣在一起。解放母职与父权思想的碰撞，突显了两性对妇女角色期望的分别，也掀起了近代中国母亲角色的重塑。

　　从传统到近代，纵使婴儿哺育方式已有革命性的转变，但母亲角色仍受到多方面的规管。清末的政治及社会变动，令曼素恩所谓盛清时期精英妇女从儒家学说所取得的道德及人文身份无以为继，削弱了她们的地位；[2]不过，对妇女思想及行为

---

[1]　参见 Rich, *Of Women Born*。
[2]　Mann, *Precious Records,* p.226.

的束缚却在表面上有所松懈。五四时鼓励的妇女解放，更令女性走出家庭，闯进公领域。惟妇女的哺儿经验却反映了在建立现代新型国家之际，国族主义及科学话语代替了儒家学说，继续规范着妇女的思想、行为和身体。假如帝制时期只着重精英妇女的为母之道，二十世纪现代国家则是针对各阶层的母亲，重申她们必须履行育儿责任，以达至治家兴国、强国强种的目标。在"双重负担"下，职业妇女的解放可说是虚假的。

反之，母亲的经验，与社会、文化建构的母亲角色不尽相同，民国时期母亲选择以牛乳哺儿便是一例。部分在职母亲因工作或身体状况，需要使用牛乳哺儿。与此同时，二十世纪初中国的经济环境和社会结构，产生了一批有乳不哺的有闲阶级"现代母亲"。她们有学识、有经济能力，但没有工作或不愿投身职场，部分更沉迷交际玩乐。她们的母亲经验与社会舆论推崇的贤妻良母形象背道而驰。

理想母亲形象与实际母亲经验的差距，反映出在现代国家建构的过程中，两性对母亲角色的分歧意见。当知识阶层妇女急欲跳出贤妻良母的框框，投身社会工作，甚至提出作为人的诉求时，大部分男性及守旧人士未能接受妇女担当女儿、妻子、母亲以外的角色，仍主张妇女留在家中抚养婴孩。如此看来，纵使二十世纪前期，中国的政治、社会及文化变动，为妇女带来不少机遇，但她们始终未能突破母亲角色的传统框架。五四以来的妇女解放运动，也只强调女性在公领域的角色，参与女权运动的男性其实甚少关注妇女应如何摆脱家内角色。

牛乳哺育能让母亲离开嗷嗷待哺的婴儿，获得空间和自由；不过，牛乳哺育也有一定的限制。正如本书多次强调，牛乳哺育需要人手冲调、喂哺、清洗器具，母亲对科学育儿法亦需有相关的认识，否则分量失准或食具不洁便会损害婴儿健康。假如没有其他人帮忙分担上述的工作，牛乳哺育只可为母亲的双乳带来半点闲息，她们仍要侍候在婴儿左右，没有多少行动自由和空闲的时间。倒过来说，假如吃牛乳的婴儿有佣人、家人等代为照顾，母亲便可离家上学、上班、吃喝玩乐，甚至无所事事。这种特点既是热衷于工作、学业或向往自由的母亲支持牛乳哺育的原因，也是卫道之士反对这种哺育方式的理由。

在二十世纪前期，只有少数母亲有权选择哺育方式。纵使有母亲以牛乳哺育换取身体和行动自由，但并不代表她们满意其决定，甚至有妇女为此而感到懊悔，覃英和绿萍的经验便是很好的例子。这两种现象说明，父权以至传统性别分工意识仍残留在日常生活及妇女的思想中，尽管母亲已通过牛乳哺育解放身体，卸下哺育职责，但仍会自觉亏欠了丈夫和孩子。

授乳的痛楚更是真实的母亲经验，而且无时无刻不在各个阶层的母亲身上发生。哺育的痛楚可分为精神和肉体两种，但不论是哪一种，母亲也甚少透露，在男性主导的文字媒体下，更只会淡化、美化甚至无视这些问题。从母亲角度审视婴儿哺育，有助知悉男性书写所未见的妇女主体经验与感受，为历史补白之余，也对当下妇女及母亲研究过于着重论述及话语的讨论，忽略人的实际经验作出反思。

艾德里安娜·里奇有关母亲角色的分析，指出妇女可借母亲经验得以赋权。学者佩妮·范埃斯特里克（Penny Van Esterik）更强调母乳哺育可为母亲赋权；[①]然而，她的观点受一众学者质疑。[②]二十世纪前期，中国妇女由母乳渐转以牛乳哺儿的现象，同样显示妇女未受惠于其母亲经验。无可否认，清末强国、强种、强儿的主张使妇女得以接受教育，但在"国民之母"的号召下，妇女的生育、哺育能力以至身体成为知识分子、公众和国家共同关心的议题，反令妇女受到进一步的规训。专家、学者、政权禁止束胸，无视妇女对身材、容貌的重视，以及因授乳疼痛所产生的怨言，无非是要确保母亲履行哺儿职责。由此可见，母亲面临更多的限制和监视，在家内丈夫管束其性态（sexuality），家外的学者、专家、政府官员则利用教育、医疗和行政手段，监察妇女的母亲经验。从婴儿哺育方式的变化看近代中国母亲角色的形塑和实质的母亲经验，有助了解二十世纪前期政治及社会变迁下，中国妇女在家庭内外的处境，以及有关问题的性别意涵。

---

① 佩妮·范埃斯特里克认为有六大因素使母乳哺育能为母亲赋权：1) 因为授乳使母亲优先获得分配食物；2) 挑战医疗霸权，重申母亲控制自我身体的权利；3) 拒绝人工哺育，使母亲突破现代社会的消费模式；4) 挑战女性乳房作为性征的观念；5) 重新定义妇女工作，使女性生育、哺育以及工作可相互配合；及 6) 鼓励妇女的团结与合作，从而获取更多的机会。Penny Van Esterik, *Motherpower and Infant Feeding* (London: Zed Books, Ltd., 1989).

② 例如，Pam Carter 在其著作 *Feminism, Breasts and Breast-Feeding* 中逐一反驳范埃斯特里克的六大因素说。参见 Pam Carter, *Feminism, Breasts and Breast-Feeding* (London: Macmillam Press, 1995), pp. 193–196。

日常生活的现代性

由母亲授乳渐转为牛乳哺育，揭示了清末民国时期现代性融入市民大众日常生活的过程。研究中国近代史的学者暂未能就现代性作出一致的定论，但普遍认同传统与现代绝非二元对立。[1]李欧梵强调中国的现代性是种直线、向前的概念，而且很大程度是仿效西方。民众在"共时"的情况下，一同经历各种新思想和物质文化的洗礼。[2]知识分子或专业人士运用报纸杂志，建构出现代性的知识系统；不过，市民大众是通过报纸杂志上的商业广告和真金白银的消费体验现代性，而且他们并不在意产品或行为背后的新知识、新概念，只求过着更舒适美好的生活。换言之，二十世纪初中国的现代性建基于物质文化层面，并非由上而下推动的政治醒觉或思想启蒙运动。[3]

牛乳哺育作为现代性的例子也经历类似的发展过程。牛乳哺育的科学价值和使用方法，最初是通过西方科学、医学和家政学典籍译介来华。合信的《妇婴新说》介绍了稀释牛乳的方法以及渐进式的哺育原则。《格致汇编》从化学、医学、养生等角度分析牛乳的成分和益处，又教导读者如何辨别牛乳掺

[1] Peter Zarrow, "Introduction: New Discourses and Everyday Life in Modern China," in Peter Zarrow, ed., *Creating Chinese Modernity: Knowledge and Everyday Life, 1900—1940* (New York: Peter Lang, 2006), pp. 20–21.

[2] Lee, "The Cultural Consturction of Modernity in Urban Shanghai," p. 31.

[3] 同上，p. 33。

杂。①至于二十世纪初引入的家政学，讲解了牛乳的化学成分，并且详细列明实行牛乳哺育应注意的事项和步骤，确立牛乳哺育的科学理论基础。随着商业印刷媒体发展蓬勃，书刊、报章成为了传播牛乳哺育资讯的重要途径。承袭清末亡国灭种的危机意识，论者阐释牛乳成分和功效之余，也关心牛乳哺育能否强国强种。概言之，牛乳哺育论述糅合了西方科学、医学、营养学、进化论等观念。论者因应当时中国政治和社会情况，把上述的理论以至国族主义概念，或一字不漏，或增删润饰，或融会贯通，建构出牛乳哺育的知识系统，再经报刊杂志等印刷媒体散播。

如同李欧梵对现代性的分析，商业广告比书籍杂志更能有效传播牛乳哺育的讯息。广告中吃牛乳的婴儿，无不健康活泼、白胖肥硕，他们的母亲则是精明、爱国、关心孩子健康的好妈妈。代乳品广告中的母亲形象，更与五四以来出现的新女性、摩登妇女互相呼应。

尽管牛乳哺育论述和奶粉广告均标榜其科学特质，但民

---

① 《互相问答》，《格致汇编》，1 年 4 卷（1876 年 5 月／【清】光绪二年四月），页 9a；《化学卫生论》（续），《格致汇编》，3 年 6 卷（1880 年 7 月／【清】光绪六年六月），页 7a—8a；《互相问答》，《格致汇编》，1 年 8 卷（1876 年 9 月／【清】光绪二年八月），页 11b；《延年益寿论》（续），《格致汇编》，6 年秋季（1891 年秋季／【清】光绪十七年秋季），页 15b；《延年益寿论》（续），《格致汇编》，6 年冬季（1891 年冬季／【清】光绪十七年冬季），页 8a、12a—12b；《互相问答》，《格致汇编》，1 年 9 卷（1876 年 10 月／【清】光绪二年九月），页 9b；《格致汇编》，6 年夏季（1891 年／【清】光绪十七年夏季），页 48a—48b。

众是否接受或明白个中道理又是另一回事。从牛乳补身以至充满火气，需要用性质寒凉的金银花水汁稀释，揭示时人仍以一贯的传统中医药概念分析牛乳的性质。这种中西夹杂的理解方法，进一步印证了中国的现代性乃传统与现代并存的现象，而且民众并非不加思索便把西方的观念、器物照单全收，他们也会运用本身既有的知识和观念，诠释舶来的食物和惯习。

物质文化呈现的现代性不仅影响精英、知识分子和有闲阶级，也逐渐走进市民大众的日常生活，了解他们如何接触和采纳这些新事物，有助了解现代性在下层社会的传播、共鸣与挪用。上文提到商业广告是传播牛乳哺育资讯的重要途径，而民国时期代乳品广告的特点之一，就是善用图像和照片作辅助解说。图像化的讯息，能超越文字的障碍，向低教育水平者宣传牛乳哺育的功效。奶粉商举办的婴儿健康比赛，也是借着照片和报纸杂志的传播网络，把牛乳育出健康婴儿的讯息，活灵活现地展现眼前，比千言万语的文字说明更有说服力。

至于牛乳哺育如何遍及社会各阶层，皮埃尔·布尔迪厄（Pierre Bourdieu）的惯习（social practice）理论提供了一些线索。布尔迪厄认为，意识形态能影响惯习的形成，但亦需要时间、空间和日常生活行动的互相配合。[①]母亲采用哪种哺育方式，既受制于当时的历史、政治、社会、经济、学术思想、宗教、医学、文化等因素，同时也受到身边亲朋戚友、左邻右里

① Pierre Bourdieu, *The Logic of Practice,* Richard Nice trans (Stanford, Calif.: Stanford University Press, 1990).

以至旁人的意见所影响，从而倾向选用某种哺育方式，倒过来也令该种哺育方式更受欢迎。在清末民国的历史脉络中，母亲的哺育方式受到强国强种、妇女解放、科学等话语影响。但正如卢汉超有关上海现代性的研究心得，老百姓的思维趋向实用主义，意识形态对他们并非无关重要，但在日常生活实在太奢侈。[①]尤其对知识水平较低以至目不识丁的妇女而言，贤妻良母、妇女解放等主张，既不能保证母婴的三餐温饱，营养、卫生等科学知识更是艰深难明。相反，商业广告、宣传活动以至电影标榜牛乳哺育有益健康的讯息却清楚直接。母亲以爱美、自由、摩登、交际为由拒绝授乳，代乳品广告遂暗示产品能满足她们的需要，增加妇女使用牛乳哺育的意欲。正当牛乳哺育成为中上层和有闲阶级母亲的新潮流之际，下层妇女或因工作而选用，或眼见富有人家给孩子喂哺牛乳，推论牛乳哺育绝非坏事，于是仿效她们以牛乳哺儿，遂有工人家庭也使用牛乳哺育的情况，形成抗战前上至官太太、有闲阶级妇女、女性知识分子，下至工厂女工均有使用牛乳哺儿的痕迹，尽管她们只占社会的一小部分。

下层民众仿效中上层使用牛乳哺育，反映出民国时期西方物质文化独特的消费模式。据冯客分析，舶来品的用家并非只有上层精英，平民百姓也会模仿、抄袭。当上层精英享用真正的洋货，下层民众就消费价格和档次低廉的次货、赝品，形

---

① 卢汉超著，段炼、吴敏、子羽译：《霓虹灯外：20世纪初日常生活中的上海》，上海：上海古籍出版社，2004，页273。

成"双层经济"（two-tiers economy）。^①把冯客的观点套用二十世纪前期中国牛乳哺育的情况，便可解释为何上海的劣质、掺杂、冒牌牛乳总是禁之不绝。撇除牛乳有价的因素，下层民众对舶来品的需求，为次货、赝品牛乳提供市场。

市民大众更会挪用牛乳哺育，并且注入新的用途和意涵。只有少数上海工人阶级家庭可负担牛乳哺育的费用，他们的孩子只能间或吃一点点牛乳，大多数时间是进食廉价的米糕。这种混合的哺育方式，揭示低收入家庭把牛乳当成婴儿营养补充品。视牛乳为补品，源于传统中医对牛乳疗效的分析，及至二十世纪，这种观念依然流行，不仅老人和体弱多病者，更推及营养不良的婴儿。此外，所谓"牛乳有火气"，结合了传统医学和烹调理论。为去除"火气"，时人创造出各种新颖的牛乳哺育法，上文提到刘王立明以金银花水汁混合奶粉便是一例。可见冯客称之为中西文化互相渗透的现象，^②在各个阶层也随处可见。

近代中国婴儿哺育由母乳渐转牛乳的变革在清末萌芽，但直到二十一世纪，婴儿哺育方式仍不断改变。哺育方式的转变标志着近代中国妇女角色与母亲角色的分离，妇女开始走出家门是导致婴儿哺育改变的主要原因。有学识、有理想的母亲，为着做一个人而用牛乳；有经济能力、喜爱交际的"现代母亲"，为着解放身体与母职而用牛乳；为生计、糊口的劳动妇

---

① Dikötter, *Things Modern,* pp. 9-10, 262.
② 同上 , p.7。

女，虽然未能负担牛乳哺育的费用，仍会挤一点钱让婴儿间或一尝牛乳的滋味。部分母亲因牛乳而实现梦想、获得自由，但本书所呈现的母亲经验告诉我们，纵然她们有选择哺育方式的自由，但不代表她们由衷认同牛乳哺育是最好、最合适的哺育方式。由此引申妇女以至母亲角色研究，论述的形成与变化固然重要，但要探究人的历史，母亲的实质经验却是不可或缺。

参考文献

一、政府档案

《上海公共租界工部局年报》1931—1932。

《上海牛乳场联会章程》，上海市档案馆，全宗号：S118-1-7。

《上海市乳品业历史沿革及概况调查报告1950》，上海市档案馆，全宗号：S118-3-1。

上海市政府秘书处编：《上海市政概要》，上海：上海市政府秘书处，民23（1934）。

上海特别市卫生局编：《上海特别市卫生法规二集》，上海：上海特别市卫生局，民17（1928）。

《上海畜牧场的牛奶检验、价格、运输等（1935—43）》，上海市档案馆，全宗号：U1-16-1797。

《上海商业储蓄银行调查研究类：牛奶奶粉调查资料》，二册，上海市档案馆，全宗号：Q275-1-2007、Q275-1-2007-2。

《女生不得违禁束胸》，安徽省政府教育厅训令第440号，载《安徽教育行政周刊》，1卷16期，民17（1928）7月16日，页13。

《牛奶委员会的组织章程1924—1933年》，上海市档案馆，全宗号：U1-16-1769。

《牛乳：消毒，甲等T.T.消毒牛奶》，上海市档案馆，全宗号：U1-4-632。

《可的牛奶公司之牛奶质量及牛只检查等事（1938—1943）》，上海市档案馆，全宗号：U1-16-1816。

《令公私立中小学校公私立民众学校各处馆所查禁女学生束腰束胸诸恶习由》，民18（1929）12月31日，载《北平特别市市政公报》，第31期，民19（1930）2月3日，"教育命令"页7—8。

《令各省市教育行政长官暨各国立大学校长（为准函禁止学校女生束胸仰各遵照由）》，大学院训令第471号，民17（1928）6月29日，载《大学院公报》，1卷8期，民17（1928）8月，页18。

《民政厅令各县奉令查禁女子束胸一案仰遵照由》，河北省民政厅训令民字第1165号，载《河北省政府公报》第518号，民18（1929）12月31日，页7。

《民国时期广东省政府档案史料选编》第1册，《第一、二、三、四届省政府会议记录》，广州：广东省档案馆，1987。

《民国税收税务档案史料汇编》第1册，北京：全国图书馆文献缩微复制中心，2008。

《有关妇婴福利保健等什件，1927》，上海市档案馆，全宗号：U1-16-702。

《儿童福利会的儿童福利及召开健康儿童比赛会等事由（1936—1939）》，上海市档案馆，全宗号：U1-16-996。

《教育部批：第六一〇五号（廿三年五月二十五日）：具呈人吴县县立草侨小学校教员章雪艳：呈一件为恳请确定女教员在生产假期内代理人薪资支给由》，《教育部公报》，6卷21—22期（1934年6月3日），页13—14。

《部咨令知确实查禁女子束胸》民19（1930）12月4日，载《江苏省政府公报》第329期，民19（1930）1月6日，"民政"，页15—16。

《华人牛奶棚存栏牲畜双周简报和卫生稽查员的年度报告》，上海市档案馆，全宗号：U1-2-1105。

畜牧实验所：《上海乳牛场调查报告》，台北：中研院近代史研究所档案馆，全宗号：20-76-034-23。

《关于工厂设置哺乳室及托儿所办法大纲》，上海市档案馆，全宗号：Q235-1-355。

Culty Dairy Co. Ltd., Hong Kong Public Records Office, File No: HKRS111-4-112.

Municipal Council of Shanghai: Report of the Year 1873—1937. Shanghai: The
  North-China Herald Office, 1874—1938.

Shanghai Municipal Archives, ed. *Minutes of Shanghai Municipal Council.* 28 vols.
  Shanghai: Shanghai Classics Publish House, 2001.

The Municipal Gazettee 1908—1936. Shanghai: North-China Daily News & Herald,
  Ld, 1908—1936.

Returns of Trade and Trade Reports for the Year 1894—1937. Shanghai: The
  Statistical Department of the Inspectorate General of Customs, 1895—1938.

二、报纸杂志

《大众卫生》（北平，1935—1937）

《女子月刊》（上海，1933.3—1937.7）

《女声》（上海，1932.10—1935.10）

《中华农学会从刊》（1927）

《北洋画报》（天津，1926—1937）

《民国日报》（上海，1919—1937）

《生活》（上海，1925.10—1933.12）

《申报》（上海，1872—1947）

《宇宙风》（上海，1935.9—1937.7）

《快乐家庭》（上海，1936—1937）

《改造与医学》（上海，1920.9—1930.6）

《良友画报》（上海，1926.2—1937.7）

《东方杂志》（上海，1904—1937.7）

《南通学院院刊》（南通，1937.4—1937.7）

《玲珑》（上海，1931—1937）

《家庭良友》（上海，1937.3—1937.7）

《家庭周刊》乙种（天津，1932.5—1937.7）

《家庭星期》（上海，1935.11—1937.7）

《家庭杂志》（上海，1922.1—1922.12）

《时代画报》（上海，1934.1—1937.6）

《格致汇编》（上海，1876—1877）

《健康知识》（北平，1937）

《妇人画报》（上海，1933.4—1937.4）

《妇女月报》（上海，1935.3—1937.10）

《妇女生活》（上海，1935.7—1937.7）

《妇女共鸣》（上海、南京、汉口，1929.3—1937.7）

《妇女旬刊》（杭州，1925—1937）

《妇女时报》（上海，1911—1917.5）

《妇女杂志》（上海，1915.1—1931.12）

《康健世界》（上海，1935.11—1936.11）

《晨报副镌》（天津，1921.10—1928.5）

《现代中医》（上海，1934.1—1937.2）

《现代父母》（上海，1933.2—1937.7）

《华洋月报》（上海，19334—1937）

《慈幼月刊》（上海，1930.4—1932.8）

《新文化》（上海，1926.12—1927.11）

《新民丛报》（横滨，1902—1907）

《新青年》（上海，1915.9—1922.7）

《新家庭》（上海，1931.1—1933.4）

《新妇女》（上海，1920.1—1921）

《新医药刊》（上海，1932—1937）

《农事月刊》（广州，1922—1932）

《农业丛刊》（上海，1922.1—1922.12）

《实报半月刊》（北平，1935—1937）

《广州民国日报》（广州，1923—1937）

《论语》（上海，1932.9—1937.7）

《卫生月刊》（上海，1928.1—1937.6）
《岭南女学新报》（广州，1927—1937）
《医药导报》（上海，1933—1937）
China Journal of Science and Arts (Shanghai,1924-1930)
North China Heralrd (Shanghai, 1850-1940)

三、专著

三四、《我们的姊妹》，《民国日报·觉悟》，梅生编：《中国妇女问题讨论集》上，第一册，新文化书社1923年影印版，页134—152，载《民国丛书》第一编第18册，上海：上海书店，1989。

下田歌子著，吴汝纶译：《新编家政学》，上海：作新社，【清】光绪二十八年（1902）。

下田歌子著，汤钊译：《新撰家政学》，初版【清】光绪二十八年（1902），再版，上海：广智书局，【清】光绪三十一年（1905）。

下田歌子著，钱单士厘译述：《家政学》，两卷，出版资料不详，【清】光绪二十八年（1902）。

上官悟尘：《食物常识》，上海：商务印书馆，民22（1933）。

《上海市工人生活程度》，上海：上海市社会局，民23（1934），载李文海主编：《民国时期社会调查丛编：城市（劳工）生活卷（上）》，福州：福建教育出版社，2005，页337—458。

《上海市工人生活费指数》，上海：上海市政府社会局，民21（1932）。

上海地方志南市区志编纂委员会编：《南市区志》，上海：上海社会科学院出版社，1997。

上海社会科学院经济研究所编：《荣家企业史料：茂新、福新、申新系统》，两册，上海：上海人民出版社，1980。

上海信托公司采编：《四十年前上海风土杂记》，载《国立北京大学民俗学会民俗丛书》，第47册，台北：东方文化书局，1971。

上海通志编纂委员会编：《上海通志》第一册，上海：上海人民出版
　　社，2005。

《上海指南》，上海：商务印书馆，民12（1923）。

《女子之道德》，载金天翮：《女界钟》，上海：上海古籍出版社，2003，
　　据大同书局1903年刊行版本，页6—12。

中研院近代史研究所编：《近世家族与政治比较历史论文集》，两册，台
　　北：中研院近代史研究所，1992。

中国人民政治协商会议浙江省委员会文史资料研究委员会编：《浙江辛亥革
　　命回忆录》第三辑，杭州：浙江人民出版社，1985。

《中国早期博览会资料汇编》七册，北京：全国图书馆文献缩微复制中
　　心，2003。

中国第二历史档案馆编：《五卅运动和省港罢工》，南京：江苏古籍出版
　　社，1985。

《日用家庭妇女宝鉴》，上海：中华书局，民9（1920），页6。

毛海莹：《寻访苏青》，上海：新华书店，2005。

王一心：《苏青传》，上海：学林出版社，1999。

王大纶：《婴童类萃》，北京：人民卫生出版社，1983。

王言纶：《家事实习宝鉴》，上海：商务印书馆，民20（1931）。

王周生：《丁玲年谱》，上海：上海社会科学院出版社，1997。

王孟英：《随息居饮食谱》，载《历代中医珍本集成》第19册，上海：三联
　　书店，1990。

王政、陈雁编：《百年中国女权思潮研究》，上海：复旦大学出版社，2005。

王儒年：《欲望的想象：1920—1930年代〈申报〉广告的文化史研究》，上
　　海：上海人民出版社，2007。

王焘：《外台秘要方》，台北：商务印书馆，1974。

王韬：《弢园文录外编》，载《续修四库全书》第1558册，上海：上海古籍
　　出版社，1995。

冉云飞：《吴虞和他生活的民国时代》，济南：山东人民出版社，2009。

布莱斯德尔著，张诚译：《儿童的卫生》，上海：商务印书馆，民22（1933）。

永井道雄著，王振宇、张葆春译：《近代化与教育》，长春：吉林人民出版社，1984。

《申报年鉴1935》，上海：申报馆，民24（1935）。

全汉升：《宋代女子职业与生计》，载鲍家麟编：《中国妇女史论集》，台北：牧童出版社，1979，页193—204。

合信：《妇婴新说》，【清】咸丰八年（1858），载故宫博物馆编：《故宫珍本丛刊》第380册，海口：海南出版社，2000，据江苏上海仁济医馆藏版。

朱有瓛主编：《中国近代学制史料》，上海：华东师范大学出版社，1989。

朱智贤：《儿童教养之实际》，上海：开华书局，民22（1933）。

江中孝：《张竞生的生平、思想和著述》"序二"，载江中孝主编：《张竞生文集》上，广州：广州出版社，1998，页11—22。

江中孝主编：《张竞生文集》两卷，广州：广州出版社，1998。

衣若兰：《"三姑六婆"：明代妇女与社会的探索》，台北：稻乡出版社，2002。

威廉·C·亨特著，冯树铁译：《广州"番鬼"录1825—1844——缔约前"番鬼"在广州的情形》，广州：广东人民出版社，1993。

伯麟：《医学上之妇人劳动问题》，《改造与医学》，梅生编：《中国妇女问题讨论集（上）》，第2册，新文化书社1923年版影印，载《民国丛书》第一编第18册，上海：上海书店，1989，页49—51。

余季美：《儿童的教养》，上海：中华基督教女青年会全国协会，民22（1933）。

余华林：《女性的"重塑"：民国城市妇女婚姻问题研究》，北京：商务印书馆，2009。

佛罗伦丝·威廉斯著，庄安祺译：《乳房：一段自然与不自然的历史》，新北：卫城出版，2014。

《克宁奶粉小册子》，上海：吉时洋行，年份缺。

吴百亨：《经营百好炼乳厂的回忆》，载潘君祥主编：《中国近代国货运动》，北京：中国文史出版社，1996，页160—171。

吴宓：《吴宓自编年谱》，北京：生活·读书·新知三联书店，1995。

吴昊：《都会云裳：细说中国妇女服饰与身体革命（1911—1935）》，香港：三联书店（香港）有限公司，2006。

吴信法编：《牛乳及其制品》京初版，1937；沪一版，上海：正中书局，1947。

吴云高：《现代家庭》，上海，中华书局，民24（1935）。

宋诩：《竹屿山房杂部》，载《四库全书》第871册，上海：上海古籍出版社，1987。

宋应星：《天工开物》，载《续修四库全书》第1115册，上海：上海古籍出版社，1995。

宋钻友、张秀莉、张生：《上海工人生活研究（1843—1949）》，上海：上海辞书出版社，2011。

李又宁、张玉法编：《近代中国女权运动史料，1842—1911》两册，台北：传记文学社，1975。

李元信编纂：《环球中国名人传略：上海工商各界之部》，上海：环球出版社，民33（1944）。

李文海主编：《民国时期社会调查丛编：婚姻家庭卷》，福州：福建教育出版社，2005。

李文海主编：《民国时期社会调查丛编：社会保障卷》，福州：福建教育出版社，2005。

李文海主编：《民国时期社会调查丛编：城市（劳工）生活卷》两册，福州：福建教育出版社，2005。

李时珍：《本草纲目》，载《四库全书》第773、774册，上海：上海古籍出版社，1987。

李准：《光复广东始末记（节录）》，载柴德赓、荣孟源等编：《中国近代史资料丛刊》（七），《辛亥革命》，上海：上海人民出版社，1957，页245—249。

李渔村、彭国梁编：《中国文化名人忆母亲》，长沙：湖南文艺出版社，1995。

李贤等撰：《明一统志》，载《四库全书》第472册，上海：上海古籍出版社，1987。

汪大渊：《岛夷志略》，载《四库全书》第594册，上海：上海古籍出版社，1987。

汪敬虞编：《中国近代工业史资料》第2辑《1895—1914年》，下册，北京：中华书局，1962。

汪滔：《中国育婴所现状》，载李文海主编：《民国时期社会调查丛编：社会保障卷》，福州：福建教育出版社，2005，页309—336。

《沈九成氏创办生生牧场小史》，载《儿童健康指南》，上海：生生牧场，民24（1935），封面内页。

沈从文：《记丁玲（续集）》，上海：上海良友复兴图书印刷公司，1939。

《沈从文文集》，12卷，香港：三联书店香港分店，1984。

《育儿宝鉴》，上海：爱兰汉百利有限公司，民15（1926）。

贝蒂·傅瑞丹著，李令仪译：《女性迷思：女性自觉大跃进》，台北：月旦出版社股份有限公司，1995。

足立宽著，丁福保译：《育儿谈》，上海：医学书局，【清】光绪三十四年（1908）。

《儿童健康指南》，上海：生生牧场，民24（1935）。

周士祢：《婴儿论》，上海：上海科学技术出版社，1990。

周谷城：《中国社会之变化》，载《民国丛书》第一编第77册，上海：上海书店，1989。

周叔昭：《家庭问题的调查——与潘光旦先生的调查比较》，《社会问题》（北平燕京大学社会学会），1卷1期（1931年1月），载李文海主编：《民国时期社会调查丛编：婚姻家庭卷》，福州：福建教育出版社，2005，页360—381。

周建渝主编：《健康、和平、可持续发展：人文社会科学的视野》，香港：香港中文大学人文学科研究所，2013。

周家珍编著：《20世纪中华人物名字号辞典》，北京：法律出版社，2000。

周叙琪：《一九一〇～一九二〇年代都会新妇女生活风貌——以〈妇女杂志〉为分析实例》，台北：台湾大学文史丛刊出版，1996。

宓爱华：《婴儿的饲养法》，载《家庭问题讨论集》，上海：中华基督教女青年会全国协会编辑部，民16（1927），页67—87。

《明伦汇编·家范典》，载陈梦雷编：《古今图书集成》第324册，台北：鼎文书局，1977。

易家钺、罗敦伟：《中国家庭问题》，上海：泰东图书局，民11（1922）。

服部繁子：《家政学》，东京：富山房，明治41（1908）。

林维红：《面对西方文化的中国"新"女性：从〈曾纪泽日记〉看曾氏妇女在欧洲》，载罗久蓉、吕妙芬主编：《无声之声（III）：近代中国的妇女与文化（1600—1950）》，台北：中研院近代史研究所，2003，页215—241。

金天翮：《女界钟》，上海：上海古籍出版社，2003，据大同书局1903年刊行版本。

金嗣说：《牛乳及其制品之研究》，上海：商务印书馆，民25（1936）。

俊生编：《现代女作家日记选》，上海：上海仿古书店，1935。

姚昶绪：《育儿法》，上海：商务印书馆，民19（1930）。

故下田校长先生传记编纂所编：《下田歌子先生传》，东京：故下田校长先生传记编纂所，1989。

昝殷：《食医心鉴》，载《历代中医珍本集成》第19册，上海：三联书店，1990。

春秋编译：《雀巢开创的文明》，北京：中国统计出版社，1998。

柯小菁：《塑造新母亲：近代中国育儿知识的建构及实践（1900—1937）》，太原：山西教育出版社，2011。

胡寿文：《霭理斯略传》，载霭理斯著，潘光旦译注：《性心理学》，北京：生活·读书·新知三联书店，1987，页492—515。

风俗改革委员会编：《风俗改革丛刊》，载《国立北京大学中国民俗学会民俗丛书》，第131册，台北：东方文化书局，1974。

《食物与卫生》，上海：商务印书馆，民13（1924）。

孙思邈：《备急千金要方》，载《四库全书》，第735册，上海：上海古籍
出版社，1987。

孙顺华编：《中国广告史》，济南：山东大学出版社，2007。

《家庭改进运动办法大纲》，上海：青年协会书报部，1925。

《家庭问题讨论集》，上海：中华基督教女青年会全国协会编辑部，民16
（1927）。

徐友春主编：《民国人物大辞典》，石家庄：河北人民出版社，1991。

徐文苑：《中国饮食文化概论》，北京：清华大学出版社、北京交通大学出
版社，2005。

徐百益：《老上海广告发展轨迹》，载益斌、柳又明、甘振虎编：
《老上海广告》，上海：上海画报出版社，1995，页3—10。

徐春甫：《古今医统大全》，明葛宋礼刊本，台北：新文丰出版公
司，1978。

徐珂：《清稗类钞》，台北：商务印书馆，1966。

徐德门编：《老舍自述》，武汉：湖北长江出版社集团、湖北人民出版
社，2006。

恩迪·切特利著，周兆祥译：《奶粉丑闻》，香港：山边社，1983。

柴德赓、荣孟源等编：《中国近代史资料丛刊》七，《辛亥革命》，上海：
上海人民出版社，1957。

格理著，朱润深译：《育儿新法》，国难后第2版，上海：商务印书馆，民
24（1935）。

益斌、柳又明、甘振虎编：《老上海广告》，上海：上海画报出版社，1995。

秦绍德：《上海近代报刊史论》，上海：复旦大学出版社，1996。

马光仁主编：《上海新闻史（1850—1949）》，上海：复旦大学出版
社，1996。

马国亮：《良友旧忆：一家画报与一个时代》，北京：生活·读书·新知三
联书店，2002。

高彦颐：《"痛史"与疼痛的历史》，载黄克武、张哲嘉主编：《公与私：

近代中国个体与群体之重建》，台北：中研院，2000，页177—201。

高剑华编：《治家全书：16卷》两册，上海：交通图书馆，民8（1919）。

勒吐精奶粉：《育婴指南》，企公牛奶公司，出版地及年份缺。

勒吐精奶粉：《育婴指南》，英瑞炼乳公司，出版地及年份缺。

国货事业出版社编辑部：《上海国货工厂史略》，上海：国货事业出版社，民24（1935）。

寇平：《全幼心鉴》，载《续修四库全书》第1010册，上海：上海古籍出版社，1995。

张玉法主编：《中国现代史论集》第11辑，"十年建国"，台北：联经出版事业公司，1982。

张玉法编：《近代中国女权运动史料，1842—1911》两册，台北：传记文学社，1975。

张玉法：《新文化运动时期对家庭问题的讨论》，载中研院近代史研究所编：《近世家族与政治比较历史论文集》下册，台北：中研院近代史研究所，1992，页901—919。

张炯主编：《丁玲全集》12卷，石家庄：河北人民出版社，2001。

张乐平图，丁言昭、余之文：《上海Memory：张乐平画笔下的三十年代》，上海：上海辞书出版社，2005。

张竞生：《浮生漫谈》，香港：三育图书文具公司，1956。

《梁启超全集》10册，北京：北京出版社，1999。

梁启超：《倡设女学堂启》，载李又宁、张玉法编：《近代中国女权运动史料，1842—1911》上册，台北：传记文学社，1975，页561—562。

梁启超：《变法通议·论女学》，载《梁启超全集》第1册，北京：北京出版社，1999，页30—33。

梅生编：《中国妇女问题讨论集》2卷，载《民国丛书》，第一编第18册，上海：上海书店，1989，据新文化书社1923年影印版。

清水文之辅著，冯霈译：《家政学》第一种，上海：广智书局，【清】宣统二年（1910）。

章念驰：《秋瑾留学日本史实重要补正》，载中国人民政治协商会议浙江省委员会文史资料研究委员会编：《浙江辛亥革命回忆录》第三辑，杭州：浙江人民出版社，1985，页1—25。

许建屏：《中华慈幼协会一览》，上海：中华慈幼协会，1934。

许复七：《牛乳研究》，上海：民智书局，民18（1929）。

郭箴一：《中国妇女问题》，上海：商务印书馆，民26（1937）。

陈自明：《妇人大全良方》，载《四库全书》第742册，上海：上海古籍出版社，1987。

陈珏辑：《育儿篇》，载高剑华编：《治家全书：16卷》下册第9卷，上海：交通图书馆，民8（1919），页6—7。

陈复正：《鼎锲幼幼集成》，载《续修四库全书》第1010册，上海：上海古籍出版社，1995。

陈雁：《近代上海女性就业与职业妇女群体形成》，载王政、陈雁编：《百年中国女权思潮研究》，上海：复旦大学出版社，2005，页346—363。

陈瑛珣：《明清契约文书中的妇女经济活动》，台北：台明文化事业有限公司，2001。

陆伯羽：《怎么教育儿童》，上海：长城书局，民23（1934）。

麦惠庭：《中国家庭改善问题》，上海：商务印书馆，民19（1930）。

曾世荣：《新刊演山省翁活幼口议》，载《续修四库全书》第1009册，上海：上海古籍出版社，1995。

曾纪芬口述，瞿宣颖笔录：《崇德老人八十自订年谱》，载北京图书馆编：《北京图书馆藏珍本年谱丛刊》第182册，北京：北京图书馆出版社，1999，页731—820。

曾纪芬编：《聂氏重编家政学》，载李庆彰等主编：《晚清四部丛刊》第八编第62册，台中：文听阁图书有限公司，2012，据【清】光绪三十年（1904）浙江官书局重刊本。

曾华鹏、蒋明玳编：《王鲁彦研究资料》，南昌：江西人民出版社，1984。

游鉴明、罗梅君、史明主编，洪静宜等译：《共和时代的中国妇女》，台北：左岸文化，2007。

游鉴明：《运动场内外：近代华东地区的女子体育（1895—1937）》，台北：中研院近代史研究所，2009。

须藤瑞代著，须藤瑞代、姚毅译：《中国"女权"概念的变迁：清末民初的人权和社会性别》，北京：社会科学文献出版社，2010。

冯尔康：《20世纪上半叶中国人的家族观》，载薛君度、刘永琴主编：《近代中国社会生活与观念变迁》，北京：中国社会科学出版社，2001，页162—176。

黄玉涛：《民国时期商业广告研究》，厦门：厦门大学出版社，2009。

黄克武、张哲嘉主编：《公与私：近代中国个体与群体之重建》，台北：中研院，2000。

黄金麟：《历史、身体、国家：近代中国身体形成（1895—1937）》，北京：新星出版社，2006。

杨永安：《长夜星稀：澳大利亚华人史（1860—1940）》，香港：商务印书馆（香港）有限公司，2014。

杨西孟：《上海工人生活程度的一个研究》，北平：北平社会调查所，1930，载李文海主编：《民国时期社会调查丛编：城市（劳工）生活卷（上）》，福州：福建教育出版社，2005，页243—336。

瑞安市地方志编纂委员会编：《瑞安市志》两册，北京：中华书局，2003。

万全：《万氏家传育婴》，载《续修四库全书》第1010册，上海：上海古籍出版社，1995。

万青选：《男女婚姻卫生宝鉴》，上海：进化社，1916。

葛凯著，黄振萍译：《制造中国：消费文化与民族国家的创建》，北京：北京大学出版社，2007。

贾思勰：《齐民要术》，上海：商务印书馆，1969。

熊秉真：《幼幼：传统中国的襁褓之道》，台北：联经出版社，1995。

熊秉真：《童年忆往：中国孩子的历史》，台北：麦田出版股份有限公司，2000。

《尔雅》第3卷，郭璞注，载《续修四库全书》第185册，上海：上海古籍出版社，1985。

端木蕻良：《忆妈妈片断》，载李渔村、彭国梁编：《中国文化名人忆母亲》，长沙：湖南文艺出版社，1995，页711—713。

绿萍：《母亲日记》，上海：上海女子书店，1935。

臧健：《"妇女回家"：一个关于中国妇女解放的话题》，载游鉴明、罗梅君、史明主编，洪静宜等译：《共和时代的中国妇女》，台北：左岸文化，2007，页365—400。

刘一清：《钱塘遗事》，载《四库全书》第408册，上海：上海古籍出版社，1987。

刘王立明：《中国妇女运动》，上海：商务印书馆，民23（1934）。

刘昉等编：《幼幼新书》，载《续修四库全书》第1008册，上海：上海古籍出版社，1995。

刘禹轮：《为提倡天乳运动告革命妇女》，风俗改革委员会编：《风俗改革丛刊》，1930，页207—208，载《国立北京大学中国民俗学会民俗丛书》第131册，台北：东方文化书局，1974。

刘咏聪：《中国古代育儿》，台北：台湾商务印书馆，1998。

厉谢纬鹏：《天涯忆往——一位大使夫人的自传》，台北：台湾商务印书馆，1981。

德：《改革风俗中的十种重要工作》，风俗改革委员会编：《风俗改革丛刊》，1930，页20—28，载《国立北京大学中国民俗学会民俗丛书》第131册，台北：东方文化书局，1974。

《摩登都会：沪港社会风貌》，香港：香港历史博物馆，2009。

潘光旦：《中国之家庭问题》，上海：新月书店，民18（1929）。

潘君祥主编：《中国近代国货运动》，北京：中国文史出版社，1996。

郑贞文：《营养化学》，上海：商务印书馆，民18（1929）。

鲁德馨：《家庭卫生》，汉口、上海：中国基督圣教书会，民24（1935）。

卢淑樱：《母亲的抉择——民国时期妇女哺育经验与婴儿健康的反思》，载周建渝主编：《健康、和平、可持续发展：人文社会科学的视野》，香港：香港中文大学人文学科研究所，2013，页49—73。

卢汉超著，段炼、吴敏、子羽译：《霓虹灯外：20世纪初日常生活中的上海》，上海：上海古籍出版社，2004。

钱单士厘：《癸卯旅行记·归潜记》，长沙：湖南人民出版社，1981。

钱智修编辑：《五卅事件临时增刊》，上海：商务印书馆，民14（1925）。

阎琼芝：《家政篇》，载高剑华：《治家全书：16卷》上册第6卷，上海：交通图书馆，民8（1919）。

颐安主人：《沪江商业市景词》，载顾炳权编著：《上海洋场竹枝词》"前编"，上海：上海书店出版社，1996，页93—182。

鲍家麟编著：《中国妇女史论集》，台北：稻乡出版社，1979。

璩鑫圭、唐良炎编：《中国近代教育史资料汇编：学制演变》，上海：上海教育出版社，2007。

薛君度、刘志琴主编：《近代中国社会生活与观念变迁》，北京：中国社会科学出版社，2001。

谢一鸣编著：《儿童公育研究》，上海：世界书局，民22（1933）。

谢成侠编著：《中国养牛羊史（附养鹿简史）》，北京：农业出版社，1985。

谢早金：《新生活运动的推行》，载张玉法主编：《中国现代史论集》第11辑，台北：联经出版事业公司，1982，页247—289。

谢采伯：《密斋笔记》，载《四库全书》第864册，上海：上海古籍出版社，1987。

赛珍珠著，尚营林等译：《我的中国世界——美国著名女作家赛珍珠自传》，长沙：湖南文艺出版社，1991。

骐附诚：《母亲日记小序》，载绿萍：《母亲日记》，上海：上海女子书店，1935，无页码。

魏收：《魏书》，北京：中华书局，1974。

罗久蓉、吕妙芬主编：《无声之声（III）：近代中国的妇女与文化（1600—1950）》，台北：中研院近代史研究所，2003。

罗芙芸著，向磊译：《卫生的现代性：中国通商口岸卫生与疾病的含义》，南京：江苏人民出版社，2007。

罗谿：《女子职业问题》，《民国日报·觉悟》，梅生编：《中国妇女问题讨论集》上，第2册，1923年版，页27—32，载《民国丛书》，第一编18

册，上海：上海书店，1989。

罗苏文：《女性与近代中国社会》，上海：上海人民版社，1996。

严复：《严复集》，5册，北京：中华书局，1986。

苏青：《结婚十年》，桂林：漓江出版社，1987。

顾炳权编著：《上海洋场竹枝词》，两篇，上海：上海书店出版社，1996。

顾禄：《清嘉录》，载《续修四库全书》第1262册，上海：上海古籍出版社，1995。

顾寿白：《荣养论》，上海：商务印书馆，民19（1930）。

顾学裘编：《牛乳研究》，上海：中华书局，民29（1940）。

霭理斯著，潘光旦译注：《性心理学》，北京：生活·读书·新知三联书店，1987。

上海日报社编：《上海年鉴1926年版》，东京：大空社，2002。

田中ちた子：《家政学文献集成》明治期I、II，东京：渡边书店，昭和40—41（1965—1966）。

竹内好、桥川文三编：《近代日本と中国》，上，东京：朝日新闻，1974。

河源美耶子：《日本近代思想と教育》，东京：成文堂，1994。

诸侨辙次：《大汉和辞典》，13册，东京：大修馆书店，1966—1968。

Apple, Rima D. *Mothers & Medicine: A Social History of Infant Feeding, 1890—1950.* Madison, Wisconsin: The University of Wisconsin Press, Ltd., 1987.

Apple, Rima D. *Perfect Motherhood: Science and Childrearing in America.* New Brunswick, N.J.: Rutgers University Press, 2006.

Apple, Rima D. and Janet Golden, eds. *Mothers & Motherhood: Readings in American History.* Columbus: Ohio State University Press, 1997.

Ariés, Philippe. *L'enfant et la vie familale sous l'Ancien Régim.* Robert Baldick trans. *Centuries of Childhood: A Social History of Family Life.* London: Penguin Books Ltd., 1973.

Barker, Randolph, Radha Sinha, and Beth Rose, eds. *The Chinese Agricultural Economy.* Boulder: Westview Press; London: Croom Helm, 1982.

Barlow, Tani E. *The Question of Women in Chinese Feminism.* Durham: Duke

University Press, 2004.

Baumslag, Naomi and Dia L. Michels. *Milk, Money and Madness: The Culture and Politics of Breastfeeding.* Westport, Conn.: Bergin & Garvey, 1995.

Beecher, Catharine E., and Harried Beecher Stowe. *The American Woman's Home.* Hartford, Conn.: Harriet Beecher Stowe Center; New Brunswick, N.J.: Rutgers University Press, 2002.

Bourdieu, Pierre. *The Logic of Practice,* Richard Nice trans. Stanford, Cailf.: Stanford University Press, 1990.

Bray, Francesca. *Technology and Gender: Fabrics of Power in Late Imperial China.* Berkeley: University of California Press, 1997.

Bulle, M.O. *Chinese Toiling Women.* Moscow: n.p., 1933.

Butler, Judith, and Joan W. Scott, eds. *Feminists Theorize the Political.* New York: Routledge, 1992.

Cameron, Nigel. *The Milky Way: The History of Dairy Farm.* Hong Kong: The Dairy Farm Company Ltd., 1986.

Carter, Pam. *Feminism, Breasts and Breast-Feeding.* London: Macmilliam press, 1995.

Chang K.C., ed. *Food in Chinese Culture: Anthropological and Historical Perspectives.* New Haven & London: Yale University Press, 1977.

Cochran, Sherman. *Chinese Medicine Men: Consumer Culture in China and Southeast Asia.* Cambridge, Mass.: Harvard University Press, 2006.

Curry, Lynne Elizabeth. *Modern Mothers in Heartland: Gender, Health, and Progress in Illinois, 1900—1930.* Columbus: Ohio State University Press, 1999.

Dikötter, Frank. *The Age of Openness: China before Mao.* Hong Kong: Hong Kong University Press, 2008.

Dikötter, Frank. *Things Modern: Material Culture and Everyday Life in China.* London: C. Hurst & Company Publishing Ltd., 2007.

Dorey, Annette K. Vance. *Better Baby Contests: The Scientific Quest for Perfect Childhood Health in the Early Twentieth Century.* Jefferson, North Carolina, and

London: McFarland & Company, Inc., Publishers, 1999.

Ebrey, Patricia B.*The Inner Quarters: Marriage and the Lives of Chinese Women in the Sung Period.* Berkeley: University of California Press, 1993.

Elvin, Mark. "The Technology of Farming in Late-Traditional China." In Randolph Barker, Radha Sinha, and Beth Rose, eds. *The Chinese Agricultural Economy.* Boulder: Westview Press; London: Croom Helm, 1982, pp. 13-36.

Esherick, Joseph W., ed. *Remaking the Chinese City: Modernity and National Identity, 1900—1950.* Honolulu: University of Hawai'i Press, 2000.

Fang Fun-An. *Chinese Labour.* Shanghai: Kelly & Walsh, Limited, 1931.

Fildes, Valerie A. *Breasts, Bottles and Babies: A History of Infant Feeding.* Edinburgh: Edinburgh University Press, 1986

Fildes, Valerie A. *Wet Nursing: A History from Antiquity to the Present.* Oxford: Basil Blackwell, 1988.

Glenn, Evelyn Nakano, Grace Chang, and Linda Rennie Forcey, eds. *Mothering: Ideology, Experience and Agency.* New York: Routledge, 1994.

Glosser, Susan. *Chinese Visions of Family and State, 1915—1953.* Berkeley: University of California Press, 2003.

Golden, Janet. *A Social History of Wet Nursing in American: From Breast to Bottle.* Cambridge: Cambridge University Press, 1996.

Harrison, Henrietta. *The Making of the Republican Citizen: Political Ceremonies and Symbols in China, 1911—1929.* Oxford: Oxford University Press, 2000.

Hausman, Bernice L. *Mother's Milk: Breastfeeding Controversies in American Culture.* New York; London: Routledge, 2003.

Heer, Jean. *World Events, 1866—1966: The First Hundred Years of Nestlé.* Lausanne: Imprimeries Réunies, 1966.

Ho, Clara Wing-chung, ed. *Windows on the Chinese World: Reflections by Five Historians.* Lanham, MD: Lexington Books, 2009.

Holdsworth, May, and Christopher Munn, eds. *Dictionary of Hong Kong Biography.* Hong Kong: Hong Kong University Press, 2012.

Honig, Emily. *Sisters and Strangers: Women in the Shanghai Cotton Mills, 1919—1949.* Stanford, Calif.: Stanford University Press, 1986.

Johnson, Tina Phillips. *Childbirth in Republican China: Delivering Modernity.* Lanham Md.; Lexington Books, 2011.

Klaus, Alisa. *Every Child a Lion: The Origins of Maternal and Infant Health Policy in the United States and France, 1890—1920.* Ithaca: Cornell University Press, 1993.

Ko, Dorothy. *Teachers of the Inner Chambers: Women and Culture in Seventeenth-Century* China. Stanford, Calif.: Stanford University Press, 1994.

Lackner, Michael, and Natascha Vittinghoff, eds. *Mapping Meanings: The Field of New Learning in Late Qing China.* Leiden: Brill, 2004.

Lee Ou-fan Leo. *Shanghai Modern: The Flowering of a New Urban Culture in China 1930—1945.* Cambridge, Mass.: Harvard University Press, 1999.

Lee Ou-fan Leo. "The Cultural Construction of Modernity in Urban Shanghai: Some Preliminary Explorations." In Yeh Wen-hsin, ed., *Becoming Chinese: Passage to Modernity and Beyond.* Berkeley; Los Angeles; London: University of California Press, 2000, pp. 31-58.

Leung, Angela Ki Che. *Leprosy in China: A History.* New York: Columbia University Press, 2009.

Levy, Marion J. Jr. *The Family Revolution in Modern China.* Cambridge, Mass.: Harvard University Press, 1949.

Maher, Vanessa, ed. *The Anthropology of Breast-Feeding: Natural Law or Social Construct.* Oxford: Berg, 1992.

Maher, Vanessa, ed. "Breast-Feeding in Cross-cultural Perspective: Paradoxes and Proposals." In Vanessa Maher ed. *The Anthropology of Breast-Feeding: Natural Law or Social Construct.* Oxford: Berg, 1992, pp. 1-36.

Mann, Susan L. *Precious Records: Women in China's Long Eighteenth Century.* Stanford, Calif.: Stanford University Press, 1997.

Mann, Susan L. "Why Women Were Not a Problem in Nineteenth-Century

Chinese Thought." In Clara Wing-chung Ho ed. *Windows on the Chinese World: Reflections by Five Historians.* Lanham, MD: Lexington Books, 2009, pp. 113-128.

McCollum, E.V. *The Newer Knowledge of Nutrition: The Use of Food for the Preservation of Vitality and Health,* 2nd ed. New York: The MacMillan Company, 1922.

Milter, Barbara. *A Newspaper for China? Power, Identity and Changes in Shanghai's News Media.* Cambridge, Mass.: Harvard University Asia Center, 2004.

O'Reilly, Andrea, ed. *From Motherhood to Mothering: The Legacy of Adrienne Rich's Of Woman Born.* Albany: State University of New York Press, 2004.

Palmer, Gabrielle. *The Politics of Breastfeeding.* London: Pandora Press, 1993.

Piaget, Jean. *The Child and Reality: Problems of Genetic Psychology.* Arnold Rosin trans. New York: Penguin Books, 1976.

Poovey, Mary. *Uneven Developments: The Ideological Work of Gender in Mid-Victorian England.* Chicago: University of Chicago Press, 1988.

Rawski, Thomas G. *Economic Growth in Prewar China.* Berkeley: University of California Press, 1989.

"Report of the Shanghai Child Labour Commission." In H.G.H. Woodhand, ed. *China Year Book, 1925.* Shanghai: North-China Daily News & Herald, 1925, pp. 545-561.

Rich, Adrienne. *Of Woman Born: Motherhood as Experience and Institution.* New York: W.W. Norton & Company, Inc., 1976.

Rothman, Barbara Katz. "Beyond Mothers and Fathers: Ideology in a Patriarchal Society." In Evelyn Nakano Glenn, Grace Chang, and Linda Rennie Forcey, eds. *Mothering: Ideology, Experience, and Agency.* New York: Routledge, 1994, pp. 139-160.

Rothman, Barbara Katz. "Motherhood under Capitalism." In Janelle S. Taylor, Linda L. Layne, and Danielle F. Wozniak, eds. *Consuming Motherhood.* New Brunswick, N.J.: Rutgers University Press, 2004, pp. 19-30.

Rothman, Barbara Katz. *Recreating Motherhood.* New Brunswick, N.J.: Rutgers University Press, 2000.

Scott, Joan W. "Experience." In Judith Butler and Joan W. Scott, eds. *Feminists Theorize the Political.* New York: Routledge, 1992, pp. 22-40.

Schafer, Edward H. "T'ang." In K.C. Chang, ed. *Food in Chinese Culture: Anthropological and Historical Perspectives.* New Haven & London: Yale University Press, 1977, pp. 84-140.

Shemo, Connie A. *The Chinese Medical Ministries of Kang Cheng and Shi Meiyu, 1872—1937: On a Cross-Cultural Frontier of Gender, Race, and Nation.* Bethlehem: Lehigh University Press, 2011.

Shorter, Edward. *The Making of the Modern Family.* New York: Basic Books, Inc., Publisher, 1975.

Sklar, Kathryn Kish. *Catharine Beecher: A Study in American Domesticity.* New York: Norton, 1973.

Stevens, Sarah Elizabeth. "Hygienic Bodies and Public Mothers: The Rhetoric of Reproduction, Fetal Education and Childhood in Republican China." In Michael Lackner, and Natascha Vittinghoff, eds. *Mapping Meanings: The Field of New Learning in Late Qing China.* Leiden: Brill, 2004, pp. 659-683.

Stevens, Sarah Elizabeth. "Of Party-State Born: Motherhood, Reproductive Politics, and the Chinese Nation-State." In Andrea O'Reilly, ed. *From Motherhood to Mothering: The Legacy of Adrienne Rich's Of Woman Born.* Albany: State University of New York Press, 2004, pp. 45-58.

Stone, Lawrence. *The Family, Sex and Marriage in England, 1500—1800.* New York: Harper & Row, 1997.

Sussman, George D. *Selling Mother's Milk: The Wet-Nursing Business in France, 1715—1914.* Chicago: University of Illinois Press, 1982.

Tang Chi-yu. *An Economic Study of Chinese Agriculture.* New York: Garland Publishing, Inc., 1980.

Taylor, Janelle S., Linda L. Layne, and Danielle F. Wozniak, eds. *Consuming*

Motherhood. New Brunswick, N.J.: Rutgers University Press, 2004.

Van Esterik, Penny. *Motherpower and Infant Feeding.* London: Zed Books, Ltd., 1989.

Velten, Hannah. *Milk: A Global History.* London: Reaktion Books, 2010.

Weeks, Jeffrey. *Sex, Politics & Society: The Regulation of Sexuality Since 1800,* 2nd ed. London; New York: Longman, 1989.

Who's Who in China, 1918—1950, Vol. 3(1931, 1933, 1936, 1950). Hong Kong: Chinese Materials Centre, 1982.

Wolf, Jacqueline H. *Don't Kill Your Baby: Public Health and the Decline of Breastfeeding in the Nineteenth and Twentieth Centuries.* Columbus: Ohio State University Press, 2001.

Wolf, Margery. *Women and the Family in the Rural Taiwan.* Stanford, Calif.: Stanford University Press, 1972.

Woodhand, H.G.H., ed. *China Year Book, 1925.* Shanghai: North-China Daily News & Herald, 1925.

Yeh Wen-hsin, ed. *Becoming Chinese: Passage to Modernity and Beyond.* Berkeley; Los Angeles; London: University of California Press, 2000.

Zarrow, Peter, ed. *Creating Chinese Modernity: Knowledge and Everyday Life, 1900—1940.* New York: Peter Lang, 2006.

Zarrow, Peter, ed. "Introduction: New Discourses and Everyday Life in Modern China." In Peter Zarrow, ed. *Creating Chinese Modernity: Knowledge and Everyday Life, 1900—1940.* New York: Peter Lang, 2006, pp. 1-21.

四、期刊论文

王书吟：《哺育中国：近代中国的牛乳消费——二十世纪二三十年代上海为中心的考察》，《中国饮食文化》，7卷1期（2011年1月），页207—239。

吕芳上：《抗战时期的女权论辩》，《近代中国妇女史研究》，2期（1994
　　年6月），页81—115。

吕美颐、郑永福：《20世纪二三十年代女性职业简论——从上海女子商业储
　　蓄银行谈起》，《郑州大学学报（哲学社会科学版）》，35卷6期（2002
　　年11月），页129—133。

李忠萍：《从近代牛乳广告看中国的现代性——以1927~1937年〈申报〉
　　为中心的考察》，《安徽大学学报（哲学社会科学版）》，2010年3期
　　（2010年6月），页106—113。

李贞德：《汉魏六朝的乳母》，《中研院历史语言研究所集刊》，70本2分
　　（1999年6月），页439—481。

周春燕：《胸哺与瓶哺——近代中国哺乳观念的变迁（1900—
　　1949）》，《近代中国妇女史研究》，18期（2010年12月），页1—52。

易惠莉：《秋瑾1904年入读和退学东京实践女学校之原因》，《社会科
　　学》，2012年2期（2012年2月），页147—156。

俞彦娟：《女性主义对母亲角色研究的影响：以美国妇女史为例》，《女学
　　学志：妇女与性别研究》，20期（2005年12月），页1—40。

俞彦娟：《美国妇女史研究中的"母亲角色"》，《近代中国妇女史研
　　究》，11期（2003年12月），页182—214。

俞彦娟：《从母亲角色争议看第二波美国妇女运动中的种族歧视》，《新史
　　学》，14卷3期（2003年9月），页45—80。

许慧琦：《一九三〇年代"妇女回家"论战的时代背景及其内容——兼论娜
　　拉形象在其中扮演的角色》，《东华人文学报》，4期（2002年7月），页
　　99—136。

连玲玲：《"追求独立"或"崇尚摩登"？近代上海女店职员的出现及其形
　　象塑造》，《近代中国妇女史研究》，14期（2006年12月），页1—50。

陈姃湲：《简介近代亚洲的"贤妻良母"思想——从回顾日本、韩国、中国
　　的研究成果谈起》，《近代中国妇女史研究》，10期（2002年12月），页
　　199—219。

黄强：《从天乳运动到义乳流行：民国内衣的束放之争》，《时代教育（先

锋国家历史）》，2008年18期（2008年9月），页116—121。

陈闻达：《乳儿维乙素缺乏症之早期症状》，《中华医学杂志》，113期（1935年8月），页858—860。

程郁、张和声：《二十世纪初中国提倡女子就业思潮与贤妻良母主义的形成》，《史林》，2005年第6期（2005年12月1日），页66—78。

张广厦：《清末广东水师提督李准活动考略》，《兰台世界》，2013年第9期（2013年3月）页140—141。

饭冢幸子、大井三代子：《下田歌子と家政学》，《实践女子短期大学纪要》，28号（2007），页4—7。

《沪市牛奶业近况调查》，《申时经济情报》续总1454号：牛奶第一号（1935年10月23日）。

《沪市牛奶业近况调查（一续）》，《申时经济情报》续总1454号：牛奶第二号（1935年10月24日）。

《沪市牛奶业近况调查（二续）》，《申时经济情报》续总1454号：牛奶第三号（1935年10月25日）。

《沪市牛奶业近况调查（续完）》，《申时经济情报》续总1454号：牛奶第四号（1935年10月26日）。

刘秀红：《社会性别视域下的民国女工生育保障问题（1912—1937）》，《妇女研究论丛》，2015年6期／总132期（2015年11月），页33—40。

刘增人、陈子善：《鲁彦夫人覃英同志访问记》，《新文学史料》，1980年02期（1980年5月），页221—228。

卢淑樱：《科学、健康与母职：民国时期的儿童健康比赛（1919—1937）》，《华南师范大学学报（社会科学版）》，199期（2012年10月），页31—38。

Blum, Linda M. "Mothers, Babies and Breastfeeding in Late Capitalist America: The Shifting Contexts of Feminist Theory." *Feminist Studies*, Vol. 19, No. 2 (Summer 1993): 291-311.

Chiang Yung-Chen. 'Womanhood, Motherhood and Biology: The Early Phases of *The Ladies' Journal*, 1915—25." *Gender & History*, Vol. 18, No. 3 (November

2006): 519-545.

Edwards, Louise. "Policing the Modern Women in Republican China." *Modern China*, Vol. 26, No.2 (April 2000): 115-147.

Furth, Charlotte. "Concepts of Pregnancy, Childbirth, and Infancy in Ch'ing Dynasty China." *Journal of Asian Studies*, Vol. 46, No. 1 (February 1987): 7-35.

Judge, Joan. "Talent, Virtue, and the Nation: Chinese Nationalisms and Female Subjectivities in the Early Twentieth Century." *The American Historical Review*, Vol. 106, No. 3 (Jun. 2001): 765-803.

Kawash, Samira. "New Directions in Motherhood Studies." *Signs: Journal of Women in Culture and Society*, Vol. 36, No. 4 (Summer 2011): 969-1003.

Kilborn, Gifford. "Chinese Babies." *The China Medical Missionary Journal*, Vol. 15, No. 2 (April 1901): 103.

"Milk as a Factor in Race Development." *The China Medical Journal*, Vol. 34, No. 1 (January 1920): 98-99.

Platt, B.S., and S.Y. Gin. "Chinese Methods of Infant Feeding and Nursing." *Archives of Disease in Childhood*, Vol. 13, No. 76 (December 1938): 343-354.

Scott, Joan W. "The Evidence of Experience." *Critical Inquiry*, Vol. 17, No. 4 (Summer 1991): 773-797.

Taniguchi Ayako, and Kametaka Kyoko. "Comparative Study of Mrs. E.F. Haskell's *"The Housekeeper's Encyclopedia"* and C.E. Beecher's Three Books on Domestic Economy." *Journal of Home Economics of Japan*, Vol. 49, Issue 3 (1998): 223-234.

Taniguchi Ayako, and Kametaka Kyoko. "Special Quality of Mrs. E.F. Haskell's ' *The Housekeeper's Encyclopedia*'—Based on Shep's Notes in '*Civil War Cooking*' ." *Journal of Home Economics of Japan*, Vol. 49, Issue 8 (1998): 881-888.

五、学位论文

王书吟：《二十世纪二三十年代上海地区奶妈群体的历史考察》，华东师范大学硕士论文，2013。

章斯睿：《近代上海乳业市场管理研究》，上海复旦大学博士论文，2013。

章霈琳：《民国城市女性的性论述空间：以1930年代上海〈玲珑〉杂志（1931—1937）为研究个案》，香港中文大学硕士论文，2011。

黄莉莉：《中华慈幼协会研究（1928—1938）》，华中师范大学硕士论文，2008。

韩铧：《中国近代女子教育における日本受容》，名古屋大学博士论文，平成26（2014）。

Cheung Yin-ki. "Modern Women in Republican Shanghai, the 1920s-1930s: Discourses and Images." M. Phil Thesis, The Chinese University of Hong Kong, 2004.

Leary, Charles L. "Sexual Modernism in China: Zhang Jingsheng and 1920s Urban Culture." Ph. D. Dissertation, Cornell University, 1994.

Lien Ling-ling. "Searching for the 'New Womanhood': Career Women in Shanghai, 1912—1945." Ph. D. Dissertation, University of California Irvine, 2001.

Mak Sau Wa. "Milk and Modernity: Health and Culinary Heritage in South China." Ph. D. Dissertation, The Chinese University of Hong Kong, 2012.

Stevens, Sarah Elizabeth. "Making Female Sexuality in Republican China: Women's Bodies in the Discourses of Hygiene, Education, and Literature." Ph. D. Dissertation, Indiana University, 2001.

Wong Yeuk Mui. "Wide-angle Lens and Kaleidoscope: A Case Study of 'The Young Companion Pictorial Magazine' (1926—1945)." Ph. D. Dissertation, The Chinese University of Hong Kong, 2007.

Yeung Shuk Man. "'Sending the Women Back Home': Wartime Nationalism, the State, and Nationalist Discourses on Women in Nazi Germany and Nationalist

China, 1930s—1940s." M. Phil. Thesis, The Chinese University of Hong Kong, 2005.

六、影音资料

吴永刚导演：《神女》，电影，上海：联华影业公司，1934。
麦志恒编导，谢瑞芳监制：《天下一碗》第五集，《中国芝士》，电视节目，香港：香港电台电视部，2005。

七、博物馆展览

《西洋奇器：清宫科技展》，香港科学馆，展览日期：2015年6月26日至9月23日。

八、互联网资料

《上海市地方志》http://www.shtong.gov.cn/node2/node2245/node4530/node22809/node60837/userobjectiai53093.html（浏览日期：2017年2月14日）。
王华震：《说说高倩苹》，《东方早报》，2012年8月19日，http://www.dfdaily.com/html/1170/2012/8/19/845904.shtml（浏览日期：2015年3月28日）。
余仁生，http://www.euyansang.com.hk/zh_HK/products-infant-health-tea-series/%E9%96%8B%E5%A5%B6%E8%8C%B6-4891872743203.html（浏览日期：2016年6月26日）。

香港中文大学香港亚太研究所：《中大香港亚太研究所民调：港人对在公众地方喂哺母乳接纳程度低建议加强宣传喂哺母乳所带来的长远裨益》，2015年9月9日，http://www.cuhk.edu.hk/hkiaps/tellab/pdf/telepress/15/SP_Press_Release_20150909.pdf（浏览日期：2016年8月20日）。

香港特别行政区卫生署家庭健康服务，http://www.fhs.gov.hk/tc_chi/health_info/faq/child_health/GN1_2_1_4.html（浏览日期：2016年6月26日）。

刘衍文：《九彭熙和他的老师唐师傅——寄庐志疑·技击零拾（中）》，《东方早报·上海书评》，2012年7月22日。http://www.dfdaily.com/html/1170/2012/7/22/828675.shtml（浏览日期：2015年3月28日）。

岭南大学，https://www.ln.edu.hk/cht/info-about/history（浏览日期：2016年10月8日）。

联合国儿童基金会母乳育婴齐和应，http://www.sayyestobreastfeeding.hk/（浏览日期：2016年8月20日）。

Watts, Sue. "Allenburys Food & Feeders," Pharmaceutical Society of Australia, www.psa.org.au/site.php?id=1273 [date of access: June 10, 2008].

后　记

　　这个关于母婴的历史研究，改编自笔者的博士论文。经历多次"整容手术"，增删修订、改头换面，到今天终于可以出版。如有任何错漏，均属笔者责任。

　　笔者要感谢论文的指导老师叶汉明教授，在她的引领下，笔者这只"盲头乌蝇"看到一个可发展的方向。叶教授不仅提供宝贵的意见，也愿意为这本小书撰写序言，实在不胜感激。同时感谢蔡志祥教授给予笔者不少鼓励。

　　特别多谢黄永豪及潘淑华伉俪，他俩由笔者读书到工作，总在不同阶段给予宝贵意见和帮助。"黄老板"的当头棒喝，更令笔者获益良多。笔者庆幸在人生路上遇到两位良师益友。

　　同窗友好的支持，也是笔者学生生涯的另一得着。感谢李净昉、黎燕芬、吕永升、郑锐达、傅宝玉、韩朝建、陈淑玲、郑玉华、周颖心等好友精神上的支持。特别鸣谢陈绮娴协助为本书校对及润色文字。另有几位爸爸、妈妈级的朋友，乐于分享育儿经验，让笔者得知文字记载以外珍贵的育儿点滴。同时感谢本书的责任编辑吴黎纯帮忙出版校对。

本书资料来自不同的图书馆和档案馆，包括上海图书馆、上海市档案馆、北京国家图书馆、北京大学图书馆、北京师范大学图书馆、台湾中研院近代史研究所档案馆、郭廷以图书馆、香港历史档案馆、香港大学图书馆以及香港中文大学图书馆。感激上述机构的工作人员协助，让笔者可顺利找到所需资料。尤其感激香港科学馆总馆长薛雯女士及其团队的协助，让笔者知悉《华英大药房药目摘录》内有关益儿代乳粉的内容，谨此一并致谢。

三年的读书生涯中，感谢新法书院王定一博士奖学金的资助，使笔者可以顺利完成学业。也感谢香港中文大学历史系及研究院给予多次田野考察的旅费资助。本书的校对及后期制作，获香港中文大学直接研究资助2016/17（计划编号：4051098），以及香港大学教育资助委员会研究资助局（计划编号：17604617）拨款资助，笔者谨此衷心致谢。

最后要感谢母亲大人的体谅。从前，每当笔者出门时，她都会不厌其烦地叮嘱"小心睇车过马路"，晚上又会说"早啲瞓啦"。近年，笔者听到这两句说话的次数愈来愈少，惟有赶紧完工，好让她知道笔者在这几年到底忙什么，算是对她老人家的交代。

写于2017年圣诞节